新三板
挂牌解决之道

投行小兵 @gztouhangxiaobing

程志强 @sduczq　孙树智 @nksunshuzhi

韩建春 @hanjianchun118252　焦醉霜 @jojo9008

王小均 @kingwangxiaojun　李帅帅 @lawyerlishuai

1. 程志强，山东大学会计学硕士，注册会计师，2014 年 4 月通过保荐代表人考试。2010 年起就职于齐鲁证券，先后负责投行质控、新三板承揽承做、后续督导，长期深耕于新三板一线，参与数十个项目审核，推荐挂牌项目十几家。

2. 孙树智，南开大学硕士，券商从业人员，具有法律职业资格。热衷资本市场，时常关注新三板政策和挂牌企业案例，并参与多个新三板项目。

3. 韩建春，中国注册会计师、国际注册内审师，瑞华会计师事务所授薪合伙人，拥有丰富的 IPO、新三板实际操作经验，为多家公司提供 IPO 辅导和新三板挂牌服务。

4. 焦醉霜，毕业于国家会计学院，曾任职于瑞华会计师事务所，主要为高科技制造、影视文化等行业的上市公司提供年度财务报表审计等服务。加入海林投资后，曾为数家跨国公司和国内企业制订并购重组、投融资方案。

5. 王小均，毕业于中南财经政法大学经济学院，经济学和管理学双学士。目前就职于光大证券，2012 年起从事新三板项目承揽、企业投融资等工作，参与多个新三板项目的协调推进工作。

6. 李帅帅，广发证券山东分公司机构业务七部总监，律师。曾参与多家企业在区域股权市场和新三板挂牌，对股份改制、公司治理等问题研究深入。

第三篇 价值|发现路径

第四篇 规则|深度解读

新三板挂牌

第一篇

基础 | 理论高度

引子　关于新三板

【新三板市场的推出】

一、新三板是全国股份转让系统的俗称

新三板是相对于老三板而言的，老三板指的是2001年7月为解决原STAQ系统、NET系统（以下简称两网系统）挂牌公司股份转让遗留问题，而由中国证监会授权中国证券业协会设立的证券公司代办股份转让系统，该系统后来承接了沪深交易所退市公司的股份转让职责。

2006年1月，为落实国家自主创新战略、推动科技型企业借力资本市场发展，国务院决定在原有证券公司代办股份转让系统内增设中关村科技园区股份报价转让试点，允许中关村科技园区内注册企业在符合条件的情况下，进入证券公司代办股份转让系统试行协议式报价转让。因为这两个市场层次的服务对象、交易方式、信息披露、融资制度、投资者适当性等均存在根本性不同，为了将二者区分，包括媒体在内的社会各界将原来的以两网公司和退市公司为主体的市场层次称为“老三板”，而将2006年开始的以中关村园区企业为主体的市场层次称为“新三板”。

2012年7月，国务院批准《关于扩大中关村试点逐步建立全国中小企业股份转让系统的请示》，同意筹建全国股份转让系统，并将试点范围扩大到上海张江、天津滨海和武汉东湖高新区。

2013年1月16日，全国股份转让系统正式揭牌运营，对原证

券公司代办股份转让系统挂牌企业全部承接，市场运作平台的运营管理工作由全国证券业协会转为全国股份转让系统有限责任公司负责。

因此，全国股份转让系统是对老三板和试点期间新三板的法定延续，新三板作为社会各界对证券公司代办股份转让系统的习惯性俗称，伴随全国股份转让系统的正式运营，已用以专指全国股份转让系统。

全国股份转让系统已实现从小范围、非公开性质的证券公司代办市场，到全国性公开证券交易场所的涅槃。进入全国股份转让系统时代的新三板，内涵已发生质的改变。

二、全国股份转让系统在我国多层次资本市场体系中发挥着承上启下的重要作用

（一）中小企业融资难需要多层次资本市场结构

中小企业是创新的重要主体，无论是从鼓励企业创新的角度还是从促进中小企业发展的角度，都需要金融体系给予相应的支持。现实情况是，中国的中小企业提供了大部分的就业岗位、一半左右的GDP和税收，但中小企业只从现有的金融体系中获得了较小部分的融资支持。中小企业融资难的长期困境主要在于：

1. 中国现有的金融架构中以间接融资为主体。间接融资作为媒介金融，其对融资主体的风险包容性较低，所以更加偏好规模大、经营稳定、还款能力强等风险较低的大型企业。中小企业因为其规模较小、经营不稳定、还款能力不确定性等高风险特点，而较少得到以银行为主体的间接融资的支持。而且，中小企业即使获得银行、民间借贷等间接融资的支持，也往往具有较高的融资成本。

2. 中国的资本市场发展相对不完善。A股上市公司以大型企业为主，只有较少的中小企业能够在A股市场上市获得直接融资。直接融资因为具有风险投资的特点，其对风险的包容能力强，对投资者而言意味着高风险、高收益，对融资主体而言其融资成本较低。

企业发展的过程是不断创新的过程，中小企业是创新的主体。企业发展在由小到大的过程中，在不同阶段具有不同的风险特征，同时企业发展过程也是一个持续的融资过程，企业在不同发展阶段的融资需求也是不一样的。相对应的，投资者因其资金规模、辨别能力、风险偏好等不同也具有不同的投资风格，有的投资者偏好种子期、天使期的高风险投资，也有的投资者偏好企业发展相对成熟时投资入股，有的投资者偏好在二级市场投资，有的投资者偏好购买债券获得稳定的投资收益。因此，资金的需求方和资金的供给方是多元化、多样化的。

目前，资金供需双方的需求都没有得到有效的满足，社会投融资呈现出“两多两难”的现象，即中小企业多，融资难；社会资本多，投资难。因此，要解决这个问题，需要构建一个多层次的金融体系，实现不同发展阶段的各类企业的融资需求和不同风格投资者的投资需求的对接。在这个多层次的金融体系中，中小企业可以获得高风险偏好投资者的直接融资支持。

因此，中国要成功转变经济增长方式，实施“创新驱动发展、支持中小企业发展”的战略，需要构建以直接融资为重点的对风险有更好包容能力的金融体系，形成完善的资本市场结构。

（二）新三板在多层次资本市场结构中起到承上启下的作用

2013年12月13日，国务院正式发布的《国务院关于全国中小企业股份转让系统有关问题的决定》（国发〔2013〕49号）（以下简称《国务院决定》）明确指出，全国股份转让系统是经国务院批准，依据证券法设立的全国性证券交易场所；证监会就落实《国务院决定》有关事宜答记者问时指出，全国股份转让系统是继沪深交易所之后第三家全国性证券交易场所，在场所性质和法律定位上，与证券交易所相同，都是多层次资本市场体系的重要组成部分。

我国多层次资本市场体系如下图所示：

在这个资本市场结构中，上交所、深交所和全国中小企业股份转让系统都是国务院批准设立的、接受证监会监管的全国性证券交易场所。按证券交易是否在交易所进行划分，上交所和深交所是场内市场，新三板和地方股权交易中心、券商柜台交易市场属于场外市场。

各个市场所主要服务的企业有所差别：上交所和深交所的主板市场主要为大型蓝筹企业提供上市融资服务；深交所的中小板和创业板为业务稳定、规模中等的企业和科技成长型企业提供上市融资服务；新三板为广大创业型、创新型、成长型中小微企业提供融资服务；地方性股权交易中心和券商柜台交易市场为其他中小微企业提供相关服务。相应的，各个市场的投资者也有所差别，其中，沪深交易所有大量的中小散户投资者，而新三板市场由于挂牌企业具有较高的风险特征所以对投资者准入设置了较高的准入门槛（目前要求新三板的投资者账户证券资产不低于500万元人民币）。

作为继沪深交易所后第三家全国性公开证券市场，全国股份转让系统是我国多层次资本市场体系中发挥承上启下作用的重要一层。根据《国务院决定》，在全国股份转让系统挂牌的公司，达到股票上市条件的，可以直接向证券交易所申请上市交易；在符合《国务院关于清理整顿各类交易场所切实防范金融风险的决定》（国发〔2011〕38号）要求的区域性股权转让市场进行股权非公开转让的公司，符合挂牌条件的，可以申请在全国股份转让系统挂牌公开转让股份。

在具体落实过程中，全国股份转让系统将根据中国证监会的统一部署，加强与证监会有关部门及沪深交易所的沟通联系，共同研究推动挂牌公司直接申请到交易所上市工作，逐步推动落实“转板”机制；同时，对于符合挂牌条件的区域性股权市场挂牌公司，全国股份转让系统坚持开放的态度，尊重企业自愿和市场中介的自主选择，在遵守全国股转系统企业挂牌公平准入条件的基础上，为其到全国股份转让系统挂牌转让提供便利条件。

三、全国股份转让系统致力于为企业提供完善的资本市场服务

全国股份转让系统致力于为企业提供完善的资本市场服务，并推动企业实现自身的“基因改造”。

（一）直接融资

全国股份转让系统“小额、便捷、灵活、多元”的融资制度安排符合中小企业的融资需求特征。挂牌公司可以根据自身发展需要，在挂牌同时发行股票，或挂牌后通过发行股票、债券、优先股等多元产品进行融资。

（二）股票公开转让

企业挂牌全国股份转让系统前，股权缺乏公开流动的场所和途径，而挂牌后，股票交易方式除了协议转让外，还可选择能有效盘活市场流动性的做市转让和竞价方式，公司股份可以在全国股份转让系统公开转让、自由流通。股份适度流动不仅方便投资人的进入和退出，还可以带来流动性溢价。

（三）价值发现

普通公司的估值方式较为单一、通常以净资产为基础估算，不能体现出企业发展潜力。资本市场看中的是企业未来的成长性而非过往表现。在全国股份转让系统挂牌后，二级市场会充分挖掘公司潜在价值，企业估值基准也会从挂牌前的净资产变为成长预期。实践中，很多企业一经挂牌就受到众多战略投资人的青睐，公司估值水平得到显著提高。

（四）并购重组

资本市场平台的并购重组是优化资源配置、推动产业结构调整与升级的重要战略途径。全国股份转让系统挂牌公司通常处于细分行业领先地位，增长潜力大，发展过程中主动整合产业链上下游企业以及被上市公司等收购的情况时有发生。证监会已出台《非上市公众公司收购管理办法》及《非上市公众公司重大资产重组管理办法》，减少了事前行政审批事项，突出企业自治，降低并购重组成本。全国股份转让系统挂牌公司可借助市场平台进行产业整合，实现强强联合、优势互补的乘法效应。

（五）股权激励

创新创业型中小微企业在发展中普遍面临人才、资金两大“瓶颈”，而股权激励是吸引人才的重要手段。全国股份转让系统支持挂牌公司以限定性股票、股票期权等多种方式灵活实行股权激励计划。企业可以根据自身需要自主选择股权激励方式，只要履行信息披露即可。这为公司吸引留住核心人才创造了条件。此外，由于挂牌公司股权有了公允的市场定价和顺畅的进出通道，这为股权激励的实施提供了进一步的保障。

小贴士：关于企业挂牌新三板的好处和不足的详细论述，请关注后续文章。

【“新三板”与沪深交易所的联系与区别】

全国股份转让系统与沪深交易所都是经国务院批准设立的全国性证券交易场所，从这个意义上讲，三者在市场性质和法律定位上并无区别，主要区别在于服务对象不同、投资者结构不同、交易方式不同。新三板市场运行以自律监管为主，探索实行更加市场化的管理机制。沪深市场是中国资本市场的顶层市场，具有高度公众化的特征，市场流动性和融资效率较高，因此发行上市的标准也相对较高，企业规模相对较大。全国股份转让系统主要服务于创新、创业、成长型中小微企业，实行较为严格的投资者适当性管理制度，并适应挂牌公司差异较大的特性，实行多元化的交易机制。

全国股份转让系统和沪深交易所的主要区别如下表所示：

项目	全国股份转让系统	创业板	主板（深圳中小企业板和上海主板）
主体资格	依法设立且合法存续的股份有限公司	依法设立且合法存续的股份有限公司	
经营年限	存续满 2 年	持续经营时间在 3 年以上	
盈利要求	具有持续盈利能力	最近两年连续盈利，最近两年净利润累计不少于 1000 万元；或者最近一年盈利，最近一年营业收入不少于 5000 万元。净利润以扣除非经常性损益前后孰低者为计算依据	（1）最近 3 个会计年度净利润均为正数且累计超过人民币 3000 万元，净利润以扣除非经常性损益前后较低者为计算依据；（2）最近 3 个会计年度经营活动产生的现金流量净额累计超过人民币 5000 万元；或者最近 3 个会计年度营业收入累计超过人民币 3 亿元；（3）最近一期末不存在未弥补亏损
资产要求	无	最近一期末净资产不少于 2000 万元，且不存在未弥补亏损	最近一期末无形资产（扣除土地使用权、水面养殖权和采矿权等后）占净资产的比例不高于 20%
股本要求	公司法对股份公司股本的要求，原来是 500 万元，现在是无要求	发行后股本总额不少于 3000 万元	发行前股本总额不少于 3000 万元
主营业务	主营业务突出，具有持续经营能力	最近 2 年内没有发生重大变化	最近 3 年内没有发生重大变化
实际控制人	无限制	最近 2 年内未发生变更	最近 3 年内未发生变更
董事及高级管理人员	无限制	最近 2 年内没有发生重大变化	最近 3 年内未发生重大变化

续表

项目	全国股份转让系统	创业板	主板(深圳中小企业板和上海主板)
募投项目	无强制要求	发行时募集资金应当用于主营业务,并有明确的用途	
审核要求	中国证监会(超过200人)或者全国股转系统(未超过200人)审核	中国证监会审核	
定向发行再融资	中国证监会(超过200人)核准或者全国股转备案(未超过200人)	中国证监会审核	
交易方式	可以采取协议方式、做市方式、竞价方式(后续推出)等方式	采用竞价交易方式、大宗交易方式	
涨跌幅限制	股票转让不设涨跌幅限制	涨跌幅限制比例为10%,ST和*ST等被实施特别处理的股票价格涨跌幅限制比例为5%	

根据上表的对比可以发现,新三板挂牌具有以下特点:

1. 无硬性财务指标要求:拟申请挂牌公司需具有主营业务且具有持续经营能力,对营业收入、净利润、净资产、总股本等财务指标均无硬性要求。

2. 挂牌条件弹性较大:创业板、中小板的上市条件众多,在主体资格、财务指标、募集资金投向等方面都有严格限制。而目前新三板挂牌的法定条件仅6条,且多为定性指标,具体尺度由主办券商判断、把握。

3. 可自行选择融资对象及融资时点:主板、创业板市场只能选择IPO方式向不特定对象发行新股融资,上市当时就要稀释原股东的股权,上市后再融资也要经过严格的审批程序。而在新三板挂牌则可由企业自行决定是否融资,以及融资时点、融资对象。

【新三板与区域性股权市场的区别】

全国股份转让系统与区域性股权转让市场均是我国多层次资本市场的有机组成部分。全国股份转让系统是经国务院批准,依据证券法设立的全国性证券交易场所,根据《国务院决定》相关条款,市场建设中涉及税收、外资政策的,原则上比照交易所及上市公司相关规定办理。挂牌公司依法纳入非上市公众公司监管,股东人数可以超过200人,股份可以采用协议、做市及竞价等方式,按照标准化交易单位连续公开转让,采用"T+1"规则进行交收,挂牌公司除了通过IPO申请到沪深交易所上市外,还拥有直接申请到沪深交易所上市的通道便利。

区域性股权转让市场是由地方人民政府批准设立并监管的私募市场。根据《国务院关于清理整顿各类交易场所切实防范金融风险的决定》(国发〔2011〕38号)及《国务院办公厅关于清理整顿各类交易场所的实施意见》(国办发〔2012〕37号)的相关规定,区域性股权市场必须严格执行"非公众、非标准、非连续"的原则,即挂牌公司股东人数不允许超过200人,不得将股份按照标准化交易单位进行挂牌交易,且任何投资者买入后卖出或卖出后买入同一交易品种的时间间隔不得少于5个交易日(即"T+5")。

全国股份转让系统与区域性股权市场的主要区别如下表所示:

项目	全国股份转让系统	区域性股权市场
市场法律地位	由国务院依据证券法批准设立的全国性证券交易场所,属于公开市场	由地方政府批准设立的区域性股权交易市场,属于非公开市场
挂牌公司性质	挂牌公司为公众公司	挂牌企业为非上市非公众公司
监管机构	全国股份转让系统挂牌公司纳入证监会统一监管	区域性股权市场挂牌企业由地方监管

续表

项目	全国股份转让系统	区域性股权市场
制度安排	股票可以协议、做市、竞价等方式转让；挂牌公司股东人数可以超过200人；股票交易单位1000股/手；实施“T+1”交收	遵循非公开、非标准、非连续交易规则，交易方式仅能采用协议转让方式
市场建设中的税收、外资政策	比照交易所及上市公司处理。如个人证券投资基金持有挂牌公司超过1年的减按25%计入应纳税所得额	未明确

（本部分主要参考全国股转系统发布的《培训手册——全国股份转让系统概况》）

第一章　新三板是注册制创新的先行者

尽管新三板发展的历程仅仅一年有余，不过对于新三板市场的评价却已经经历了一件事情发展变化的全部过程。刚开始，很多人认为新三板无非就是政府主导下兴起的一场资本市场的混战，必定有始无终。再后来，当新三板逐渐发展到一定的规模，对于新三板的评价又呈现明显的两极分化趋势。

而现在，种种态势和迹象表明新三板相当火，不论是从企业挂牌数量和热情，还是投资者估值预期和资金流入量，都在证实着新三板正按照资本市场发展的一般规律高速行驶。小兵作为理性者，自然会认为一个尚属孱弱的个体一开始就疯狂奔跑会存在淡淡的隐忧，不过至少在目前新三板的发展现状下，小兵认为新三板在引领资本市场创新方面可以做出自己应有的贡献。

【创新有着天然的土壤和条件】

尽管上海和深圳的交易所市场已经走过了二十多年的时间，不过由于先天的条件实在差太多，因此到了今天仍旧只能是处于发展的初始阶段，再加上中国投资者仍旧很“稚嫩”甚至很“任性”，因而目前交易所市场的发展一直是在众人的呵护下如履薄冰地前行。

交易所市场看起来高大上，好像是一个巨人，其实更像是温室里的花朵，经不起任何的风吹雨打。交易所市场是一个公开交易市场，因而在交易所上市的企业必须是优中选优且是不折不扣经过千挑万选的优质企业，所以交易所从来不敢突破，更不敢创新。

新三板市场也是公开交易市场，新三板挂牌企业也是公众公司，不过从法律定位上毕竟是非上市公众公司，其开放性从制度设计上就相对有限。同时还有一个很重要的因素，那就是新三板对投资者的适当性有着严格的规定，因而新三板适当做一些“以前我们不敢做甚至不敢想”的事情是可行的。

【做市商制度的创新和价值】

新三板的做市商制度在 2014 年 6 月如约而至，截至目前（一年左右的时间），对他的评价应该是这样：他体现了价值，但是又离我们的预期相去甚远。

做市商制度并不是什么新鲜玩意，更不是我们独创的一种制度，所以 2014 年 6 月 5 日做市商管理制度的出台，并不是给我们解开了做市商的神秘面纱，而只是告诉大家我们要正式操作这个东西了。

做市商制度对于场外交易市场的重要性，尤其是对于交易市场活跃度的影响大家也都略有耳闻，做市商制度是个好东西已经被外国人用实实在在的现实做了证实，而现在我们期待的是这个东西能不能在中国的资本市场也就是新三板市场也能够体现出其光辉的价值。

我们会有这样的担忧，我们也理应会有这样的担忧，毕竟国外证实有价值的东西在我们国内被彻底玩坏的并不在少数，因为我们资本市场的各个层面甚至是每个细胞都与境外资本市场有着天壤之别。

担忧归担忧，做市商来了我们就应该积极欢迎，努力应对。在小兵看来，做市商制度要真正能够实现作用至少要满足以下几个基本条件：

一、新三板挂牌企业的质量能够保证

这个条件不仅是做市商制度的前提也是任何制度创新的前提，换句话说，如果新三板市场最后就是堆积了一群垃圾，那么垃圾是没有交易的，没有交易就不会有市场，都没有一个成熟的市场还做什么“市”？

二、加强对做市商机构的监管和惩处

做市商在国内是个新鲜事物，很多人都在说做市商可能会改变中国很多金融机构的盈利格局，同样，新三板市场尽管是一个公众市场但是其透明度还是非常有限的。那么，根据资本市场的基本发展规律，我们有理由相信，在一个新鲜事物出现、透明度不高且有着明显利益分割的情况下，很多资本市场不好的行为可能会滋生甚至泛滥，如内部交易、操纵市场等。

三、强化信息披露，甚至需要中国最严格的信息披露制度

大家都知道，阳光是最好的防腐剂，此外半透明公开的市场不是对信息披露的要求降低了而是增加了。我们要纠正的是这样的理念：既然市场不公开，信息披露可以不透明；而我们需要确立这样的逻辑：因为市场不透明所以更加需要信息披露来增加透明性。对于这个问题，小兵建议我们可以大胆创新并且制定行之有效的具体规则。

目前做市商发展的雏形不过是有做市资格的主体划定了一个股票池，而做市商的企业无非更加受到市场的追捧，仅此而已。至于做市商真正体现的加快流动性和实现价值发现功能的期许，还没有看出发展的趋势，这也是小兵前面提到还相去甚远的原因。

【退市制度的设计思路】

小兵一直坚持并强调，一个资本市场的成熟和发展离不开最

基本的三个条件：严格的退市制度、成熟的投资者结构、完善的惩戒赔偿机制，而退市制度又是其中的基石。资本市场如同一个蓄水池或者一个湖泊，有陈水退去然后新水进来，才能实现流动和生长，如果不流动就是一潭死水毫无生机可言。

当然，这个道理谁都明白，谁都知道退市制度的重要性，当年纳斯达克一年退市三分之一的经典也时常被人提起。不过，在目前我国资本市场发展的大背景下，在交易所市场退市机制尚饱受争议的前提下，要想在新三板这个目前开放程度还不高的市场建立有效的退市机制又谈何容易？

退市机制是复杂的，因为每个企业发展的轨迹是完全不一样的，因而企业从资本市场退市的标准也理应是多重的丰富多彩的。小兵相信监管机构已经对新三板退市制度的设计有了一些设想，我们时而也会看到市场上有些人对于退市标准或靠谱或不靠谱的一些猜测。从小兵的角度而言，新三板的退市制度肯定不能照抄甚至借鉴交易所的退市标准，但是又不能完全脱离退市对于公众公司惩戒的这一基本原理。

在小兵看来，新三板的退市标准可从以下几个方面考量：

一、信息披露的执行情况

既然新三板的挂牌也就是准入制度是以信息披露为核心的，那么退出自然也要以这个为核心，比如，如果企业信息披露不及时，那么需要进行通报批评，通报批评三次就可以考虑退市。再如，如果企业信息披露存在重大遗漏、虚假性陈述或者误导性陈述，那么企业可以考虑直接退市。

二、内部控制情况

我们对新三板的定位，就决定了我们对新三板的态度是可以容忍企业的经营业绩比较小也可以增长缓慢甚至可以有波动，但是不能容忍企业在内部控制方面存在重大缺陷。比如，我们常见的内部控制问题：资金占用、违规担保、决策程序缺失等。如果一个企业在内部控制方面出现了较大的问题，那么就要考虑退市。

三、股票的交易活跃度

资本市场的核心说到底在于“市场”，市场的本质就是交易，如果一个市场没有交易，那么这个市场还有什么存在的价值和意义。同样的道理，如果一个企业在市场里没有任何的交易，那么这个企业在市场里也没有存在的价值，如同一棵白菜，在市场里永远卖不出去那么也就只能腐烂了。只要一个企业有交易的价值必然就会有交易，那么没有任何交易或者交易量不够的企业必定会在某些方面做得不好，这样的企业就可以考虑退市。

四、做市商对于企业的态度

我们已经有了做市商制度，同样我们目前也可以推定做市商是市场中相对成熟且有经验的投资者和参与者。做市商制度可以规定，做市商增持或者减持做市企业股份时，需要及时向全体投资者公布，并且有规模较大股份变动时，需要重点公布并向投资者重点提示信息。因为做市商对做市企业增持还是减持的决定，很明显体现了做市商对这个企业经营状况以及未来发展的判断，而做市商作为专业机构，这样的判断我们是有理由相信的，并且也可以将这样的意见及时传递给投资者和市场，让市场以这样的信息为依据来判断挂牌企业的好坏。如果某个企业的做市商突然间退出了企业的做市，则可能需要考虑是否存在问题。

五、其他中介机构的意见

如果在审计过程中审计机构出具了非标准的审计报告，或者律师在某些事项上出具了相对消极的法律意见，那么也需要对公司重点关注。

主板交易所市场目前退市的主要标准还是业绩问题，比如三年亏损退市，而新三板的企业显然不能制定这样的退市制度，新三板退市的制度需要更加灵活细化，当然也需要更大的智慧。

【新三板分层制度的大未来】

新三板分层发展制度可以借助一定的标准和模型将公司的优劣有一个明确的标准和依据,也就是为我们一直诟病的新三板没有优胜劣汰制度找到了一个实施的细则。在这样的一个制度下,在新三板挂牌的企业,优秀的企业会得到应有的尊重和回报,同样,不靠谱的企业也会得到应有的惩罚甚至是意想不到的损失。

新三板分层管理制度的分层标准是什么呢?显然,这是这个制度最核心的问题,也是大家最关心的问题,毫不夸张地说,这个标准能否设计的合理完备,是这个制度是否能够真正发挥作用的前提和保障。

这里首先说明一点,分层制度的设计最根本的目标还是要将企业分出个三六九等,最差的自然要退市清理出市场,从这个角度上讲,我们前面讲的关于退市标准的设计在分层制度上都是可以来用的。

当然,退市是决定企业是否还能留在市场的"是生存还是毁灭"的问题,因此退市标准的设计自然要稍微宽松一些或者考虑得更加"仁慈"一些,除了前面提到的退市标准,还有一些标准也可以作为企业分层的考量因素,例如:

1. 企业的业绩规模以及业绩增长情况,虽然这个指标不适合作为退市指标,但是作为分层的标准还是没问题的,交易所成分股的选择也是把业绩作为重要的因素。

2. 企业的投资者情况以及投资者对企业的评价情况,这个指标在实践中可能比较难量化和控制,因而可能不便于直接作为退市标准,但是作为分层标准可以参考。

3. 公司管理层的诚信情况以及是否存在违法违规行为等,这个因素与上面的类似,如果成熟了也可以作为退市标准。

4. 企业获得的奖惩情况,如企业获得的一些加分的荣誉或者奖励,也是可以作为企业分层的一个重要标准和依据。当然还会有很多标准，并且这些标准都还需要继续细化。不管怎样，小兵认为这里的标准必须是公开透明的且可以随时公布的。

这个分层发展制度怎样去执行才能去发挥其作用呢？这个监管层自然会有比较高端的思考和制度设计，在小兵看来，至少要分出三个高下：

1. 最差的公司，这些公司经过分级之后已经没有再在新三板挂牌的必要和意义，那么这些公司直接就可以摘牌退市。

2. 最好的公司，根据分层发展标准我们不难看出，这些公司必然具备了盈利状况良好、公司治理规范、投资者比较认可等诸多优势，而企业具备的这些特质也同样是交易所上市的必备门槛，那么这些公司是需要公开向投资者推荐的，甚至也是以后能够转板上市的企业。

3. 不好不坏的企业，这些企业就处在“待定区”，比如给企业一年的缓冲区，如果企业向好那么就可以归到第一类好公司里，如果发展持续下滑，则要归到第三类公司里。

目前，市场上流传分层制度设计的大框架就是将公司分为三个层级，分别是：集合竞价交易、做市商交易和协议转让。但是，如果这样的制度设计是最终的结果，那么请大家务必注意，这是分层制度设计实现的结果而不是标准或者依据。也就是说，分层制度不同层次的公司可以采取不同的交易方式，而不是根据不同的交易方式直接分出不同的公司层次。

【新三板展现出无与伦比的包容性】

我们资本市场的审批制度已经运行了十多年，弊病很多，怨声载道，有多少人都在期待那缕注册制的春风能够带来更多的改变和创新。新三板一年多的运行，可以说已经很好地践行了注册制试验田的理念和责任，这不仅体现在创新、责任，还有包容。

说到创新，我们已经提到了很多，如无纸化申报、申报材料之后预审员主动沟通等制度。说到责任，如股转系统目前基本上还是坚持不排队不积压政策，无特殊情况下保证在规定时间审核完毕；比如股转系统鼓励企业以创新性的思维解决问题甚至是一起解决问题一起面对困难。

说到包容，暂且不提对中介机构、投资者的包容，这里更多的是指对挂牌企业的包容：

1. 一些行业比较特殊（担保行业、商业银行、餐饮行业等），目前这个行业的企业不论有多好的发展前景，交易所都无法接受在交易所上市，但是新三板是可以适当接受的，并且可以为以后在交易所上市提供一些经验和教训参考。

2. 一些企业的经营模式比较特殊（投资机构、网络 APP、电商等），目前这些模式发展并不是很成熟，其中发展的风险和可能存在的障碍存在很大的不确定性，从而企业的生产经营会存在很大的风险，既然新三板的投资者对风险有着较大的承受力，那么新三板是可以接受这些企业的。

3. 一些企业上市的实质性障碍或者瑕疵目前在审核政策和理念中还没有突破的可能（股东超过 200 人、同业竞争等），但是新三板可以允许企业带着这样的一些问题挂牌，并且可以通过挂牌来考察这些问题到底会带来哪些不利的影响以及投资者对影响的反应，这同样可以对以后交易所上市交易提供第一手资料。

上述实验田更多意义上是监管机构以及整个市场的尝试和创新。此外，某些企业最终是以交易所 IPO 上市作为最终目标，但是由于目前存在的问题比较多需要的时间也比较久，那么新三板作为实现最终目标的一个过渡或者中间站也是一个不错的选择。毕竟，在某些情况下，一些专业问题循序渐进的解决总比一下子解决可能更加容易被人接受。

交易所需要乖孩子，因为乖孩子没风险。同样，乖孩子不一定是好孩子，更不一定是有本事的孩子，而有本事但不乖的孩子有风险。现在，交易所无法承受风险，那么新三板可以适当尝试去承受一些风险，作为回报，新三板可能会收到意想不到的收获：几个看起来不乖但是本事大得很的孩子。

【新三板挂牌机制的改进方向】

前面说了很多关于新三板的“好话”，股转系统也确实做了很多的工作，最后我们再泼一点“冷水”，说一点还有可能改进的空间。

一、材料申报的改进方向

目前BPM电子化报送的方式，极大地提高了挂牌企业提交申报文件的效率，节省了时间；在申报文件的内容和数量上，相对于IPO的企业也有了很大的精简。但是中介机构提交申报文件后，一般不再驻场拟挂牌企业，而从提交申报文件到挂牌往往需要三四个月的时间，中介机构无法及时知悉很多重大事件，到企业挂牌时，可能世易时移，但企业并不清楚有哪些事项要及时告知主办券商和股转系统。为了让股转公司及时知悉拟挂牌企业从提交申报文件到挂牌期间的重大事项，可以建立拟挂牌企业或主办券商与股转系统的互联互通机制，允许挂牌公司或主办券商通过BPM提交补丁文件，以助于审核人员及时了解拟挂牌企业的重大事项情况。

二、材料审核的改进方向

股转系统可以进一步将审核权下放至主办券商，由主办券商的质量控制部门和内核机构对拟申报项目进行实质性判断，而股转系统仅负责形式性审核，并加强对中介机构特别是主办券商的监管。股转系统可以由部分抽查取代全面性审核，也可以采取并购重组分级式审核的理念，对中介机构的执业质量进行考核、评级，对于评级较高的优先审核，评级较低的重点监管。同时，建议股转系统加大对信息披露违规的处罚力度，以进一步提高信息披露质量。“新三板”虽然不设财务门槛，但是拟挂牌公司要对问题如实进行披露，对缺乏诚信的企业和中介要让其付出应有的代价。

三、一般反馈问题的改进思路

一般反馈问题进行了进一步的梳理和整合，调整了思路也增加了内容。小兵认为还有进一步优化和改进的空间，主要观点为：

1. 可以考虑将一般部分的反馈意见的核查和提交提前到初次申报挂牌资料时，中介机构需要在尽职调查报告中对这些问题进行详细核查并发表明确意见。

2. 券商督查报告作为尽职调查报告的附件一并提交，这作为券商内核和内控的重要文件，作为项目挂牌的重要依据。

3. 通过出文对尽职调查报告的法律性质和挂牌资料中的地位进行明确界定，将尽职调查报告作为券商尽职调查和内部控制工作的核心依据。

如果这样来做，一来可以更好地指导券商的项目承做以及质量控制工作，二来可以减轻反馈意见回复的工作量以及后续的审核安排。其实，如果一般问题反馈常态化，那么很多项目必然会在申报的同时提前准备相关反馈意见回复，则还不如直接提前。

四、后续融资的改进方向

股转系统可以进一步放宽挂牌公司的融资方式和投融资品种，适当放宽投资者适当性管理条件，提高股票交易的活跃程度，提升挂牌公司后续融资能力。对于挂牌公司股票、债券等的发行，由中介机构判断、发表意见，挂牌公司加强信息披露，股转系统由事中审核改为事后备案；同时改变股票发行等纸质材料报送的方式，直接通过 BPM 上报电子文件。

五、挂牌公司规范运作和持续信息披露改进方向

全国股转系统在加强对中介机构监管力度的同时，加大对挂牌公司规范运作和信息披露的考核力度，对挂牌公司信息披露进行分层分级管理，对于规范运作、信息披露考核水平较高的企业，可借鉴交易所的运作模式，为挂牌公司直接开通信息披露通道，在主办券商事前审查后由挂牌公司直接上传相关公告文件，并为这些企业打破终身督导制。

第二章　新三板的基本理念及常见误解

不管怎么样,新三板已经慢慢火起来了,这至少实现了我们的第一个愿望,也算是开了个好头。不管未来怎样,至少有越来越多的人在关注这个事情,已经难能可贵了。

关注新三板是好事情,但是以怎样的心态和理念去关注和思考新三板才更加重要,如果思路不对,将新三板带离了正常的轨道,有时候关注越多效果越差,甚至是个灾难。

对于股转系统来说,他们一直在践行着通过新三板这个资本市场助力中小企业快速成长和发展的基本理念。以前,企业只能发展到一定规模符合上市条件才能考虑资本市场的问题,而现在新三板提供了更加宽广的一个平台,将更多的企业提供给资本市场,在通过资本市场实现自己跨越发展的同时也给了企业自身让市场和投资者选择的机会。

曾有人问过对于新三板的未来是否看好,我说我看好任何一个新鲜事物未来的成长,但是前提是我们要好好看护理性看待,而不是拔苗助长。对于我们这些参与新三板挂牌业务的参与者来说,要充分理解新三板挂牌的初衷和基本理念,不要固化或者僵硬地理解新三板挂牌的规则,只有这样才能够在尊重资本市场规律以及协助企业成长之间找到最佳平衡,也只有这样才能保证新三板市场能够有质、有量、有序地快速发展。

【新三板监管的基本理念】

对于监管机构来说,对于新三板监管的思路可能主要体现在以下的核心思想中,主要包括:

一、坚守底线

什么是底线,挂牌规则规定的挂牌的基本条件就是底线,也就是我们对于挂牌企业这种公众公司给予的基本的尊重以及对资本市场公众公司运行规律的敬畏。新三板挂牌之所以并没有规定严格的门槛和条件,就是不希望采取“一刀切”的方式——因某些挂牌条件不满足而阻止了企业挂牌的机会,但是这并不代表新三板挂牌没有标准,有些公众公司需要付出的成本和代价是必须要承担的。

小贴士:关于新三板挂牌的红线以及需要恪守的标准,关注后续文章的详细论述。

二、鼓励创新

新三板业务在实践中很容易出现极端,一种是满不在乎什么企业都可以挂牌,另一种是以首发上市的审核标准要求企业,结果很多企业都不满足条件。小兵认为,在理解新三板理念的时候,我们要把握住一个核心观点:企业在不同的发展阶段的需求以及公众对于企业的要求都是不一样的。

准备交易所上市的企业盈利规模已经到了一定的水平,那么这时候企业的核心要求在于规范,付出成本都可以。而准备挂牌新三板的中小企业也有规范的需求,但是同时这些企业必须也要考虑规范的成本和可行性。有些事情可能对于拟上市公司来说跟领导打个招呼就可以解决,而挂牌企业可能还没有积累起雄厚的资源来解决这个问题;有些问题拟上市公司可能付出几百万元的成本甚至上千万元都在所不惜，但是对于挂牌企业可能这些资金会是企业持续增长的救命钱或者是钱袋子。如果某些问题挂牌企业目前解决起来成本会很高甚至没有可行性，那么我们可以充分信息披露然后让市场认识并判断这个风险，而不是为了解决问题而让企业因为挂牌新三板而背上沉重的包袱。

正是基于上述考虑，我们在做新三板项目的时候才不能简单僵化地理解规则，而应该站在中小企业自身的处境和角度去思考问题，甚至提出一些创新性的解决方案和思路，也未尝不可。

三、交给市场

其实，企业首发上市的基本改革理念我们已经讲了很久，那就是淡化企业上市条件，强调信息披露，让市场和投资者自主选择企业并判断风险。如果说这个理念在企业上市过程中还没有完全的体现，那么新三板在这方面的决心更大，步子更大，效果也更加明显。

我们尊重中小企业的发展规律，股转系统乐意给中小企业资本市场参与的机会，所以规则没有对企业挂牌限制太多条件。但是，我们也要清楚，新三板挂牌企业毕竟是公众公司，公众公司最基本的要求就是信息披露，那么有些问题可能不是挂牌条件但是你要把问题讲清楚，包括事情发展的基本情况以及对公司生产经营可能产生的影响。我们把信息披露做好了，剩下的工作就交给市场来判断。或许我们的市场并不是有效的，但是资本市场的成熟必须要迈出这个实质性的一步，就让我们一起跟着新三板先走开去。

【新三板参与者的基本理念】

对于每一个新三板市场的参与者来说，除了恪守监管机构的基本理念依据规则办事之外，心里都还应该有一根弦，那就是我们看待新三板的角度和心态，主要有以下几条：

一、新三板还是个"孩子",我们需要付出而不是索取

就目前新三板的发展状况来看,充其量就是一个刚出生的孩童或者是刚发芽的一颗小苗,我们现在要做的是给他空间、养分和足够的关心、呵护,才能让他茁壮成长。但在实践中,很多人想到的是怎么从新三板中获取最大的利益,如果新三板市场参与者都是这种心态,新三板目前的发展成果将很快不复存在。

二、新三板只是过程,远没有实现结果

我们要建立多层次的资本市场结构,新三板只不过是全国交易市场最底层的部分,是公司走向公众视野的第一步,并且很可能是最基础、最微不足道的第一步,千万不要把新三板看成企业的终极目标。企业不可能通过新三板实现巨额融资需求、实现巨额广告都实现不了的品牌宣传、实现企业要十几年才能实现的战略性发展的大跨越。

三、保持对公众公司起码的敬畏

当然,小兵也遇到一些企业家,他很坦诚地告诉我他知道新三板挂牌对他并没有太多好处,只是觉得新奇,想过把瘾;我很严肃地告诉他:你可以过把瘾,但是必须符合要求并且是符合公众公司的基本要求,如果你理解新三板的挂牌标准是没有标准,那就大错特错了,新三板至少是公众市场,理应有其自己的底线。小兵支持也很愿意参与一些新三板的培训,但前提是要把新三板一些最真实的情况及运行规律告诉企业家。

【新三板常见的误解】

从历史发展的角度来看,新三板可能并不是一个新鲜的事物,但是从新三板这两年的变革与更新来看,很多人对于新三板目前的运作要求以及未来的发展轨迹并没有一个清晰的认识。

当然，对于中介机构中参与新三板业务的专业人士来说，对新三板的挂牌要求还是有着明确的认识的，可能存在的分歧只是在于新三板未来发展的预期。但是，很多企业家对于新三板的认识却可能存在天大的误区。

小兵曾拜访过一些准备上新三板的企业负责人，了解过他们对新三板这个板块的看法，甚至小兵也拜访过一些已经成功挂牌的企业的负责人，他们对于新三板的一些观点，小兵不是太赞同，比如：

一、新三板也是上市

我国已经建立了多层次的资本市场结构，包括主板市场、创业板市场和新三板市场，很多人误认为新三板市场是跟主板和创业板并列的，企业挂牌新三板也就相当于上市了。实践中，企业负责人如果也这么认为，某些中介机构也乐意将错就错直接以这样的理由推动企业挂牌，至于后续的操作，收完费用后再说。

二、新三板可以募集资金

这个话题可以接上面的继续来说。如果误认为新三板比照创业板、中小板也是上市，那么挂牌新三板也就必然可以募集资金了，这对于初创阶段的企业来说有着不可抗拒的诱惑力。企业初始阶段往往资金紧张，如果投入较小成本挂牌新三板就能够融资，简直是天大的好事。当然，我们也承认新三板挂牌的同时可以定向增发募集资金，但是显然这里的募集资金跟上市的募集资金根本不是一回事。这里小兵再说一遍：新三板运行机制本身不具备必然的募集资金功能。

三、挂牌新三板就可以转板上市

实践中，企业家还有这样一种认识：挂牌新三板不是上市，但也确实离上市不远了，这里面包含两个基本理念：新三板可以转板上市，新三板必然可以转板上市。这就从另外一个角度给了企业家一个“幻觉”：既然直接上市有那么多企业可以排队，那么还不如挂牌新三板等着转板呢。小兵认为：转板机制应该是新三板挂牌运行的必然要求，但是转板真正开始需要很多条件，目前来看还需要走很长的路。

四、新三板可以实现股东财富的极度增值

在实践中，我们看到过很多新三板的论坛或者培训活动，都会以提升股东价值或者迎来万亿“金矿”作为口号。换句话说，新三板就是一个大金矿，企业只要挂牌新三板，那么企业家就可以从这个金矿中挖到一笔财富，就如同企业上市的造福效应一样。这显然是一个很大的误解，换句话说，这是一个很大程度上人为制造出来的误解。

五、中介机构没有解决不了的问题

前面提到过关于政策和规则对新三板挂牌企业的宽容和呵护，但是不要看作是无底线的纵容，不要认为任何企业都可以挂牌新三板。企业总是抱怨中介机构解决不了各种问题，显然不是这样，中介机构可以帮助企业解决规范问题，但是解决不了本质问题。

第三章　如何理解新三板的挂牌标准

只要接触过新三板的人，可能都会有一种困惑，那就是对于新三板过程中一些问题的把握标准到底是怎样的。首先我们要明确，相关规则对于新三板挂牌的标准和条件是明确的，同时也给予了参与者很大的自我判断和衡量的空间。也正是这种从基本规则上的宽容，导致了我们实际中对于很多标准不好把握。这样的困惑并不是规则的问题，而是我们市场的参与者本身对于新三板市场本身发展规律理解的不到位。

尽管我们已经多次承认新三板的透明度和公众性远低于上市公司，同时股转系统也是一直在强调新三板挂牌企业遇到的问题一切都可以商量，但是在一些核心问题上如何才能在将挂牌企业成本降至最低和满足挂牌企业公众公司基本要求之间找到一个最佳的平衡？

【如何理解和掌握挂牌条件的平衡】

对中介机构而言，解决问题自然越到位、越彻底越好，最好是不惜一切代价解决得清清楚楚，这样中介机构做项目不仅没有风险，而且成功率也很高。显然，挂牌企业肯定不会这么想，对于企业而言，最好是付出最小的代价完成挂牌的目标。

对于拟在交易所上市的公司来说，这个矛盾可能还不会那么

突出,原因主要有以下三个:

1. 监管机构对于上市公司的要求越来越严格,发行人也逐渐接受了这种变态的审核理念。

2. 企业上市成功是可以募集到一大笔资金的,既然前面有很大的诱惑,在这之前出点"血"虽然痛苦倒也心甘。

3. 企业已经到了上市的标准和条件,那么这家企业在当地的影响力肯定是多少有一点的,有时候需要开个证明或者协调个会议,虽然艰辛,但是还是可以办成的。

但是,对于拟挂牌的中小微企业来讲,如果按照上述拟上市公司的标准来严格要求解决问题,那么拟挂牌企业很可能面临两种情况:不解决问题,放弃挂牌新三板;仍想挂牌新三板,但的确客观上无法解决问题。

所以,我们需要特事特办,以特定的思维来判断和解决新三板挂牌过程中出现的问题,对此小兵的观点认为:

1. 我们在判断问题时,要以挂牌主体作为重点核查对象,只要挂牌主体保证能够有完整的资产边界、明确有效可行的业务发展模式以及可以预期的未来发展前景就可以了。

2. 至于股东控制资产是否全部都纳入挂牌主体以及股东或者实际控制人存在一些瑕疵,如果判断这些瑕疵并不会必然影响挂牌企业的运行或者影响有限,那么我们认为不一定要把这些问题全部解决。

3. 关于挂牌企业是不是要把全部业务纳入上市主体,这个同样需要尊重企业历史的发展轨迹以及目前企业解决问题的有效性和必要性,如果目前解决成本太高或者根本不可行,那么我们应该允许企业一边发展一边解决(如关联交易或者某些情况下的同业竞争)。

4. 对于一些小的瑕疵问题,我们应该用一种尽量宽容的问题去看待,如果问题通过时间可以解决,我们就等待时间去解决而不是目前强硬解决;如果这个问题是历史原因造成的,我们还要尊重历史问题(如出资问题和业务重组问题等)。

新三板的市场定位毕竟是小微企业或者是刚起步的企业,这些企业目前的首要任务是发展或者是让自己好好"活"下去，企业只有"活"下去才能期许更好的未来。企业挂牌新三板只是试水资本市场迈出的小小的一步尝试，不要让这一步影响到企业正常的经营和发展，更不能人为地把这一步无限放大。我们说的更实际一些，这些小企业每一分钱都挣得不容易，每一分钱也都要仔细去花销，所以能不花的钱不花，能不付出的成本不要付出。切记，新三板是来帮助企业的，而不是来祸害企业的。

【如何理解财务审计的边界】

前面我们对如何把握一些新三板企业挂牌的标准做了简单的说明，这里对最核心的一个财务审计的边界该如何把握再单独做一个解释。

在 IPO 审核对于财务问题的核查仍旧在只有更严没有最严的道路上延续的时候，对于新三板财务审核的问题，到底是一个怎样的度以及怎样的一个边界，确实是一个值得好好思考的问题。

众所周知的原因，新三板的财务审核肯定不能跟 IPO 的审核相提并论，甚至是一点都不能比，毕竟审核的理念以及每个企业的发展态势和财务根基是完全不同的。但是从另外一个角度讲，新三板挂牌企业毕竟也是公众公司，挂牌需要的审计报告也是需要具有证券期货从业资格的会计师事务所出具的。因此，新三板的审计报告也需要具备基本的审计规则和财务要求。

在实践中，目前审计机构对于新三板审计报告的要求和责任边界，或者基本的执业规范没有明确的理解，甚至有人提出可能会出现"劣币驱逐良币"的情形，也就是说，如果有的会计师事务所要求很高而有的事务所要求相对低一些，可能后者会在一段时间里获得更多的业务。

对于新三板的审计要求过高的确在现实中会有问题。例如，项目组说一个项目本来收不到什么钱，结果要做这么多的审计工作，出力不讨好。对于挂牌企业来说，听说别的审计机构要求很低工作量也不大，而这里却要配合大量的调查工作，企业很是有意见。还有对于市场来说，目前的一些制度缺失也不是完全能够把要求高一些或者低一些的审计报告给完全区分开，除非是那种连会计科目都错了的、十分离谱的审计报告。

小兵个人觉得有以下几个问题需要明确：

1. 对于审计机构来说，既然是为一家即将成为公众公司的企业出具审计报告，那么审计的基本原则还是要严格遵循会计准则，并保证财务信息的真实性和合理性，保证财务信息反映的是企业经营的真实信息，同时保证企业经营信息能够以一种合理的方式反映。小兵觉得这就是审计的一个底线，不得以任何理由突破。

2. 对于监管机构来说，也需要后续出具一些制度能够对一些审计机构的质量进行测评和判断，当然后续的企业分层制度以及相关市场化的制度也有可能起到评价企业审计质量的作用。这样可以让一些审计质量差的报告显露出来，以后这样的机构就会逐渐被淘汰，曾经严格自我要求的企业现在的坚持和委屈或许以后来看才值得。

3. 当然，这里还需要强调一点，会计师对于审计要求的高低是对某些核心问题核查标准的把握，而不是对一些细节问题的要求。实践中也有一些审计机构看似要求很高，做了很多工作，但是并不一定就能够真正关注到了企业真正的财务风险，就是做了很多工作并没有真正起到审计的目的，那么这样的“高要求”就是负能量的。

作为中介机构，应该充分理解并尊重新三板企业的形态和新三板市场的发展规律，并在此基础上做好服务工作。审计机构应该杜绝以 IPO 的心态做审计，也应该杜绝什么问题都可以商量的心态，真正做到有理有据，以“抓大放小”的基本要求控制企业财务风险，鼓励企业挂牌新三板做大做强。

【新三板与 IPO 核心规则的对比】

与规模较大、业绩较好、业务模式较成熟的 IPO 企业相比，新三板企业大多数是处于成长中的中小微企业；与 IPO 中介机构动辄收费上千万元不同，新三板收费一开始因为有政府补助，本着"补贴涵盖成本、不给企业增加额外负担"的原则，新三板项目收费一直不高；IPO 企业公开发行后，往往能给企业带来巨额的资金，而新三板项目即便挂牌，很多公司也难以在短期内收到立竿见影的效果。虽然证监会和全国股份转让系统对新三板项目信息披露要求与 IPO 几乎无重大差异，但是如果新三板企业像 IPO 那样去规范，估计大部分企业都无法承受。新三板企业既要尽量规范，如实信披，又不能耗时太长，成本太高，因此在实务中，新三板与 IPO 的度往往十分微妙，难以把握。

下表仅就新三板与 IPO 项目中都会遇到、审核时都会关注的重大问题进行比较，希望起到抛砖引玉的作用。

关注		新三板	IPO	
			主板	创业板
主体资格	股本要求	公司法对股份公司股本的要求，原来是 500 万元，现在是无要求	发行前股本总额不少于 3000 万元	发行后股本总额不少于 3000 万元
	经营年限	存续满 2 年	持续经营 3 年以上	持续经营 3 年以上
	主营业务	主营业务突出，具有持续经营能力	最近 2 年内没有发生重人变化	最近 3 年内没有发生重大变化
	股东适格性	可如实披露，并给出解决方案，不影响挂牌	申报前清理	申报前清理
	股份代持	申报前解除	申报前解除	申报前解除
	实际控制人变更	如实披露，提示风险	最近 3 年内变更构成障碍	最近 2 年内变更构成障碍
	主营业务发生重大变化	如实披露，一般不构成障碍	最近 3 年内重大变化构成障碍	最近 2 年内重大变化构成障碍
	董事、高管发生重大变化	如实披露，一般不构成障碍	最近 3 年内重大变化构成障碍	最近 2 年内重大变化构成障碍
	突击入股	不构成障碍，无锁定期	重点关注，详细核查，且有锁定期	重点关注，详细核查，且有锁定期

续表

关注		新三板	IPO	
			主板	创业板
主体资格	对赌	不允许与拟挂牌公司对赌	不允许对赌	不允许对赌
	出资瑕疵	出资真实、充足，没有运行时间要求	解决出资问题之后可能存在1~3年的运行时间	解决出资问题之后可能存在1~3年的运行时间
	子公司出资	按照子公司公司章程，重要子公司出资足额到位	按照子公司公司章程，重要子公司出资足额到位	按照子公司公司章程，重要子公司出资足额到位
	子公司的核查	重要子公司视同拟挂牌主体核查	所有子公司都需要严格核查	所有子公司都需要严格核查
独立性	“五独立”	不应做扩大化解释	实质性独立	实质性独立
	同业竞争	控股股东、实际控制人不得存在同业竞争	主要股东不应有实质性同业竞争	主要股东不应有实质性同业竞争
	关联交易	减少和规范，比例较大关联交易如果合理不构成障碍	减少和规范，比例较大关联较易(5%以上)原则上构成实质障碍	减少和规范，比例较大关联较易(5%以上)原则上构成实质障碍
公司治理与规范运作	董事、监事、高管与拟挂牌/上市公司共同设立公司	未禁止	禁止	禁止
	家族型治理结构	比较常见	不鼓励	不鼓励
	重大违法违规	最近24个月内会构成实质性障碍	最近36个月内会构成实质性障碍	最近36个月内会构成实质性障碍
	欠缴税款	原则上清缴	明确要求清缴	明确要求清缴
	核定征收	一般在最后一年或者一期改为查账征收即可	从严，最好在报告期期初改为查账征收	从严，最好在报告期期初改为查账征收
	劳动用工	合法合规，临时用工、季节性用工未强制要求清理	合法合规，临时用工、季节性用工一般要求清理	合法合规，临时用工、季节性用工般要求清理

续表

关注		新三板	IPO	
			主板	创业板
公司治理与规范运作	社保缴纳	未强制,但是建议公司规范运作	可能构成障碍	可能构成障碍
	资金占用	申报前全部清偿或予以规范	申报前全部清偿或予以规范	申报前全部清偿或予以规范
	行政处罚	非重大不构成障碍	非重大不构成障碍	非重大不构成障碍
	未办理资质许可	非重要的不构成障碍	一般构成障碍	一般构成障碍
财务会计	审计报告	如果存在非标审计报告,涉及事项需要已经清理或者消除	标准审计报告	标准审计报告
	内控报告	不需要	标准内控报告	标准内控报告
	持续盈利能力	具有持续盈利能力	不得存在影响持续盈利能力的因素	不得存在影响持续盈利能力的因素
	对外担保	不得影响生产经营	原则上不允许	原则上不允许
	税收优惠	没有明确限制	不得存在重大依赖	不得存在重大依赖
	未弥补亏损	没有明确限制	最近一期末不得存在	最近一期末不得存在
审核要求	发行上市	中国证监会(超过200人)或者全国股转系统(未超过200人)审核	中国证监会审核	中国证监会审核
	再融资	中国证监会(超过200人)核准或者全国股转备案(未超过200人)	中国证监会审核	中国证监会审核

小贴士:关于新三板挂牌条件的详细解读,将在第二部分专文表述。

第四章　新三板挂牌的利弊

企业在新三板挂牌可实现多方共赢。对挂牌企业而言，可以促进规范治理，发现公司价值，增强融资能力，提升公司知名度。对投资者而言，为产业资本提供投资进入和退出的渠道，降低股权投资的风险和成本，推动投资产品创新。对券商而言，获得新的收入增长点，促进业务创新和融合，大幅提升客户服务深度与服务黏性。对各地方政府而言，可促进当地经济发展，同时规范的企业治理将帮助政府降低对企业的监管难度，而规范经营的挂牌企业将为地方政府增加税收。

【新三板挂牌的十大好处】

总结企业对于新三板挂牌的一些认识和观点，同时结合企业挂牌前后的变化，新三板挂牌的好处简单总结为以下几个方面：

一、实现公司治理基本规范

企业申请挂牌成为公众公司，合法合规经营和规范的公司治理是基础和前提。公司治理的本质是有效解决分工与代理的问题，规范的公司治理一方面保障了公司管理者公平对待企业的股东，另一方面也降低了企业的经营管理风险，为企业长期规范发展夯实基础。

挂牌新三板可以帮助企业实现公司治理的基本规范。这里的规范重点是财务规范问题，但又不全是财务问题，也包括：历史上一些法律瑕疵的解决和理顺、内部控制制度建设和实施规划、公司三会制度意识的逐步建立等。我们在实践中接触到的很多企业根本都不能称之为企业，其实跟个体户或者家庭作坊并没有什么区别，尽管这些企业所处行业不错发展前景良好也有着不错的盈利能力，但是这种与现代企业管理制度不靠边的企业根本就不会发展壮大或者说肯定要走弯路。我们一直自豪我们有数以万计的优秀中小企业，但是这些企业需要理念先进制度完善才能够基础牢固发展迅速，从而实现更大发展。

规范的公司治理是企业获取金融服务、对接外部资本的基本前提，也是实现可持续发展、确保基业长青的根本保障。主办券商、律师事务所、会计师事务所等专业中介机构将帮助公司建立起以“三会”为基础的现代企业法人治理结构，梳理规范业务流程和内部控制制度，大大提升企业经营决策的有效性和风险防控能力。挂牌后，主办券商还将对公司进行持续督导，保障公司持续规范运营。所谓“规范带来价值”，企业通过规范治理并申请成功在新三板挂牌成为公众公司，将享有规范治理给企业和股东带来的价值提升。

二、公司股份实现一定限度的全流通

公司在新三板挂牌以后，公司股份可以选择通过协议转让或做市交易方式进行流通转让，通过连续的公开的市场转让交易定价机制，从而让公司价值得以体现。没有流动性的证券只是记载权利的证明，有流动性的证券才具有现实的价值，股份流动为原始股东、PE 等机构投资者提供了退出通道，为发行股票进行并购重组和股权激励提供了可能性。

新三板自成立以来为人所诟病的是交易不活跃，市场定价功能未能得到发挥，公司股票的流动性没有能够体现出来，这主要是因为市场中可流通的股份少，股份分散程度不高，加之原始股东惜售，交易方式单一，投资者数量少且结构单一。

2014 年 8 月 25 日，新三板启动了做市商交易机制，通过做市商的连续报价、撮合成交，新三板市场的成交量和成交金额稳步提升。2013年新三板全市场交易额为8亿元,2014年新三板全市场交易额130亿元。2015年投资者对新三板的认可度进一步提升。截至2015年5月22日,新三板全市场的交易额已超过811亿元,现在每天的成交金额保持在10亿元左右,具体情况如表1所示:

表1:挂牌公司股票成交月度统计表①

时间	成交数量(亿股)	成交金额(亿元)	成交笔数(万笔)	成交均价(元)
2015年1月	4.95	29.73	4.93	6.01
2015年2月	5.30	35.82	4.91	6.76
2015年3月	24.93	220.02	32.89	8.83
2015年4月	35.52	373.12	50.73	10.50
环比变动	42.49%	69.59%	54.24%	—
本年合计	70.69	658.69	93.46	9.32

随着投资主体更加多元化和挂牌企业继续增加,选择做市交易的企业数量增加,以及竞价交易方式的推出,未来新三板市场的交易量将得到进一步提升,公司股份流通将更加顺畅。

三、公司市场价值得到基本体现

非公众公司的股权没有流动性,没有价格发现的机制和平台,外部投资者或借款人难以对公司价值进行评估,公司以企业股权进行融资的难度非常高。

企业在新三板挂牌后,尤其是采用了做市交易、竞价交易等较高流动性的交易方式后,公司价值获得流动性溢价,二级市场将充分挖掘公司股权价值,在提升公司价值的同时,对公司股东具有明显的财富效应,如图1所示:

① 资料来源:股转系统《月度快报》。

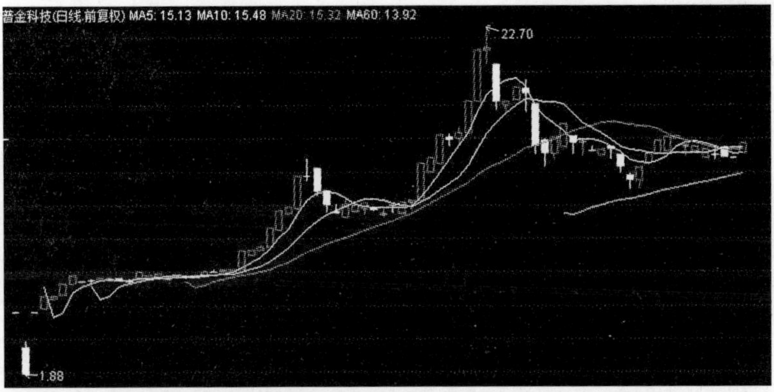

图1:普金科技430486在新三板选择做市交易后,公司价值明显大幅提升

公司以PE进行估值定价融资,公司的价值较挂牌前得到明显提升。在股权投融资实践中,企业在新三板挂牌后,更容易受到VC、PE等机构投资者的关注,股权融资的价格水平较挂牌新三板前有明显提升。此外,部分银行还接受新三板挂牌企业的股权质押融资。

四、企业融资渠道更加顺畅

新三板"小额、快速、按需"的融资模式符合中小企业的融资需求特征,挂牌公司可以通过股票定向增发、发行私募债等方式进行融资,随着市场功能的逐步完善和相关细则的出台,未来挂牌公司还可以通过公司债券、优先股等多种工具进行融资。

北京蓝天瑞德环保技术股份有限公司(蓝天环保430263)在2013年7月22日挂牌的同时定向发行股票融资1024万元,发行私募债融资2000万元。蓝天环保是第一家在挂牌同时进行定增融资的新三板挂牌公司,在此之后(截至2015年5月),有超过一百家挂牌企业选择了在挂牌同时定向增发股票进行融资。

2015年以来,新三板市场得到了投资者的广泛关注,新三板挂牌公司定增融资活动迎来井喷,如表2所示。截至2015年5月15日,共有344家挂牌公司完成了405次股票发行,融资203.97亿元，平均每次融资金额 5036 万元。

表 2：新三板挂牌公司股票发行统计表①

时间	完成股票发行				拟发行情况（月末数据）			
	次数	股票数量（亿股）	募集金额（亿元）	均价（元）	家数	股票数量（亿股）	募集金额（亿元）	均价（元）
2012 年	24	1.92	8.55	4.44	—	—	—	—
2013 年	60	2.92	10.02	3.43	—	—	—	—
2014 年	329	26.52	132.09	4.98	—	—	—	—
2015 年 1 月	67	2.44	14.90	6.01	201	31.28	78.84	2.52
2015 年 2 月	52	2.56	13.82	5.40	222	33.11	83.09	2.51
2015 年 3 月	97	7.02	49.42	7.04	333	25.20	169.49	6.73
2015 年 4 月	115	26.09	54.34	2.08	281	33.46	101.46	3.03
本年合计	331	38.11	132.49	3.48	—	—	—	—

五、公司取得更加有效的股权激励手段

在创业型、创新型中小微企业中，专有技术人才以及管理人员是企业发展的核心竞争力，这些核心人才往往是市场争夺的焦点，如何留住核心人才并增强凝聚力，是企业发展的关键因素。

通过员工持股、股权激励等方式，增强企业核心员工的主人翁精神，让企业核心员工分享企业发展壮大的成果，是帮助公司实现人员稳定、业绩稳定增长的重要措施之一。企业在新三板挂牌后，企业价值得到最大化体现，能够为股东带来财富效应，从而让股权激励更加有效。

以艾融软件（830799）为例，公司为了应对“核心人员流失风险”采取了股权激励，吸收核心技术人员成为公司股东，艾融软件在新三板挂牌后，股价从 3 元涨到 70 元，财富效应使得股权激励效果立竿见影，如图 2 所示：

① 资料来源：股转系统：《月度快报》。

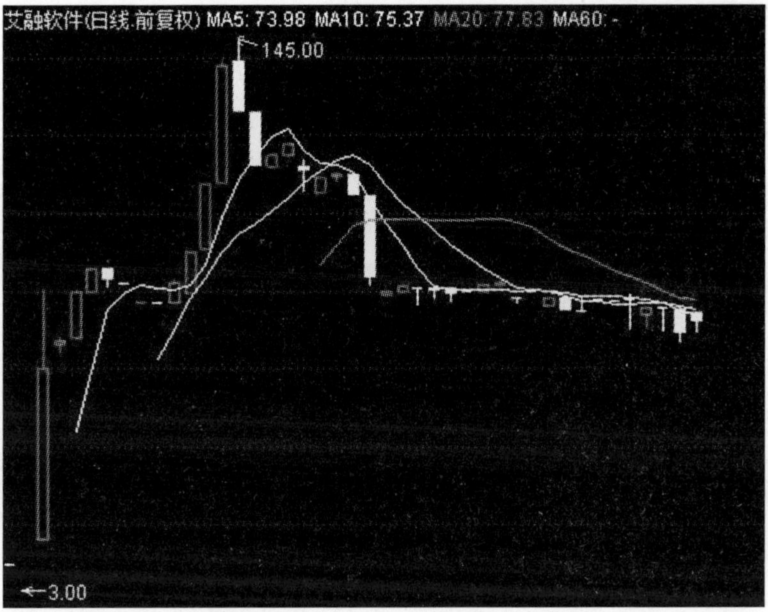

图 2:艾融软件在新三板挂牌后的股价表现

六、并购重组,资源整合

企业在新三板挂牌成为公众公司后,可以通过股权置换,也可以发行股票或发行公司债等形式获得现金进行并购重组,从而收购上下游企业股权或资产,帮助企业快速做大做强。而且,新三板挂牌企业在并购其他企业时,往往拥有更加强势的谈判地位和议价能力。

2014 年以来,新三板市场的并购重组活动变得更加活跃,一方面是 A 股上市公司在新三板挂牌企业中寻找合适的重组并购标的,例如,300269 联建光电以现金加股权收购 430628 易事达 100%股权,002672 东江环保以 9660 万元收购 430275 新冠亿碳 100%股权,601519 大智慧以 90 亿元收购 430399 湘财证券,等等。

另一方面是新三板挂牌公司对未挂牌企业等资产进行的并购重组。仅 2015 年 4 月,新三板市场就有共 8 家挂牌公司披露重大资产重组报告,合计交易金额 5.29 亿元,如表 3 所示。从并购重组的交易方式来看,8 家重大资产重组中,有 4 家为发行股份收购资产;4 家为现金收购资产。

表 3:2015 年 4 月新三板市场并购重组概况

公司名称	是否关联交易	交易方式	交易金额(万元)
831084 绿网天下	否	现金购买	3397.72
430175 科新生物	否	现金购买	10,200
831882 公益传媒	否	现金收购	2089.34
831620 宝信平台	否	现金收购	2867.55
430522 超炫科技	否	发行股份	3348.9
830811 安凯达	是	发行股份	8000
430158 北方科诚	否	发行股份	2993.99
430173 鼎讯互动	是	发行股份	20,000

七、增进企业信用等级

新三板挂牌公司作为公众公司纳入中国证监会的统一监管,履行了充分、及时、完整的信息披露义务,信息公开透明,企业在获取银行贷款以及与客户供应商往来时,信用增进明显。这是因为:

1. 企业经过中介机构的尽职调查和规范辅导后,公司治理更加规范,内部控制更加完善。企业作为公众公司履行信息披露义务,信息公开透明,对银行而言,风险将有所降低。

2. 各大商业银行为锁定优质客户,陆续推出了针对新三板挂牌企业的贷款服务计划,对新三板挂牌企业增加授信,或者提供股权质押融资服务。

在实践中,新三板挂牌公司在挂牌前后的企业借款规模变化明显,企业在新三板挂牌后,其借款规模往往较挂牌前提升 3 ~ 5 倍,甚至更多。

八、可以帮助企业进入一个更加广阔的平台

新三板市场板块设立的根本初衷在于给予离交易所市场上市还有很大差距的众多中小企业一个参与资本市场的机会。新三板给中小企业提供一个平台,企业可以在这个平台充分展示自己的

特色优势,也可以尽情施展自己的才华。也就是因为这样的展示和表现,可以为自己带来更多的商业机会(如广告效应、资产重组机会等)。这样的一个平台不是开展会,也不是参加学术研讨会,而是一个全国性的资本市场,是企业之间充分自由流动完全博弈的一个商业氛围。

九、公司形象提升

企业在新三板挂牌成为公众公司,其公司信息通过交易系统显示,更多投资者可以了解到企业。同时,企业信息也经常在新闻媒体的报道中被提及,从而让更多公众了解到企业,这无形中起到了推广企业的作用,增加了企业的知名度,提升了企业的形象。实际上,当企业成为新三板挂牌公司后,各路投资者蜂拥而至登门拜访,使企业的知名度迅速得到提升。

十、给了公司一个初步接触资本市场的机会

如果说最终的交易所上市是上大学,那么新三板挂牌可能是小学或者中学,虽然这两个市场是并列的市场这样的比喻并不确切,不过新三板至少为很多企业了解资本市场打开了一扇窗户。

新三板作为一个全国性的交易平台,这个平台是有资源也有能力充分发挥作用和功能的,如做市商的制度、分层发展的制度等,这些制度的出台都是为了更好地为挂牌企业服务,如股权质押业务,现在已经在挂牌企业中逐步开展,这也可以更好地解决中小企业融资难问题。

【新三板挂牌的缺点】

凡事有利就有弊,通常而言,企业在新三板挂牌有如下缺点:

一、增加企业规范成本

企业在新三板挂牌的前提条件是规范治理,为了达到这个条

件，各中小企业普遍需要补缴一定的税收、员工社保缴费等。除了这些比较明确的成本之外，企业在规范过程中可能也会存在一些隐形的成本。

二、信息披露义务

企业在新三板挂牌成为公众公司，需履行作为公众公司的信息披露义务，这一方面需设置专人负责，另一方面要求企业对外部变得相对透明，相对挂牌前增加了一项信息披露义务。

三、违规成本加大

企业在新三板挂牌成为公众公司，接受证监会统一监管，接受公众和媒体的监督，一旦被发现违规，其所受到的惩处相对没有在新三板挂牌的企业有较大程度的增加。

四、公司治理复杂

企业在新三板挂牌成为公众公司，在进行公司重大决策时，往往需要经股东大会、董事会批准，履行信息披露时，须董事会授权，各位董事签署，其流程较没有在新三板挂牌的企业变得复杂。

五、新三板交易不够活跃，融资功能不如沪深交易所

企业在新三板挂牌成为公众公司，相比在沪深市场 IPO 而言，其融资金额差距较大，新三板市场的交易活跃程度也不如沪深市场。但这随着新三板交易系统的完善、后续竞价交易方式的推出以及更多投资者对新三板的关注，该问题将得到逐步解决。

第五章 新三板转板制度的冷思考

新三板市场有没有转板制度，什么时候会有转板制度，设计怎样的转板制度，转板制度具体怎样实施操作，转板制度带来的影响和变化……所有这一切问题，都是新三板市场参与者重点关注的问题，同时这些问题也会是引导新三板发展到一个怎样的方向和层次的很重要的因素。

至少目前，小兵还无法回答上述这些问题，或者说小兵也没法一条一条地、非常具体地回答这些问题。在这部分内容中，小兵只是对一些原则性的问题进行了简单的思考甚至是揣测，不当之处敬请谅解。

【转板制度设计的考量因素】

一、新三板市场转板制度设立的必要性

目前，新三板向场内市场“转板”的不畅通与市场制度建设滞后和相关政策的缺失不无关系。“转板”政策包括交易政策、上市政策、退市政策、投资者保护政策以及市场监管政策等诸多方面，政策建设跟不上市场扩容的步伐。就“转板”政策而言，新三板的“转板”制度存在明显的缺陷，有转板之形无转板之实。截至目前，新三板挂牌公司已有10家成功实现了形式转板，他们是在退出新

三板后重新走程序向创业板提交 IPO 申请，与非新三板挂牌公司一样排队等待复杂的审核过程。新三板力求推出的"介绍上市"将发行与上市分离，意味着如果企业想实现融资功能，繁复的审核程序仍不可避免，转板形式大于实质。

总体而言，新三板成立至今，能够成功转板的企业数量并不多，仅有 10 家。而这 10 家挂牌企业转板的方式均为首次公开发行（IPO），转板的方式较为单一，耗费时间过长，没有任何"绿色通道"，并不是真正意义上的转板。而且，在这 10 家企业中，只有 2 家转板至中小板，有 8 家由新三板转板至创业板。可见，新三板有巨大的潜力为我国其他资本市场尤其是我国创业板市场培育合适的企业。

新三板是一个开放、动态和充满活力的市场，对于多层次资本市场中数量庞大的上市/挂牌公司而言，其发展或衰亡都是常态，而转入场内市场的上升机制和退出市场的安全机制皆为场外交易市场的重要组成部分。从资本市场整体看，其具有逻辑的层次性和统一性。适应企业发展不同阶段和投资者不同风险收益偏好的各市场虽然在甄别信号的设置上表现出了内在逻辑的层次性，但缺少了逻辑的统一性。要想实现层次性与统一性并存，就需要在各市场间建立有升有降的"转板"制度。实践证明，"转板"制度在保持各层次市场独特性的同时，维持了市场的风险——收益特征，并在发挥各自比较优势以实现差异化发展的基础上，形成互动、互补的证券市场体系。也只有这样，市场的利益分配和风险释放才能做到有序且相对公平。

二、新三板市场转板制度设计

首家从新三板市场到创业板市场挂牌的企业世纪瑞尔，经历了完整的券商保荐、申请审批的流程，增加了融资成本和上市难度，这在一定程度上影响企业在新三板市场挂牌的积极性。因此，在转板过程中，需要对上市规则、发行条件等加以修改，在防范风险的同时注重"转板上市"与"IPO 上市"的不同，在能够降低上市前的经营期限、股本要求基础上，进而减少创业企业的融资成本。

设置严格审慎的监管和惩戒制度也很有必要，上市公司应当独立运营，完善内部治理和监管制度，配备专人对该类公司的股权架构、经营情况、财务数据等进行分析和监管。

目前，我国新三板市场尚处于试点起步阶段，交易规则、信息披露、监管制度等仍待完善，且存在融资额度较低、流动性不足等问题。另外，我国多层次资本市场的构架尚未完善，中小板、创业板市场也有待发展，场外市场框架更需进一步予以明确。《股份报价转让试点办法》并没有给企业进入“新三板”市场挂牌设置实质性的挂牌条件，取而代之的是实行备案制。由于我国主板、中小板和创业板实行的都是发审委审批制，如果允许实行备案制的场外市场挂牌公司自动转入实行核准制的场内市场上市交易，就必然会冲击我国目前场内市场股票发行核准制这一根本制度。在目前股票发行核准制的现状下，可考虑先由证券业协会审查通过后提交证监会核准，再由交易所进行上市审查。程序的增加并不意味着增大企业进入场内市场上市交易的难度，在场外市场挂牌的公司相比于通过 IPO 增量发行的公司来说具有明显的优势，前者股权较为清晰，财务透明，信息披露工作是持续进行的，各项上市前的准备工作大多已完成。所以，在“转板”的制度标准上应参照 IPO 标准适当简化，符合条件的公司在“转板”上市的费用也应给予一定程度的减免。

转板上市的制度设计，也应在注册制改革框架下与新股发行体制改革呼应协调。防止因“后门上市”，削弱保荐机构及其他证券服务机构的审慎核查职责，弱化承销商与机构投资者的价格发现功能，减轻发行人的信息披露责任。避免转板上市与首发上市两套机制各行其是，理念迥异，逻辑失调，造成市场的预期混乱和行为异化。转板上市作为多层次市场互联互通、上下贯通的枢纽，是中小微企业与资本市场对接的低成本、高效率途径。转板上市与首发上市在功能定位上存在合理差异，但要避免两套体系差异过大，引发过度投机和制度博弈。我国转板上市机制，应兼顾中小企业融资便利与遏制套利投机的需要。除了由交易所修订上市规则，专门为转板上市设置标准之外，在保荐机构及其他证券服务机构审慎核查并发表专业意见等方面，作出与首发上市具有可比性的规定。

【转板制度如何实现】

前面小兵提到过关于企业挂牌新三板的好处，并没有提到新三板转到交易所上市的问题，哪怕是可能性也不愿意向大家交代，原因很简单。实践中，某些人员在承揽业务过程中会向企业承诺，企业挂了新三板之后会转板上市，省了排队甚至是审核的麻烦。有些稍微还有点理性的，会跟企业说挂了新三板会有转板的可能，我们要提早先去占个位子排个好的位置。

怎么理解转板，转板的未来到底在哪里？先说关于转板的问题，转板这样的一种技术操作从制度上能不能实现。小兵认为，要实现转板这种企业上市模式，首先要满足以下条件：

1. 目前证券法这一基本法规定的企业上市的基本制度就是证监会审核之后交易所批准，直接转板显然违背这一基本理念。

2. 证券法修改之后应该会确立基本的注册制的大体理念，注册制之后企业通过"注册"形式转板是否具有可行性，至少理论上没有问题。

3. 中国企业上市的"注册制"在未来必然的一段时间里也一定是中国特色的注册制，那么在这段时间里在中国特色的注册制背景下，是不是转板真正能够实现，还是一个很大的未知数。

假定新三板转板的制度已经确立且技术上也有实现的可能，那么真正最终实现转板还有很多问题需要思考：

1. 什么样的企业可以转板，确定了标准之后，新三板的相关制度能否准确地筛选出这样的企业？

2. 新三板的转板与企业直接交易所上市是这样的关系，是竞争还是互补？如果是互补，那么到底该是怎样分工而又会是谁来统一协调？如果是竞争，那问题就更多了，想想脑袋都会大。

3. 新三板转板与企业直接上市的标准是否一致？如果一致，新三板转板就没有任何意义；如果不一致，那么很有可能造成寻租空间，直接打乱整个资本市场本来就不透明清晰的发展态势。

新三板转板注定是要计入资本市场历史史册的事件，也是一件想想就会令人兴奋的事件，但是越美好的东西越难以得到，这也是颠真不破的真理。要想真正实现新三板转板，上面我们思考的问题，一个不少地要解决、整合、理顺，不能偷懒、不能走捷径、不能有任何侥幸心理。

【互联网企业转板的思考】

在第一波浪潮中，以新浪为代表的三大门户网站国外上市，有人开始关注这些好企业为什么不在国内上市。在第二波浪潮中，腾讯、百度等一大波企业都去了国外上市，于是有人反思中国的企业上市审核制度。在第三波浪潮中，土豆、360 等一批新贵企业意气风发敲锣打鼓去了美国，有人开始怀疑中国企业的上市审核制度甚至是整个体系是否合理。

而现在，京东、阿里巴巴等企业在美国敲响上市的钟声，就好像是给中国的一记耳光，我们需要思考我们怎样建立制度留住这些优秀的互联网企业；再不留住，就真剩不下什么了。

怎么留？只喊口号是不行的，只有热情也是不行的，我们需要政策留人、制度留人、规则留人。先看规则，至少从目前的上市标准上看，仅仅是持续盈利的指标，基本上就堵住了绝大部分企业直接上市的道路。直接上市不能办，有人就想到了新三板这条路：那就是在新三板挂牌 12 个月以上的互联网等企业，如果符合一定的财务指标就可以转为交易所上市（如收入一个亿以上）。

设计这样的一种思路，逻辑也很简单，那就是新三板挂牌时没有财务指标要求的，亏损的互联网企业是可以挂牌新三板的，如果新三板的转板制度能够建立并通畅，我们就可以通过新三板转板的方式“曲线”留住优秀的互联网企业了。于是，我们很多人一看到这样的一种说法就欢欣鼓舞，觉得互联网企业新三板转板有希望了，并且可以扩大思考一下，或许不远的未来新三板企业的转板就可以实现了。

但是很多人没有注意到,互联网企业能够转板上市,一个基本前提仍旧是新三板转板制度的建立和顺畅运行,不然仍旧会举步维艰。对于互联网企业新三板转板上市的问题,小兵个人的理解是:

1. 如果新三板转板制度真正建立,那么互联网企业转板可以是最早的试验田。

2. 不能对目前尚没有任何配套制度的一种“说法”做过多解读,更不能在实践中对挂牌企业做出任何关于企业未来转板的承诺。

3. 小兵没有做统计,不过印象中目前在新三板挂牌的互联网企业并不是很多,具体是什么原因,需要深入思考。

当然,现在我们也应该感受到了一股中概股回归的浪潮,新三板、创业板以及拟设立的战略新兴板块都在以前所未有的胸怀和热情来迎接他们回家。这样的趋势当然是好的,也是值得期待的,不过一切的前提都是要等着中国注册制改革的真正落地。

【新三板市场“转板”现状实证分析】

首先需要明确的是,这里所提到的“转板”,只是企业曾经在新三板挂牌,后摘牌申请交易所上市这样一种现象的简称。新三板目前并没有建立真正的转板制度,因而也就不会有真正意义上或者说我们所理解的转板的公司了。这里必须把这个问题跟大家交代清楚,以免引起不必要的误解。

我国的资本市场从 1990 年沪、深两市开办至今,已经形成了主板、中小板、创业板三个层次,具备了多层次资本市场的雏形。然而,即使是门槛相对较低的创业板市场,由于对净利润的规模和增长性有着严格要求,对于初创期的中小企业而言仍然难以满足。因此,新三板在原有三层资本市场基础上,为相对规模更小的初创期中小企业提供了新的全国性交易和融资平台。不论从上市公司规模、市场监管力度、投资风险大小来说,都进一步丰富了我国多层次的资本市场体系。同时,也与我国地方政府主导的区域性股权交易市场一起成为场外市场的重要补充。

截至2015年4月底，相继有10家新三板挂牌公司成功转板至主板或创业板，包括世纪瑞尔、北陆药业、久其软件、博晖创新、华宇软件、佳讯飞鸿、东土科技、粤传媒、安控科技、双杰电气，通过IPO合计募集资金48.35亿元。与此同时，还有一些企业正在筹备创业板或者中小板上市。

随着在转板机制逐步成熟、IPO市场的开闸升温，这批企业将以新三板公司的身份择机在场内市场公开发行，新三板有望成为国内A股主板和创业板市场的培育基地，向公开市场源源不断地输送优质上市公司。

企业名称	主营业务	新三板挂牌时间	上市板块	上市时间	实际募集资金（亿元）	市盈率（%）
粤传媒（002181）	传媒出版	2007年	中小板	2007年11月16日	5.24	60
久其软件（002279）	财务软件	2006年	中小板	2009年8月11日	4.13	34
北陆药业（300016）	对比剂	2006年	创业板	2009年10月30日	3.04	48
世纪瑞尔（300150）	铁路监控设备	2006年	创业板	2010年12月13日	11.00	55
佳讯飞鸿（300213）	通信设备	2007年	创业板	2011年5月5日	4.62	36
紫光华宇（300271）	软件与信息服务	2006年	创业板	2011年10月26日	5.15	34
博晖创新（300318）	医疗器械	2007年	创业板	2012年5月23日	3.84	34
东土科技（300353）	工业以太网交换机	2009年	创业板	2012年9月27日	2.37	35
安控科技（300370）	工业级RTU产品	2008年	创业板	2014年1月13日	4.78	28
双杰电气（300444）	电力系统控制设备	2015年	创业板	2015年4月23日	4.18	23

第六章　新三板参与主体的资本放开之路

《关于证券经营机构参与全国股转系统相关业务有关问题的通知》是一个非常重要的文件，可能会是一个改变未来新三板市场格局的文件，小兵对此作了简要解读，同时对新三板市场参与者的资格问题作了思考。

【参与主体的变革】

一、证券公司在很长一段时间里还会是推荐挂牌的主力

1. 尽管其他证券经营机构推荐新三板挂牌已经成为可能，不过在对企业尽职调查、控制风险甚至是申报材料制作方面，券商的优势还是非常明显并且是天然的。再加上企业对于券商就是资本市场代名词的一种长期意识的存在，券商在未来一段时间里还会是推荐挂牌的主力。当然，这一局面会很快被打破还是其他竞争者竞争乏力无法对现有格局造成颠覆，以及局面打破需要什么条件，我们后面会展开论述。

2. 强调券商要从投资人的角度来选择企业，也就是小兵一直强调的要以投资和发展的眼光判断企业，至于怎样判断企业以及判断标准小兵前面已经讲过不再赘述，至少有一点是明确的，那就是现在盈利水平有 3000 万元的，三年以后可能是亏损的。反之，

现在盈利水平很低是亏损的，并不代表三年以后没有盈利3000万元的水平。

3. 强调券商要为中小微企业提供全产业链的服务，包括融资并购，甚至是产业升级、战略规划、管理规范等方方面面。这个问题是老生常谈了，谁都知道这个问题很重要，也很可能是券商最大的收益增长点而不仅仅是挂牌。不过，在券商转型仍然在路上且万里长征刚走第一步的情况下，券商对于这个问题的处理能力是否能够淋漓尽致的展现或者会有其他的机构超越券商提供更好的服务，我们只能拭目以待。

二、挂牌主体的竞争会很快到来并且会很惨烈

（一）证券公司分公司直接开展推荐业务

其实，按照监管机构的思路以及券商改革的思路，很多券商已经进行了分公司综合化的改革，也就是分公司不再是传统的经纪业务的执行者而是全牌照业务的管理者，包括股权融资业务。很多走在前列的公司，目前已经将新三板甚至是小投行业务全面纳入分公司的管理。

从这个意义上来讲，分公司直接开展推荐挂牌业务是顺理成章的事情，不过由于分公司的转型都还不是很成熟，那么这样的变化不仅公司总部不适应连分公司可能一时也无法招架，因而这一改变到底会产生怎样的影响，我们目前不得而知，不过有以下几个方面值得思考：

1. 分公司开展挂牌业务，也就是说，分公司可以独立履行项目的立项、内核等相关程序，并且最后以分公司的名义盖章推荐挂牌企业，这的确是对分公司的人员素质和管理水平提出了更高的要求。

2. 公司总部负责相关标准的制定和执业质量的监管，有点“全后台”的意思，这是不是会掀起一波权力分布的争议不得而知，不过如何平衡分公司和总公司在新三板业务上的权限边界，的确是一个需要智慧的问题。

(二)更多元化的挂牌推荐主体

新三板挂牌虽然与交易所上市有着本质的区别,不过很多人还是希望将新三板挂牌称之为“小上市”,至少以前地球人都知道上市那是券商的事情,也有且只有券商能够做企业上市的事情,这也就是所谓的“通道”。而现在放开的基金以及期货公司的推荐挂牌主体多元化,至少从某种程度上是对这种通道或者牌照业务垄断的一种打破。

券商牌照业务经过这几次变革之后已经体现出疲软的态势,加上牌照业务一直是饱受诟病,牌照业务取消是迟早的事情,或许这次的改革也是为未来注册制的改革铺路,因为从某种意义上讲,注册制改革一个基本的要求就应该是打破牌照垄断。

放开挂牌推荐主体限制肯定是好事情,不过目前通知的态度只是“支持”,那意思就是,如何放开、什么时候放开,还需要股转系统以及相关部门出具相关的细则,如对于这些机构的备案要求是什么,需要多少人员、资本以及历史业绩等,对于这些机构以及券商的推荐标准是否一致还是会存在分类管理等,都还不明确。总而言之,证监会是同意了别的机构可以推荐,至于哪些机构可以推荐、怎样推荐都还是一个不小的问题。毕竟,相对于券商,这些机构在立项内核程序以及风险控制等方面,与券商的差距不是一天两天能弥补的。

三、丰富投资者结构

资本市场需要有流动性才能实现市场的功能,市场也才会有价值,因而新三板市场需要增加流动性是任何人都知道的道理。为了增加流动性,我们将很大希望寄托在做市商制度,但是做市商只是解决了一个流动性的机制问题,而根本性的流动性还在于股票的供需上。那么问题来了,目前我们一年有近2000家的新三板企业挂牌,至少从理论上股票的供给是没问题的,症结可能就在于需求,需要有更多的投资者参与到新三板股票的买卖和交易中去。

本次通知还是对壮大投资者队伍提出了很多有实效的建议,例如,(1)证券公司自营业务可以投资挂牌股票,这应该是一个很大的市场,只不过担心的是券商做市商都没兴趣直营是不是会脑洞大开。(2)券商客户资产管理业务也可以投资挂牌股票,这应该是一个比较好的思路,或许以后真的会有专门投资挂牌股票的客户理财计划。(3)证券公司可以开展挂牌股票的质押式回购等创新性业务。(4)支持基金管理公司试点推出投资于全国股转系统挂牌股票的公募基金产品。支持合格境外机构投资者(QFII)、人民币合格境外机构投资者(RQFII)投资于全国股转系统挂牌股票。

其实从这些措施和建议上来看,总结起来就是一句话,挂牌股票就应该当做上市公司的股票来看,可以在控制风险的情况下进行任何创新性的操作和投资。那么这里一个问题又来了,挂牌股票的价值怎么计算。有了流动性才会有估值,而某些时候有了估值才会有流动性,有时候这两个东西还真就是一个矛盾体。

【收费模式创新】

小兵倒是对这一条喜欢的很,觉得对于推荐机构是一个非常大的惊喜。这样的改革是有很大的现实意义的:(1)券商一直对新三板业务是又爱又恨,总觉得新三板收费不高有点“食之无味,弃之可惜”的感觉。(2)由于挂牌企业大部分都是小微企业,支付挂牌费有时候也是一笔不小的支出,甚至可能会影响企业现金流,所以有时候券商项目做成了怎么收费也是个怨声载道的问题。(3)政府补助的时有时无,可能更加重了券商挂牌收费的问题,也会打消一部分企业挂牌新三板的积极性。

挂牌收费不再单纯是真金白银,好处也是显而易见的:(1)最直接的就是减少了企业的费用支付的压力和负担,也减轻了券商收不到钱的苦恼。(2)如果以股权支付不仅解决了收费问题,也直接解决了做市商的问题,很多企业挂牌之后还是希望券商能够跟企业紧密联系一起成长的,挂牌的同时券商持有公司股权对企业是有很大的定心丸的作用。(3)会让券商直接从“单纯挂牌”的思维里摆脱出来,因为如果只是挂牌可能券商收不到钱,而只有挂牌企业发展壮大实现了价值的增值,券商才会有更多的收益。

由于现金收费的模式导致券商挂牌和企业发展基本上是割裂的,替代现金收费的创新收费模式目标就是弥补这样的裂痕,实现券商和挂牌企业的长效共赢。至于哪些创新收费模式可以尝试,小兵大胆猜测也欢迎大家补充:(1)股权支付,这个就很简单了,将挂牌费用直接转化为公司的股权,当然,如何定价以及如何规避一些利益输送是另外一个需要讨论的问题了。(2)以公司未来的分红作为支付方式,也就是说,如果公司以后发展好了,公司要每年拿出一定比例作为券商的挂牌费用,支付比例、支付期限等问题可以探讨。(3)券商还可以公司销售提成的方式收取挂牌费用,如果公司每年的增长达到了预期,增长部分的收益的一定部分作为挂牌费用(这些也就是通知所说的期权支付)。

小兵觉得,只要是正常的商业谈判确定的支付方式,并且符合合理的商业逻辑,这样的支付方式就应该是鼓励的允许的。当然这里面可能会存在一些问题,如企业后续经营过程中企业家的道德问题、项目组奖金的分配和发放问题等。

【充分发挥做市业务的市场功能】

一、做市商是有用的

做市商制度是我们从别人那里借来的,这个制度也是证明在别人那里充分发挥了作用的。做市商的运行机制以及功能这里不再赘述,简言之,其至少能够实现两个大的功能:一是实现新三板交易市场的流动性,二是体现出资本市场价值发现的功能;当然这个功能是相互影响的有机的一个整体。

做市商制度是有用的,但是目前在我国发挥的作用是有限的,这里的主要原因还是在于券商的参与度不高,原因有以下几个方面:(1)券商传统业务的理念根深蒂固或者说转型尚未成功,尚没有找到通过做市商获取收益的最佳合理的方式和渠道。(2)券商财大气粗，有点看不上新三板挣的那点小钱，参与做市业务的积极性不高，最典型表现就是资金投入不够、对于做市企业的考察和分析不够。(3)券商不能从投资或者发展的眼光来判断新三板企业的价值和未来，对于做市企业的判断标准过于笼统甚至粗暴。

二、改变做市商的困局需要长期努力

做市商制度已经建立但是作用发挥有限，监管机构也非常着急，于是这次通知也提出了一些措施，小兵对此理解为：

1. 券商可以多渠道筹集资金，不过问题是现在很多做市商的问题并不是券商有没有钱的问题，而是券商愿不愿意拿来做市的问题。当然，如果有些券商非常有意愿做市而就是受制于资金问题，倒是有了更多的选择。

2. 券商构建股票估值定价体系，支持做市商业务。中国不仅是做市业务，包括并购、重组、发行等很多业务都需要完整的股票估值定价体系，这个东西很有用也需要用，只是目前我们还有很多因素制约着，很难构建一个有效的体系。

3. 经同意券商可以开展股票借贷业务对冲做市风险。这个借贷业务具体怎样操作，怎样借、怎样还，真不是很清楚。

三、做市商的多元化

不管做市有没有用，挂牌企业对于能够参与做市转让还是有着很大的需求和期待的，而由于前面券商对于做市业务的谨慎甚至消极，导致了一些矛盾。现在做市商的门槛放开，小兵一直将其看作是可能引起新三板市场变革很重要的一个方面，尤其是小兵对于私募基金、对于新三板市场的影响有着满满的期待，其主要原因如下：

1. 基金尤其是股权投资基金对于企业成长性以及价值的判断和估值，某些情况下比券商更加具有敏感性和专业性，他们更能精准地发现中小企业的价值。

2. 基金做市会更加用心，毕竟在目前股权投资回报率低且不确定性大的情况下，基金很可能将做市商作为一个重要的利润增长点并用心去做。

3. 基金不缺钱并且基金的钱本来就是用来做股权投资的，与其以前扫大街似的找项目，还不如直接去新三板市场找已经过中介机构调查和规范的企业。

最后，还需要注意的是，目前证监会对于做市商资格的放开也仅是一种支持的态度，至于怎样落地还需要时间。不过，在本通知中已经对做市商资格做了基本的门槛限定，那就是做市业务的机构实缴注册资本应不低于1亿元，财务状况稳健，且具有与开展做市业务相适应的人员、制度和信息系统。仅从这一点，就可以看出做市商资格的放开应该要比推荐挂牌资格的放开更加具有可行性，也应该会更快地落地成行。

新三板挂牌

第二篇

实务 | 操作经典

引子　新三板挂牌条件的深度解读

一、“依法设立且存续满两年。有限责任公司按原账面净资产值折股整体变更为股份有限公司的，存续时间可以从有限责任公司成立之日起计算”

1. 公司依据《公司法》等法律法规及规章的规定向公司登记机关申请登记，并已取得《企业法人营业执照》。申报挂牌时，要依法存续，经过年检程序。

(1)公司设立的主体、程序合法、合规；

(2)公司股东的出资合法、合规，出资方式及比例应符合《公司法》相关规定。以知识产权作为出资在实务操作中应注意以下几个问题：①出资的无形资产所有权问题，是否为职务发明；②出资(财产转移过户)的程序是否合法有效；③出资的比例是否符合设立时《公司法》的规定；④出资资产的评估报告是否适当，评估价值是否真实合理；⑤无形资产与公司业务是否紧密相连，是否后续对公司业绩做出贡献；⑥无形资产的产权是否明晰，是否存在潜在法律纠纷。

2. 存续两年是指存续两个完整的会计年度，即自 1 月 1 日起至 12 月 31 日止。

3. 有限责任公司按原账面净资产值折股整体变更为股份有限公司的，存续时间可以从有限责任公司成立之日起计算。整体变更不应改变历史成本计价原则，不应根据资产评估结果进行账务调整，应以改制基准日经审计的净资产额为依据折合为股份有限公司股本。申报财务报表最近一期截止日不得早于改制基准日。

二、"业务明确，具有持续经营能力"

1. 公司能够明确、具体地阐述其经营的业务、产品或服务、用途及其商业模式等信息。

2. 公司可同时经营一种或多种业务，每种业务应具有相应的关键资源要素，该要素组成应具有投入、处理和产出能力，能够与商业合同、收入或成本费用等相匹配。

(1)公司业务如需主管部门审批，应取得相应的资质、许可或特许经营权等。

(2)公司业务需遵守法律、行政法规和规章的规定，符合国家产业政策以及环保、质量、安全等要求。

3. 持续经营能力，是指公司基于报告期内的生产经营状况，在可预见的将来，有能力按照既定目标持续经营下去。

(1)公司业务在报告期内应有持续的营运记录，不应仅存在偶发性交易或事项。营运记录包括现金流量、营业收入、交易客户、研发费用支出等。

(2)公司应按照《企业会计准则》的规定编制并披露报告期内的财务报表，公司不存在《中国注册会计师审计准则第1324号——持续经营》(附录2)中列举的影响其持续经营能力的相关事项，并由具有证券期货相关业务资格的会计师事务所出具标准无保留意见的审计报告。

财务报表被出具带强调事项段的无保留审计意见的，应全文披露审计报告正文以及董事会、监事会和注册会计师对强调事项的详细说明，并披露董事会和监事会对审计报告涉及事项的处理情况，说明该事项对公司的影响是否重大、影响是否已经消除、违反公允性的事项是否已予纠正。

(3)公司不存在依据《公司法》第181条规定解散的情形，或法院依法受理重整、和解或者破产申请。

三、“公司治理机制健全，合法规范经营”

1. 公司治理机制健全，是指公司按规定建立股东大会、董事会、监事会和高级管理层（以下简称“三会一层”）组成的公司治理架构，制定相应的公司治理制度，并能证明有效运行，保护股东权益。

（1）公司依法建立“三会一层”，并按照《公司法》《非上市公众公司监督管理办法》及《非上市公众公司监管指引第 3 号——章程必备条款》等规定建立公司治理制度。

（2）公司“三会一层”应按照公司治理制度进行规范运作。在报告期内的有限公司阶段应遵守《公司法》的相关规定。

（3）公司董事会应对报告期内公司治理机制执行情况进行讨论、评估。

2. 合法合规经营，是指公司及其控股股东、实际控制人、董事、监事、高级管理人员需依法开展经营活动，经营行为合法、合规，不存在重大违法违规行为。

（1）公司的重大违法违规行为是指公司最近 24 个月内因违反国家法律、行政法规、规章的行为，受到刑事处罚或适用重大违法违规情形的行政处罚：①行政处罚，是指经济管理部门对涉及公司经营活动的违法违规行为给予的行政处罚。②重大违法违规情形，是指凡被行政处罚的实施机关给予没收违法所得、没收非法财物以上行政处罚的行为，属于重大违法违规情形，但处罚机关依法认定不属于的除外；被行政处罚的实施机关给予罚款的行为，除主办券商和律师能依法合理说明或处罚机关认定该行为不属于重大违法违规行为外，都视为重大违法违规情形。

（2）控股股东、实际控制人合法合规，最近 24 个月内不存在涉及以下情形的重大违法违规行为：①控股股东、实际控制人受刑事处罚；②受到与公司规范经营相关的行政处罚，且情节严重；情节严重的界定参照前述规定；③涉嫌犯罪被司法机关立案侦查，尚未有明确结论意见。

（3）现任董事、监事和高级管理人员应具备和遵守《公司法》规定的任职资格和义务，不应存在最近24个月内受到中国证监会行政处罚或者被采取证券市场禁入措施的情形。

3.公司报告期内不应存在股东包括控股股东、实际控制人及其关联方占用公司资金、资产或其他资源的情形。如有，应在申请挂牌前予以归还或规范。

4.公司应设有独立财务部门进行独立的财务会计核算，相关会计政策能如实反映企业财务状况、经营成果和现金流量。

5.公司和控股股东、实际控制人之间不能有同业竞争。

四、"股权明晰，股票发行和转让行为合法合规"

1.公司的股权结构清晰，权属分明，真实确定，合法合规，股东特别是控股股东、实际控制人及其关联股东或实际支配的股东持有公司的股份不存在权属争议或潜在纠纷。

(1)公司的股东不存在国家法律、法规、规章及规范性文件规定不适宜担任股东的情形。

(2)申请挂牌前存在国有股权转让的情形，应遵守国资管理规定。

(3)申请挂牌前外商投资企业的股权转让应遵守商务部门的规定。

2.公司的股票发行和转让依法履行必要内部决议、外部审批(如有)程序，股票转让须符合限售的规定。

(1)公司股票发行和转让行为合法合规，不存在下列情形：①最近36个月内未经法定机关核准，擅自公开或者变相公开发行过证券；②违法行为虽然发生在36个月前，目前仍处于持续状态，但《非上市公众公司监督管理办法》实施前形成的股东超200人的股份有限公司经中国证监会确认的除外。

(2)公司股票限售安排应符合《公司法》和《全国中小企业股份转让系统业务规则(试行)》的有关规定。

3.股票限售。

(1)《公司法》第142条规定，发起人持有的本公司股份，自公司成立之日起一年内不得转让。公司董事、监事、高级管理人员在任职期间每年转让的股份不得超过其所持有本公司股份总数的25%。上述人员离职后半年内，不得转让其所持有的本公司股份，公司章程可以对公司董事、监事、高级管理人员转让其所持有的本公司股份作出其他限制性规定。

(2)根据《全国中小企业股份转让系统业务规则(试行)》第2.8条规定：挂牌公司控股股东及实际控制人在挂牌前直接或间接持有的股票分三批解除转让限制，每批解除转让限制的数量均为其挂牌前所持股票的1/3，解除转让限制的时间分别为挂牌之日、挂牌期满一年和两年。

(3)挂牌前12个月以内控股股东及实际控制人直接或间接持有的股票进行过转让的，该股票的管理按照前款规定执行，主办券商为开展做市业务取得的做市初始库存股票除外。因司法裁决、继承等原因导致有限售期的股票持有人发生变更的，后续持有人应继续执行股票限售规定。

(4)为解决因股份限售过严导致市场缺乏可供转让股份的问题，取消了对定向发行新增股票的限售要求，豁免做市商挂牌前受让的控股股东、实际控制人股票的限售要求，以解决做市初始股票来源。

4. 在区域股权市场及其他交易市场进行权益转让的公司，申请股票在全国股份转让系统挂牌前的发行和转让等行为应合法合规。

5. 公司的控股子公司或纳入合并报表的其他企业的发行和转让行为需符合本指引的规定。

五、“主办券商推荐并持续督导”

新的挂牌规则将中介机构的作用提到一个非常高的位置上，包括：

1. 一定期限内无主办券商为挂牌公司持续督导，则将会做出终止挂牌的处理。

2. 公司须经主办券商推荐，双方签署了《推荐挂牌并持续督导协议》。

3. 主办券商应完成尽职调查和内核程序，对公司是否符合挂牌条件发表独立意见，并出具推荐报告。其中尽职调查包括三个方面：法律、财务和业务技术。

(1)法律尽职调查包括公司治理和合法合规两个方面，其中公司治理应包括的内容有：公司治理机制的建立及执行、股东出资、独立性、同业竞争、对外担保及关联交易等的决策及执行等。合法合规方面应包括的内容有：公司设立及续存、股权变动情况、主要财产合法性、重大债务、纳税情况、重大诉讼、仲裁及违法违规情况等。

(2)财务尽职调查包括财务风险和会计政策两个方面，其中财务风险应包括的内容有：主要财务指标、应收款、存货、关联方及关联交易、收入成本费用的配比、非经常性损益、审计意见等。会计政策应包括的内容有：资产减值、投资、固定资产折旧、无形资产、收入确定、各项费用的合理性等。

(3)业务技术尽职调查应包括的内容有：主要业务、经营模式、发展目标、所属行业及其市场竞争情况、主要客户及供应商。技术优势及研发能力等。

六、"全国股份转让系统公司要求的其他条件"

1. 挂牌公司由全国股份转让系统公司审查、证监会核准。原规则的挂牌企业的审查权由证券业协会行使。新规则规定企业挂牌新三板实行两级核查，全国股份转让系统公司负责对挂牌申请文件进行审查并出具是否同意挂牌的审查意见。申请挂牌公司取得全国股份转让系统公司同意挂牌的审查意见后由中国证监会核准文件。

2. 关注公司可持续发展性，强调公司治理完善：(1)将对公司未来2年的规划，变为了中长期发展目标；(2)在"三会"的调查中增加了投资者关系管理制度及纠纷解决机制；(3)增加了董事会对公司治理机制的讨论评估，以适当保护股东利益，保证股东充分行使知情权、参与权、质询权和表决权等权利；(4)在公司治理机制执行中，增加调查董事会是否参与了公司战略目标的制定、公司是否建立了表决权回避制度以及职工代表监事履行职责的情况。

第一章 新三板挂牌企业的红线

诚然，从规则的角度来讲，监管机构已经对新三板挂牌设定了不能再宽容的挂牌条件，这也就导致很多人有一种“什么企业都可以挂牌”的误解。当然，基于成本便捷以及最大限度支持企业发展的角度考虑，在企业挂牌新三板的条件方面，我们应该体现出最大的容忍性和宽容度，对于一些问题如果不会影响挂碍主体基本的生产经营和未来盈利，或者一些问题可以通过时间就可以消化，就不建议企业在现有情况下付出较高的成本来解决问题。

与 IPO 相比，“新三板”未设置任何财务门槛，仅要求依法设立且存续满两年，业务明确且具有持续经营能力，公司治理机制健全、合法规范经营，股权明晰、股票发行和转让行为合法合规。据此，IPO 过程中的构成实质性障碍的实际控制人变更、董监高的重大变化、主营业务变更等一系列问题在新三板全都不是问题，似乎只要存续满两年的企业都可以申请挂牌，那么企业申请挂牌过程中是否存在不可突破的“红线”呢？拒不完全统计，从 2013 年“新三板”扩容以来，也有一定数量的企业被全国股份转让系统劝退，所以新三板也并非想上就能上，还是存在监管红线。

【新三板挂牌的红线】

一、存续期未满两个会计年度，不可突破

《全国中小企业股份转让系统业务规则（试行）》要求拟挂牌公

司依法设立且存续满两年，而从财务上看，如果存在同一控制下的企业合并，合并方和被合并方可以视同一开始就处于同一控制，编制合并报表时可追溯调整，那么是否可以通过借壳的方式规避“存续满两年”的限制，通过同一控制下企业合并可以解决业绩差或者公司设立不满两年等问题。

案例：某自然人2013年依次取得A公司和B公司控股权，其中A公司设立于2003年，但截至2013年6月末公司几乎无实际经营，而B公司成立于2010年，经营业绩较好。该自然人拟选取A公司或B公司作为主体申请挂牌，但截至B公司设立未满两个会计年度，于是以A公司为拟挂牌主体。

在具体操作中，由A公司收购B公司全部股权进行控股合并，并将A和B解释为一开始就由该自然人实际控制（即股份代持），将A公司作为拟挂牌主体，以2013年6月30日为基准日进行股改，并将A和B作为同一控制下的企业，在编制合并报表时进行追溯调整。

在本案例中，B设立不满两个会计年度，但急于申请挂牌，找了一个壳公司对其进行收购，并解释为股份代持和同一控制，但终因证据不充分、刻意规避“依法设立且存续满两年”的条件而遭劝退，由此可见，拟挂牌公司依法设立且存续满两年的条件不可突破。

二、不具有持续经营能力，“无可救药”

根据全国股份转让系统2013年6月30日的《全国中小企业股份转让系统股票挂牌条件适用基本标准指引（试行）》（以下简称《挂牌条件指引》），持续经营能力是指公司基于报告期内的生产经营状况，在可预见的将来，有能力按照既定目标持续经营下去，在报告期内应有持续的营运记录，不应仅存在偶发性交易或事项。营运记录包括现金流量、营业收入、交易客户、研发费用支出等，且公司不存在《中国注册会计师审计准则第1324号——持续经营》中列举的影响其持续经营能力的相关事项。

由《挂牌条件指引》可知，持续亏损并不一定构成挂牌障碍，目前盈利也不一定就能证明公司具有持续经营能力。

以某生物医药类挂牌公司 A 为例，该公司自申请挂牌报告期期初至披露 2014 年年度报告为止，持续进行生物医药研发，但尚未进行量化生产。因医药要经过临床前实验、制剂稳定性、生物利用度实验和临床实验等漫长而复杂的过程，公司申请挂牌时，研发项目尚处于临床阶段，公司主要收入来源于技术转让。A 公司最终成功挂牌。

另一公司 B 报告期内最后一期收入 6000 余万元，净利润 2700 余万元，其产品主要包括 C 设备和 D 产品，其中 C 设备用途为生产 D 产品，C 设备销售收入占比达 90% 以上，C 设备单台设备标的金额较高，主要销售给关联方用于生产 D 产品，而报告期内 D 产品毛利率较低。B 公司最终被劝退。

从以上两个项目来看，报告期内仅有偶发性交易并不必然构成挂牌障碍，这与公司所处行业特点和公司发展阶段有关；而报表上的销售收入和利润，并不一定就能证明公司具有持续经营能力，如 B 公司，最终因同业竞争、持续经营能力的质疑被劝退。持续经营能力是新三板审核关注的落脚点，其他问题或许还有商量的余地，但是企业如果无法持续经营，无疑就是被判了死刑。

三、重大违法违规，不可挑战

《挂牌条件指引》要求拟挂牌公司合法合规经营，即公司及其控股股东、实际控制人、董事、监事、高级管理人员须依法开展经营活动，经营行为合法、合规，不存在重大违法违规行为。

因新三板挂牌公司大多为中小企业，大多存在这样或那样的问题，身家清白没有任何瑕疵的公司似乎不多，一般违法违规，并不构成障碍，但“重大”违法违规就成为监管红线，重大违法违规在指引中有明确规定，但其本身难以量化，又涉及工商、环保、安全、质量、税务、土地和房产等方方面面，实务中有时较难把握，但审核时一般重点关注企业违法违规的性质、是否出于主观故意、是否造成恶劣的社会影响、企业事后的态度以及事件本身的进展情况，下面择几案例进行分析。

某化工类 A 企业，由集体企业改制设立，因土地使用权存在瑕疵导致未办理环评手续，尽管当地环保部门为其出具了合法合规证明文件，但最终因为未办理环评手续而被劝退。

某农林类B企业和C企业，其中B企业租用基本农田种植果树和苗木，且面积较大，移植后可能存活率较低，终因违反《土地管理法》和《基本农田保护条例》等法律法规而被劝退；C企业租赁集体土地未按照《土地承包法》《农村土地承包经营权流转管理办法》等相关规定履行了相关程序，农村土地流转没有逐一签署授权委托书，涉及人数较多而被劝退。

自2015年开始，全国股份转让系统尤其重视拟挂牌公司在报告期内的合法合规性，对涉嫌环保、质量、安全、土地等审核时趋严；如企业违法违规并非主观故意，且未造成重大社会影响，企业积极改正并采取补救措施，同时监管部门出具证明文件的，一般并不构成障碍，但是建议申请挂牌公司遵纪守法，合法合规经营，尤其是重大违法违规的监管红线不可挑战。

四、主要股份代持和非法发行，不要心存侥幸

《挂牌条件指引》要求拟挂牌公司的股权结构清晰，权属分明，真实确定，合法合规，股东特别是控股股东、实际控制人及其关联股东或实际支配的股东持有公司的股份不存在权属争议或潜在纠纷；股票发行和转让合法合规，是指公司的股票发行和转让依法履行必要内部决议、外部审批（如有）程序，股票转让须符合限售的规定。

"新三板"对股份代持相对采取了比较宽容的态度，只要充分履行信息披露义务并在申报前予以还原，即便实际控制人变更，也不会构成实质性障碍；但部分拟挂牌公司对大股东股份代持仍心存侥幸，全国股份转让系统曾劝退过一个外商投资企业，被劝退的原因并非其股东性质，而是股份代持；而对于曾在区域性股权挂牌的企业，股转公司会重点关注其股票发行和股份转让情况是否合法合规，是否存在违背《国务院办公厅关于清理整顿各类交易场所的实施意见》（国办发〔2012〕37号）的情形，另一家曾在区域股权挂牌的企业，因最近36个月内存在违规股票发行和股票转让情况

而被劝退。

对于拟挂牌公司小股东的股份代持，在不影响拟挂牌公司实际控制人认定和股权稳定性的情况下，即便挂牌前未经还原可能也不构成障碍，但是建议充分披露；而对于大股东的股份代持，一旦发现权属纠纷，将影响公司实际控制人认定和股权结构的稳定性，拟挂牌公司不可心存侥幸；中介机构在执业时也要勤勉尽责、归位免责，保证获取充分、适当的证据，即便出现问题也要能自证清白。

五、特殊行业，不可贸然申报

《全国中小企业股份转让系统业务规则（试行）》明确指出，股份有限公司申请股票在全国股份转让系统挂牌，不受股东所有制性质的限制，不限于高新技术企业，但是否果真什么行业都可以在新三板挂牌呢？也不尽然。

某券商申报了一个 P2P 行业公司，但 P2P 行业存在诸多风险，风险较高，涉及面广，且缺乏监管，鱼龙混杂，问题频出，最终因行业特殊、敏感、监管政策不明朗而被劝退。

虽然业务规则明确拟挂牌公司不受行业、所有制的限制，但是涉及房地产、传统金融、小贷、众筹等特殊、敏感行业，违背传统道德观念、违背公序良俗的行业，建议在申报之前与全国股份转让系统进行充分预沟通，在征求股转系统意见后再行准备，不可贸然申报。

六、会计基础薄弱，不可急于求成

如前所述，“新三板”未对申请挂牌设置任何财务门槛，仅在《挂牌条件指引》中要求公司“应设有独立财务部门进行独立的财务会计核算，相关会计政策能如实反映企业财务状况、经营成果和现金流量”。实务中，出于成本考虑，未设立财务部门、设立多套账簿、内外账差异巨大的企业比比皆是，而包括会计师事务所在内的中介机构专业水准和执业质量参差不齐，部分挂靠所甚至毫无执业底线，连实际收入 5000 万元、账面仅 50 万元的项目都敢轻易以账面数出报告，这种项目一旦被核查发现造假，轻则被劝退，重则面临处罚。

例如，某水果种植企业，会计基础极其薄弱，报告期内无专职会计人员，主要客户和供应商几乎全部为自然人，未签订合同，未开具发票，主要采用现金收付款，尽管其账面盈利能力较强，但终因内部控制缺失、会计基础薄弱而被劝退。

另一汽车运输企业，报告期内成本、费用核算极其不规范，大量虚购没有经济实质的发票，报告期内单位能耗远高于同行业上市公司和挂牌公司且无法合理解释，最终也因会计基础薄弱而被劝退。

对于拟申请挂牌的企业，其最近两年一期的财务报告应经具有证券期货从业资格的会计师事务所审计，对财务规范性提出了一定要求；而且《公司法》修订后，《企业登记管理条例》等文件随之修订，条例要求公司每年 1 月 1 日至 6 月 30 日要通过企业信息系统将年度财务报告向社会公众公示，因此建议会计基础过于薄弱的企业先规范一段时间再行申报，切不可急于求成。

七、对经营影响重大的纠纷或诉讼，需要高度重视

挂牌企业需要资产权属完整、股权清晰稳定以及业务明确持续，最核心的要求就是公司的资产或者股东与挂牌企业相关的资产不得存在瑕疵或者明显的争议，比较常见的问题是股权可能存在争议、资产可能存在第三方提出权利归属，甚至存在股东或者企业存在立案调查的情形等。如果存在这些情形，如果没有解决到位且没有得到一个明确的结论，那么是不符合基本的新三板挂牌条件的。

在某研发和生产医疗器械的 A 案例中，企业产品所需要的核心技术被其他方提起了专利诉讼，要求认定挂牌企业的专利无效，并且一审已经作出判决认定专利无效。尽管挂牌企业提起了上诉并且正在审理过程中，但是企业的核心技术还是会存在重大的不确定性中，企业的生产经营存在不确定性。

还有在 B 企业中，企业的实际控制人因为经济犯罪的问题被

隔离审查,虽然这件事情是否真正会被批捕甚至承担刑事责任尚没有一个明确的定论,但是由于公司核心的创始人和实际控制人存在不确定性,从而也会导致公司的生产经营存在重大风险。

八、超越资质经营或者行业资质管理不明朗的,审慎处理

在某些特殊行业或者特定企业模式中,企业的生产经营需要主管部门颁发的特定资质证书才能够正常经营。如果企业的生产经营过程中,企业存在无资质经营或者超越资质要求经营的情形,那么企业的生产经营也会存在重大不确定性甚至存在违规的可能。

某企业是进行余热发电合同管理的企业,企业取得的资质是只能为50万千瓦时的发电机组服务,结果企业在报告期服务的发电机组均是100万千瓦时以上的,属于严重的超越资质经营的行为。尽管企业盈利状况良好且生产经营没有主管部门进行处罚,但是企业的生产经营还是处于很大的不确定性中。

某企业是进行电动三轮车生产的企业,由于国家对于这个行业的监管处于一个模糊的灰色地带,行业监管资质也不是很明朗,同时这个行业的产品因为安全问题经常受到媒体的质疑,尽管企业盈利能力不错,但是也不符合挂牌企业的基本要求。

九、挂牌企业不得存在独立性的实质障碍

新三板挂牌没有规定重大客户依赖或者存在金额较大关联交易构成实质性障碍,不过,如果企业客户依赖或者关联交易以及严重影响到企业的业务独立性,或者说如果没有这种因素,企业的生产经营很大程度上会受到影响,那么这样的因素也会构成企业挂牌的实质障碍。

B公司研发的成套设备的唯一销售客户是某上市公司的控股子公司、公司的联营企业,公司持有上述客户40%的股权,2012年关联交易占同类产品交易的100%,占公司总营业收入的93.25%。且根据公司与上述客户签订的合作协议,该联营企业将继续向公司采购16套成套设备,在未来两年内仍然是公司的主要销售对象。对于B项目,其联营企业在报告期内是其唯一客户,公司直接面向市场独立

经营的能力存在重大疑虑，而且在可预见的将来，公司将延续对关联方依赖的趋势，最终因独立性和持续经营能力存疑而被劝退。

S公司是由中方股东A和日方股东B共同投资设立的公司，A和B各持股50%。S公司的生产技术、销售严重依赖公司日方股东B；原材料—废气完全依赖中方股东A生产过程中产生的废气；2012年度、2013年度以及2014年1～10月，公司对日方股东的关联销售收入分别占全年销售收入的51.48%、47.41%、37.56%。

十、挂牌企业不得存在出资不实的情形

新的公司法明确了对公司注册资本放开监管的理念，同时我们也一直在强调新三板挂牌标准的多样化，于是很多人认为新三板挂牌企业注册资本可以存在虚增的情形，这显然是不对的。注册资本是股东投入企业的资产，同时也是企业发展运营的基本“口粮”，如果这个资产存在虚构的成分，那么企业运行的根基是不稳健的，甚至企业的股东也存在诚信问题。当然，目前政策规定，股东补足出资不需要运行时间。

在很多企业的案例中，我们看到股东存在诸多的出资不实的情形，例如，无形资产出资评估价值高估、股东出资之后抽逃资金等。企业存在出资不实的情形，那么需要企业进行减资或者由股东补足出资不实的部分之后，这个问题就不再构成企业挂牌的实质障碍。并且，新三板挂牌与IPO明显存在差异的是，新三板对于补足出资没有运行时间的要求。

十一、挂牌企业不得存在资金占用的情形

现在公司治理制度最基本的一个理念就是法人独立财产权，也就是说，公司的钱是公司的而股东的钱是股东的，而现实中有太多的股东通过各种方式占用公司资金的情形。说句比较实在的话，如果企业就是股东一个人或者几个人说了算，那么公司的钱拿了也就拿了，就算存在不违反甚至与现代公司理念相违背，也没有太大的问题。但是，如果企业要挂牌要上市要成为公众公司，那么股东和公司之间这条资产的红线就要严格划清，因为这时候公司

就不是股东一个人说了算了,你还要对公众投资者负责任。

在很多已经挂牌的成功案例中,我们经常看到企业存在股东占用企业资金的情形,基本上都在挂牌之前进行了清理。如果股东占用资金金额较大且时间较长,那么还建议企业要向股东根据银行定期存款利率收取资金占用费,以保证挂牌企业不受到股东的侵害。

十二、不得存在业绩造假的情形

当然,造假作弊的事情在任何时间任何场合都是不允许的,在资本市场这种公开透明的市场自然更是应该禁止的。实践中变相或者隐藏业绩调整或造假的企业还是存在的,本以为天衣无缝但是始终还是经不住考验。

【哪些企业适合挂牌新三板】

由于新三板市场具有对风险的高度包容性,不设财务指标门槛,客观上将为中国广大的中小微企业提供直接融资的机会,同时也为社会资本投资中小微企业以及退出提供了交易场所。企业有融资发展的需求,社会资本也有退出渠道的需求,一般而言,有如下特征的企业适合登陆新三板:

1. 有进入资本市场的意愿但暂不符合主板或创业板条件的,大部分在新三板的挂牌企业都具有这个特点。

2. 虽符合沪深市场条件但不愿意漫长等待 IPO 的企业,例如,新三板挂牌企业 430318 思维传媒,在 IPO 暂停期间于 2013 年 10 月成功挂牌新三板,并通过定向增发融资 4700 万元解决了企业发展急需的资金问题。

3. 已有一定的业务规模,但资金紧张、制约业务规模扩大的公司。挂牌企业在新三板进行融资具有小额、快速、灵活的特点,根据股转系统相关业务规定,挂牌企业可在挂牌同时通过定向增发、发行中小企业私募债等方式融资。例如,430263 蓝天环保在挂牌新三板的同时定向增发1024万元，发行私募债2000万元。

4. 具有创新业务模式，需要借助新三板对外宣传的公司。新三板作为一个全国性证券交易场所，企业在新三板挂牌后成为公众公司，其所受到的关注度相比较挂牌前获得较大的提升，企业形象也随之得到较大的提升。

5. 希望借助登陆新三板来规范公司经营管理、为公司长远发展铺路的公司。新三板虽然对申请挂牌的企业不设财务指标门槛，但要求申请挂牌的公司股权结构清晰、经营合法规范、公司治理健全、业务明确并履行信息披露义务。因此，企业成为新三板挂牌公司的过程也是一个规范公司经营管理、降低企业经营风险的过程，从而为公司长远发展打下更加坚实的基础。

第二章　新三板挂牌的股权问题

【股份代持】

一、基本理念

股份代持也是我们在做项目过程中一个老大难的问题，不论是首发上市还是新三板挂牌。股份代持问题在企业上市过程中由于可能会损害到拟上市公司股权的清晰问题以及可能引起很多的利益纠葛和法律纠纷，从而是明文禁止的。那么新三板挂牌企业是不是也一定要禁止呢？是不是一点口子都不能开呢？

目前新三板挂牌标准要求中还是要求将股份代持清理之后才可以，那么是否我们还可以有另外一些思考的角度和考量的因素呢？

关于股份代持的原因，小兵已经总结过多次，这里再简单说一下几种比较常见的：(1)某些人的身份当时不适合做股东；(2)一个团体的股份放在一个人身上，既保证了工商程序的简便也便于员工管理；(3)为了相互担保银行融资，通过代持的方式设立多家非关联企业。

关于股份代持的清理，基本上都是采取无对价股权转让的方式，这里就不再谈具体业务细节问题，那么小兵要说的是，是不是只要企业存在股份代持就不允许新三板挂牌呢？小兵的观点如下：

1. 企业不论登陆哪个层次的资本市场，我们都在强调信息披露，只要企业将问题说清楚讲明白就可以了。由于交易所上市有很多历史原因也有很多现实的牵绊，因为信息披露基本原则属于在摸着石头过河地实践，但是新三板挂牌我们可以实施得干脆些、彻底些，当然现在我们也是这么做的。

2. 既然我们强调信息披露，那么股权代持问题能不能在某些特定条件下允许充分信息披露之后不再构成新三板挂牌的实质性障碍呢？首先我们说信息披露需要关注的要点：(1)股份代持的原因；(2)股份代持的具体情况；(3)股份代持可能存在的后果，如果引起争议或者诉讼是否会导致股权大幅变动甚至是实际控制人变更；(4)股份代持没有及时解除的原因和障碍(如成本太高或者时机不够成熟)；(5)股份代持解除的具体时间和方案，以后如果存在问题的后续解决措施。

3. 如果企业充分披露了股份代持的相关情况(如上述的基本思路)并且愿意承担可能出现的后果(如担心股权纠纷而无人问津甚至被强制退市)，同时市场投资者等参与者能够认知并判断这种风险，那么对于入口的监管机构来说，不应该"一刀切"地禁止这样的情形，而应该放权给市场进行博弈和取舍。

4. 此外，从另外一个角度来看，如果一个企业愿意把股份代持问题一五一十地交代清楚，那么说明这个问题企业心里就是没有鬼的，也是愿意接受监督和检验的，我们应该允许企业这样的尝试。反之，如果某些股份代持会存在很大风险，这个时候企业也是不愿意主动披露的(如通过股份代持关联担保的问题)，这时候也是企业自主选择的一个问题。

最后，还需要说明一点的是，在实践中不论是交易所上市还是新三板挂牌，通过君子协定约定股份代持问题的我们都不能说没有。所以，从这个角度来看，对于问题堵不如疏。股份代持并不是洪水猛兽，只是看我们能不能正确看待这个问题。

二、审核案例

(一)神州云动(430262)

1. 股权代持及解除情况

2008 年 9 月 4 日，有限公司设立时名义股东杨清利的全部 4 万元出资及2010年1月20日公司增加注册资本时杨清利认缴的90万元新增注册资本均为受孙满弟委托而出资。杨清利系孙满弟岳父。

2012年2月8日，名义股东杨清利将其所持有限公司所有股权转让给孙满弟，恢复了孙满弟真实股东身份，股权代持关系解除。解除股权代持时未支付股权转让价款，孙满弟和杨清利确认代持行为和为恢复孙满弟真实股东身份而发生的出资转让行为系二人真实意思表示，二人不存在任何争议和纠纷。

2012年2月，杨清利将其所持股权转让给孙满弟的相关股东会决议和记录由当时公司股东杨清利、张长文签署，张长文同意杨清利将股权转让给孙满弟，放弃优先受让权。股东张长文签署《关于杨清利与孙满弟解除股权代持关系行为的确认》，确认代持行为解除未对其利益造成损害。因此可以确认上述代持关系的解除未对公司股东利益造成损害。

2. 股权代持原因

孙满弟、杨清利出具《关于代持行为的追认》，确认股权代持原因是为保护公司信息，避免公司注册信息泄露对公司及实际出资人孙满弟造成被广告推销等困扰，实际出资人孙满弟委托其岳父杨清利代持其出资。

实际出资人孙满弟承诺其不存在因违反《公司法》《劳动合同法》《民法通则》《公务员法》等相关法律、法规而不能担任有限公司股东的情形。

（二）必可测（430215）

1. 股权代持的形成、变动及解除情况

（1）股权代持的形成

2007年7月，北京圣地万隆科贸有限公司与何忧签署了出资转让协议书，将其持有北京必可测科技有限公司的出资额125万元分别转让给何忧，转让完成后，何忧的出资额为125万元，出资比例为29.76%，何忧持有的出资额系代何立荣持有，何立荣与何忧为兄妹关系。

（2）股权代持的变动

2011年3月，有限公司进行增资，注册资本由420万元增至

885万元，其中何忧出资162万元，出资完成后，何忧的全部出资额为287万元，占注册资本的比例为32.44%。何忧的本次出资亦是在何立荣的授意下以何忧的名义完成，实际出资人为何立荣。

(3)股权代持的解除

2012年5月，何忧与何立荣通过签署股权转让协议的方式将其持有必可测有限公司的287万元出资额转让给何立荣，并在工商局办理了变更登记手续，从而解除了代持关系。何立荣成为在工商登记注册的实际出资人，股权代持关系清理完毕。

2. 股权代持的合法性

根据《最高人民法院关于适用〈中华人民共和国公司法〉若干问题的规定(三)》第25条的规定，"有限责任公司的实际出资人与名义出资人订立合同，约定由实际出资人出资并享有投资权益，以名义出资人为名义股东，实际出资人与名义股东对该合同效力发生争议的，如无合同法第五十二条规定的情形，人民法院应当认定该合同有效"。

何立荣与何忧就双方代持关系出具了《股权代持情况说明》，书面确认：出资款由何立荣实际支付，何忧仅仅为在工商登记注册的名义股东，在何立荣的授权下行使各项股东权利。双方之间的股权代持关系已于2012年5月解除，并完成了工商变更登记，双方不存在股权纠纷。

何立荣与何忧之间代持关系的形成、变动以及最终的解除，均系双方真实的意思表示，且该行为不存在《合同法》第52条规定的欺诈、胁迫及损害国家、社会公共利益或者第三人利益等情形，也不存在任何非法目的，故双方之间的代持行为应当是合法有效的。

【对赌协议】

一、基本理论

对赌协议在企业首发上市过程中是规则明确禁止的，其理由主要是保证股权的清晰问题甚至是实际控制人的稳定，小兵在某些场合也公开支持这样的规定，不过其实总觉得理由并不是很充分。

企业挂牌新三板，对于对赌协议问题的态度倒是没有封死，据说有“与股东对赌可以，与企业对赌不可以”的基本规则。小兵倒是对这种“一刀切”似的规定有一些看法，认为对赌协议同样在保证信息披露充分的情况下，不应该成为企业挂牌新三板的实质性障碍。

对赌协议是舶来品，同时也是境外资本市场一种成熟的技术手段，主要是为了保证投资机构与被投资方之前能够实现充分的博弈并实现利益均衡。既然是一种商业行为的技术手段，那么我们就完全没有必要藏着掖着，而是要把他交代清楚，我们担心的对赌协议可能引起的纠纷或者矛盾，并不见得是对赌协议本身的问题，而应该是我国商业信用体系几乎为零的根本症结。

不论是投资者与谁对赌，不论是什么形式的对赌，也不论是什么内容的对赌，只要这样的对赌不是显失公平的，而是双方心甘情愿充分博弈之后的一个结果，那么我们应该充分尊重这样的选择和决定。

在新三板挂牌的过程中，我们需要将对赌协议的背景、形式、主要条款可能引起的后果以及存在的风险交代清楚，就跟前面提到的股份代持问题一样，如果企业愿意承担信息披露可能存在的后果，如果投资者也能够认可这样的协议，我们就不应该刻意禁止这样的行为。

对赌协议本身的制度设计并不神秘更不可怕，只是我们一来妖魔化了这个东西，二来对他所带来的破坏力有着不可预知的恐惧，当然这最根本的原因还是在于信息披露透明度的不自信以及我们商业信用的空白。

创业板推出之时，曾经就有很多从业人员要从某种程度上阳光化对赌协议，但还是因某些原因没被认可。要突破就要突破得彻底大胆，不要留“尾巴”也不要留“后遗症”，就要充分相信信息披露的功能和商业博弈的力量。

小兵的观点是：在新三板挂牌制度设计中，已经没必要再对对赌协议进行什么限制或者收一半放一半的考量，对赌协议问题就应该放开，当然前提是必须保证信息披露的真实性和完整性，让投资者能够看清楚对赌协议可能带来的影响。

二、审核案例

（一）万洲电气(430436)：实际控制人回购江苏华工创投、武汉华工创投持有本公司的股份

2011 年，公司的注册资本由 5000 万元增加至 5678 万元，其中江苏华工创投认缴 418 万元，武汉华工创投认缴 260 万元。2011 年 8 月 27 日，公司实际控制人赵世运、李明辉、李峰、赵邦国和包群英分别与江苏华工创投、武汉华工创投签署了《〈万洲电气集团有限公司之增资协议〉之补充协议》（以下简称《增资补充协议》），该补充协议约定在一定条件下，投资人江苏华工创投、武汉华工创投可以要求公司股东赵世运、李明辉、李峰、赵邦国和包群英回购其持有的公司全部股份。

公司将积极夯实现有业务，努力开展具有良好市场前景的配网智能优化节电系统新业务，成功实现企业转型发展，公司的业绩及综合实力未来将得到稳步提高；如按照补充协议约定发生回购股份事项，公司实际控制人赵世运、李明辉、李峰、赵邦国和包群英将采取包括但不限于采取自筹资金回购、引进新投资人收购等措施解决有关回购事宜，使公司的经营不会因为实际控制人回购江苏华工创投、武汉华工创投持有的公司股份产生重大不利影响。

届时出现回购股份情形时，甲方（指江苏华工创投和武汉华工创投）和乙方（指实际控制人赵世运、李明辉、李峰、赵邦国、包群英）均承诺：甲方将按照回购协议约定的价格以中小企业股份转让系统允许的方式（包括协议转让、竞价交易等）要求乙方回购其所持有的全部万洲电气股份。若回购采取全国中小企业股份转让系统的竞价交易方式，在保证转让价格与回购协议约定的回购价格一致的前提下，甲方转让的万洲电气股份可能不能完全转让给乙方，而由其他投资者受让，由此导致的结果由双方承担。双方保证不会因为出现上述交易结果而产生任何利益纠纷和争议。双方均

遵循全国中小企业股份转让系统的交易规则，接受该交易系统的交易结果。

(二)欧迅体育(430617)

根据投资各方2013年8月15日签订的投资协议，遵循真实、严谨的原则，公司实际控制人对投资方作出如下业绩承诺：(1)截至2013年12月31日，2013年年度经审计的扣除非经常性损益的净利润不低于人民币760万元；(2)截至2014年12月31日，2014年年度经审计的扣除非经常性损益的净利润不低于人民币1140万元；(3)即2013年和2014年两年的平均利润扣除非经常性损益的净利润不低于人民币950万元。基于业绩承诺，投资方同意以新增的方式对公司投资人民币850万元并获得公司相应的股权，其中：(1)屹和投资投资人民币500万元整，其中人民币7.8431万元整计入公司注册资本，其余人民币492.1569万元整计入公司资本公积，均以货币形式缴付，占股5.8824%；(2)鼎宣投资投资人民币300万元整，其中人民币4.7059万元整计入公司注册资本，其余人民币295.2941万元整计入公司资本公积，均以货币形式缴付，占股3.5294%；(3)棕泉亿投资投资人民币50万元整，其中人民币0.7842万元整计入公司注册资本，其余人民币49.2157万元整计入公司资本公积，均以货币形式缴付，占股0.5882%。同时，该投资协议约定了新三板挂牌的申报时间以及在业绩承诺无法满足的情况下实际控制人朱晓东对投资人(投资人：指屹和投资、鼎宣投资、棕泉亿投资)的现金补偿和股权收购等条款，但同时约定，在公司向全国中小企业股份转让系统有限责任公司提交新三板挂牌申请之日起，本协议约定的关于投资人的特别条款自行失效，投资人依该等条款所享有的特别权利同时终止。

上述投资协议的签署方包括欧迅体育原股东与投资方，并不包括欧迅体育，因此投资协议只对欧迅体育原股东和投资方具有约束力，对欧迅体育并不具有约束力，投资协议中并无欧迅体育承担义务的具体约定。此外，投资协议包括了欧迅体育实际控制人朱晓东在满足约定条件下收购投资方持有的欧迅体育股权或对投资方的现金补偿条款，该等条款的履行将可能导致实际控制人朱晓东所持有的欧迅体育的股权比例增加或保持不变，不会导致欧迅体育控股股东、实际控制人的变更。投资协议为原股东和投资方的权利义务所作出的约定，并无关于欧讯体育义务、责任的约定，并未损害欧迅体育的合法权益。

（三）安达科技（830809）

2012年2月第二次增资，本次增资的对赌条款情况：

在本次增资过程中，增资方邱胜会、卡先加、陈建平和杜朝化（甲方），与公司（乙方）、公司主要股东及实际控制人刘国安、刘建波、朱荣华、李忠（丙方）签订了增资扩股协议的补充协议，约定了对赌条款，包括业绩补偿、退出安排、财产分配等（具体内容略）。

根据《增资补充协议（二）》，自公司向全国股份转让系统公司申报本次挂牌资料之日起，增资方九鼎基金、邱胜会、卡先加、陈建平、杜朝化和张一春已放弃要求公司支付相关业绩补偿金、承担相关的连带责任，放弃要求公司和公司实际控制人回购或受让其所持有的申请人股份。但是，增资方仍可要求公司实际控制人刘建波、刘国安、朱荣华和李忠承担支付相关业绩补偿金和清算差额补偿金义务。因此，公司2012年的三次增资的对赌约定不涉及需要公司补偿及回购等约定，增资约定不存在损害公司利益的情况。

公司实际控制人刘建波、刘国安、朱荣华和李忠承诺，如发生因业绩对赌而需补偿增资方时，将通过其家庭历史积累资金或从其控制且正常营业的其他企业的分红或出售该等企业部分或全部权益用于补偿，确保公司股权稳定。

公司实际控制人刘建波、刘国安、朱荣华和李忠家族投资的部分企业情况及估值如下表所示：

序号	公司名称	出质人	持股/权益比例	2013年度未经审计的净利润（元）	2013年度未经审计的净资产（元）	权益合计（元）
1	贵州开阳上达磷化工有限公司	刘国安	47.42%	-6,602,433.06	80,639,835.61	38,235,055.50
		刘建波	19.76%			15,931,286.56
		朱荣华	7.90%			6,372,482.37
		李忠	3.95%			3,186,241.18

续表

序号	公司名称	出质人	持股/权益比例	2013年度未经审计的净利润（元）	2013年度未经审计的净资产（元）	权益合计（元）
2	贵州开阳金山矿业工贸有限公司	刘建波	5.40%	3,748,917.56	85,971,320.77	4,642,451.32
		李忠	1.50%			1,289,569.81
3	贵州熙霖新型材料有限公司	刘国安	60%	-598,011.20	4,306,179.41	2,583,707.65
		朱荣华	10%			430,617.94
4	贵州熙霖投资有限公司	刘国安	40%	62,750.29	2,324,534.40	929,813.76
		朱荣华	20%			464,906.88
		刘建波	20%			464,906.88
5	贵州德成房地产开发有限公司	刘国安	60%	2,706,169.30	37,477,638.51	22,486,583.11
		朱荣华	10%			3,747,763.85
		刘建波	10%			3,747,763.85
6	北京中通博纳国际贸易有限责任公司	刘建波	40%	979,218.47	6,492,322.99	2,596,929.20
		李忠	11%			714,155.53
7	开阳龙水磷矿（普通合伙）	刘建波	51%	2,502,803.08	-5,651,600.62	138,196,173.41

第1项至第6项的企业价值评估方法系按持股比例所对应的2013年度未经审计的净资产价值作价。第7项开阳龙水磷矿（普通合伙）的权益价值，按贵州省开阳县龙水乡龙水磷矿的矿权价值按持股比例作价。综上所列的由刘建波家族所投资的企业中，刘建波家族所持有的股权价值估值超过2.46亿元，且已承诺优先将其持有的其他企业权益用于偿还因2012年的三次增资的对赌协议而可能产生的业绩补偿，其家族投资的其他企业权益足够弥补因对赌而产生的业绩补偿金额。因此，公司在2012年的三次增资中涉及的对赌约定以及其补充协议条款，不影响公司的股权状况，不存在损害公司利益的情形，对公司本次挂牌不构成实质影响。

【股权质押】

一、基本理论

关于股权质押，首先我们必须承认这是一种在企业经营和商业运作中非常正常的一种融资方式，按理不应设置过多的限制，应该坚持放开空间尊重股东自主的原则。

股权质押到底可能会造成怎样的一些结果呢，小兵觉得主要有两个：(1)股东可能会存在巨额到期不能偿还的债务，这一来可能会导致股东在上市之后为了自己的债务而侵占上市公司的资产，二来还有可能构成违法违规行为。(2)如果说第一个层次的结果我们还有点“以小人之心度君子之腹”的猜测，那么股权质押最明显的影响就是可能影响股权的稳定性，如果股东到期不能偿还债务，那么股东就需要易主，而这种情况对于企业的正常生产经营显然是很大的不利，而现实中一般也没有出现过好的结果。也就是因为这个原因，尽管我们已经承认股东拿自己的股权质押融资是合理的事情，但是在上市实践中还是很难被允许，小兵一般都会建议股东在上市之前需要解除股权的质押。

不过在新三板挂牌的过程中，股权质押如果不会影响到公司股权的清晰稳定，不会造成纠纷或者潜在的法律风险，那么在充分披露信息的情况下，认为股权质押并不会成为企业挂牌新三板的实质性障碍。此外，以下特殊情形值得重点关注：

1. 小股东的股权质押。小兵这里还是强调这里的小股东还是大股东不以持股5%为界限，需要假定一个最坏的结果来做一个实质的判断，如果这个股东以后真还不上钱对公司的经营会有多少影响。

2. 股东的股权质押不是为了自己而是为了发行人，股东拿自己的股权作为拟上市企业融资的担保。从目前的案例来看，企业上市之前股权质押尚没有解除的基本上都是属于这种情形，这种情形为什么在特定条件上被认可，其主要的原因在于：(1)股东质押的理由没有主观恶意且合情合理，很多情况下股东都愿意用个人信用担保为发行人融资，用股权融资也无可厚非。(2)企业都已经到了中国上市的标准，那么盈利能力和偿债能力基本上都有了保障，并且发行人的偿债能力都已经通过审计报告得到了检验，风险也比较小。

3. 股权质押金额较小，按时偿还债务不存在任何障碍。这种情况下，尽管是大股东的股权进行了质押，不过质押的金额只有几十万元左右，对于大股东的资产规模和盈利状况来说，偿还该债务没有任何障碍。这种情况下，如果上市前解除质押存在一定障碍（如约定了期限，必须到期才能解除），可以在上市之后再解除质押，并由该股东出具承诺。

二、审核案例

（一）雪郎生物（830821）：实际控制人股权质押可能导致实际控制人发生变更的风险

2012 年 6 月 15 日，公司与安徽国元信托有限责任公司签署《信托贷款合同》，借款金额 1000 万元，借款期限为 2012 年 6 月 15 日至 2014 年 6 月 15 日，蚌埠中小企业融资担保有限公司（后更名为蚌埠融资担保集团有限公司）为该笔借款提供保证担保。公司实际控制人李云政、张春辉及股东蒋新一将所持公司股份的 1930 万股、300 万股、500 万股质押给蚌埠中小企业融资担保有限公司，为上述借款提供反担保。如果公司未能及时履行还款义务，将有可能导致公司实际控制人的变更。

公司股东所持公司股份质押情况表

序号	出质人	质权人	被担保人	质押股份数	质押凭证	担保金额	担保期限
1	李云政	蚌埠融资担保集团有限公司	公司	1930 万股	最高额股权质押合同（0737201204056－1） 最高额股权质押合同（0737201204056－3）	最高 720 万元	自 2012 年 6 月 15 日起 2 年内所发生的主合同项下债务期限届满 2 年之日止
2	张春辉	蚌埠融资担保集团有限公司	公司	300 万股	最高额股权质押合同（0737201204056－4）	最高 120 万元	
3	蒋新一	蚌埠融资担保集团有限公司	公司	500 万股	最高额股权质押合同（0737201204056－45）	最高 200 万元	

（二）瑞斯福（430348）

2013年1月31日，公司与北京国际信托有限公司签订《借款合同》，借款金额2000万元，借款期限为2013年2月5日至2014年2月5日。2013年1月21日，公司与华夏银行股份有限公司北京魏公村支行签订《流动资金借款合同》，借款金额为1000万元；2013年5月15日，公司与华夏银行股份有限公司北京魏公村支行签订《补充协议》，约定借款期限为2013年5月21日至2014年5月21日。北京海淀科技企业融资担保有限公司为上述两笔借款提供保证担保。邹怀森、宋战友、帕提玛、王青武、付云龙、周建华分别将其持有公司865.526万股、68万股、19.67万股、13万股、10万股、6万股的股份质押给北京海淀科技企业融资担保有限公司，为上述两笔借款提供反担保；同时，公司实际控制人、控股股东邹怀森为北京海淀科技企业融资担保有限公司提供了无限连带责任的反担保。

如上所述，尽管公司无法偿还上述借款的可能性极小，但如果公司不能履行还款义务，将可能导致公司实际控制人的变更，在一定程度上影响公司管理层的稳定，经营理念、方式和政策的一致性、连续性。

2010年12月15日，公司与国家开发银行股份有限公司签订《人民币资金借款合同》，借款金额2000万元，借款期限为2010年12月15日起至2013年12月14日，借款利率为提款日中国人民银行公布的3年期人民币贷款基准利率（年利率）；北京中小企业信用再担保有限公司提供连带责任保证担保、公司以200万元的定期存款提供质押担保，同时邹怀森以其持有的有限公司972万元出资向北京中小企业信用再担保有限公司提供无限连带责任的反担保（截至本公开转让说明书签署日该项股权质押已经解除）、邹怀森及其配偶孙美英承诺以其全部财产向北京中小企业信用再担保有限公司提供无限连带责任的反担保。截至本公开转让说明书签署日，公司已经归还该项借款。

（三）凌志股份（831725）

公司股东闫洪志、赵秀艳、闫洪信分别与包商银行赤峰分行签订《股权质押合同》,将所持本公司2448万股、1296万股和1056万股(合计4800万股,占公司总股本66.67%)质押给包商银行赤峰分行宝鼎支行。

请公司补充说明并披露:(1)前述股东以其持有公司股份担保债务的具体情况;(2)被担保债权未来的偿还计划及相关安排;(3)前述股东以持有公司股份质押向监管机构的报备情况。请主办券商和律师就前述事项做进一步核查,并就以下事项发表明确意见:(1)前述股东以其持有公司股份担保的债务是否真实、合法,有无潜在纠纷,是否履行必要的报备手续;(2)前述股东所质押的股份有无被行权风险,是否存有实际控制人变更风险。

公司在公开转让说明书"风险及重大事项提示/五、股东股权质押或致实际控制人变更风险"补充说明并披露如下:

1. 股东以其持有公司股份担保债务的具体情况

2014年6月24日,公司与包商银行赤峰分行宝鼎支行签订10,000万元的《授信额度协议》,授信额度借款最终还款日为2015年6月23日。同日,公司股东闫洪志、赵秀艳和闫洪信分别与包商银行股份有限公司赤峰分行宝鼎支行签订了《股权质押合同》,三人分别将其持有2448万股、1296万股和1056万股的公司股份质押给包商银行股份有限公司赤峰分行宝鼎支行作为对上述《授信额度协议》的担保。2014年11月,经赵秀艳女士申请,并鉴于凌志股份良好还款能力,包商银行赤峰分行宝鼎支行决定与赵秀艳解除上述《股权质押合同》,即赵秀艳女士所持凌志股份1296万股质押股份全部解除,赵秀艳不再承担该《股权质押合同》中所对应的义务。截至本公开转让说明书签署日,在该授信额度协议下,公司借款余额5000万元。

2. 被担保债权未来的偿还计划及相关安排

截至本公开转让说明书签署日,公司在该授信额度协议下,公司与包商银行赤峰分行宝鼎支行分别于2014年6月24日、7月29日签订2000万元、3000万元的《流动资金借款合同》。根据双方签订协议,公司上述借款偿还计划及相关安排如下:

截至本公开转让说明书签署日,公司均按照上述约定及时还款，不存在逾期情形，不存在潜在纠纷。

3. 股东以持有公司股份质押向监管机构的报备情况

2014 年 11 月，赤峰市工商行政管理局出具《股权出质设立登记通知书》，具体情况如下表所示：

序号	出质人	出质股权数额（万股）	质权登记编号
1	闫洪志	2448	A1402027250
2	闫洪信	1056	A1402027653

4. 股东股权质押或致实际控制人变更风险

公司控股股东和实际控制人闫洪志、闫洪信质押股权系为公司生产经营借款提供担保。尽管公司无法偿还上述借款的可能性极小，但如果公司不能履行还款义务，将可能导致公司控股股东和实际控制人发生变更，在一定程度上影响公司管理层的稳定以及经营理念、方式的一致性和连续性。

【特殊情况股权转让】

企业在运营过程中存在股东之间的股权转让是再正常不过的事情，就如同是市场上的商品交易。关于股权转让我们一般重点关注股权转让的原因、定价依据、价格是否合理、受让方的基本情况等，尤其是转让的价格可能是我们关注股权转让是否真实合理的最重要的一个因素，毕竟利益是最不容易骗人的。

一、盛世光明（430267）：无偿或以出资额转让股权

本次转让对象有三类人：第一类，转让给邦盛投资，转让给邦盛投资是因为其作为基金，具有较强的资本市场运作经验且拥有大量的客户资源，公司希望邦盛投资能带来资本市场管理经验及潜在客户，另外，邦盛投资同意先行垫付公司全国股份转让系统挂牌的有关费用。鉴于上述原因，本次转让系无偿转让。第二类，转让给部分公司高管及公司核心骨干，目的是激励，转让依据出资额定价，转让价款等同于出资额。第三类，转让给李红新、孙良浩、朱

相祯等，这几个人当时系公司关联公司微山公司的骨干，目的是激励他们，因此转让依据出资额定价，转让价款等同于出资额。本次转让都是在平等自愿的基础上进行的，其中受让方李红新系孙伟力妻弟。本次转让不存在代持行为，不存在纠纷或潜在纠纷。

二、易同科技（430258）：股权转让未办理工商变更

2010 年 12 月 16 日，股份公司召开临时股东大会，会议决议“同意股东上海泓泽世纪投资发展有限公司将其所持本公司 25%股权（250 万股）以 250 万元人民币的价格转让给上海乐源网络科技有限公司”。2010 年 12 月 16 日泓泽世纪与乐源网络签订《股权转让协议》，约定“泓泽世纪将所持标的公司 25% 股权作价 250 万元人民币转让给乙方（乐源网络）。附属于股权的其他权利随股权的转让而转让”。股份转让时，泓泽世纪与乐源网络实际控制人均为杨军。

该次股份转让后，公司即向工商登记机关申请备案，由于经办人员提供申报资料时没有提交董事的授权书，未办理成功。转让双方实际控制人相同，公司重视程度不够，后续也未再及时申报工商备案。2013 年 3 月 5 日，公司将该变更事项申请工商变更登记。2013 年 3 月 7 日，上海工商行政管理局登记了该变更事项。2010 年 12 月 16 日至 2013 年 3 月 7 日期间，工商档案中上述 250 万股股份登记在泓泽世纪名下，公司召开的历次股东大会的表决也由泓泽世纪作出。对此，公司、泓泽世纪、乐源网络三方于 2013 年 3 月 1 日出具了《关于泓泽世纪 2010 年 12 月 16 日将其所持易同科技 250 万股股份转让给乐络及其相关事项的三方声明与承诺》，“泓泽世纪、乐源网络确认上述 250 万股易同科技股份属于乐源网络所有。易同科技认可上述 250 万股本公司股份属于乐源网络所有。乐源网络认可自 2010 年 12 月 16 日之后至本声明与承诺签署日期内泓泽世纪在易同科技历次股东大会上所作的表决。泓泽世纪与乐源网络承诺对该股份不发生权属上的争议，并积极配合易同科技补办上述股权转让事项的工商变更登记”。该声明与承诺已经泓泽世纪于 2013 年 3 月 1 日召开的股东会会议上其全体股东

一致同意签署。2013年3月3日,公司全体股东出具了《全体股东关于泓泽世纪转让公司股份相关事项的声明》,声明对上述情况无异议,并认可2010年12月16日至2013年3月3日期间内泓泽世纪在易同科技历次股东大会上所作的表决。因此,上述250万股股份属于乐源网络所有,不存在争议的情况,也不存在潜在纠纷的可能性。

三、奥尔斯(430248):股权转让,股东缺席股东会

2010年7月9日,有限公司召开股东会,全体股东一致同意李朱峰将其持有的有限公司2%的股权4万元货币出资转让给华志强;同意修改后的章程(章程修正案)。2010年7月12日,李朱峰与华志强签订《出资转让协议》。

李朱峰将其持有的有限公司2%的股权4万元出资额转让给华志强。2010年7月28日,有限公司就上述事项在北京市工商行政管理局海淀分局办理了变更登记手续并取得新的营业执照。本次股权转让过程中,原股东侯少丹、刘巧玲、赵振丰未在股东会决议中签字,根据上述三人出具的《声明及承诺》,其因个人原因未参加股东会,上述三人均认可此次股权转让。主办券商认为:本次股权转让程序瑕疵已经原股东签字确认,且上述原股东持有本公司股权均已全部转让,故不构成本次申请挂牌的实质性障碍。申请挂牌公司律师认为:此项程序瑕疵对本次申请挂牌不构成实质性障碍。

四、卓繁信息(430256):公司代垫股东股权转让款

2005年6月,由于杰美环境经营所需,遂于公司股东协商通过股权转让收回400万元投资款。经与公司实际控制人左骏沟通,并经其他股东一致同意杰美环境将其所持400万元公司投资额作价400万元转让给左骏,由于时间较为仓促,双方达成口头股权转让协议后,卓繁信息即先行垫付了400万元股权转让款。之后,为办理正式的工商变更登记手续双方签订了书面的《股权转让协议》,由于杰美环境已收到全部股权转让价款,因此双方拟定股权

转让协议时将股权转让价格误作为零元，对此，杰美环境出具书面说明，确认已收到上述转让价款。卓繁信息垫付上述股权转让款后，左骏已陆续将该笔款项归还公司，其中：

1. 2008 年至 2011 年先后十次向公司银行账户缴存现金共计 1,978,400 元；

2. 2011 年先后四次直接以现金方式归还公司共计 380,388.52 元；

3. 2008 年至 2009 年通过协议约定，以公司对逸炜科技的欠款抵偿左骏对公司的欠款，共计 1,641,211.48 元。股份公司成立后，为进一步规范公司与控股股东及关联方的交易行为，公司完善了资金管理制度，制定了《关联交易决策制度》，建立防止控股股东及其他关联方占用发行人资金、侵害发行人利益的长效机制，该制度已经公司 2013 年 2 月 27 日董事会审议通过。

五、新网程(430269)：对同一次股权转让出现不同单价的解释

2010 年 4 月 11 日，有限公司召开股东会，全体股东一致同意：股东李云明将其持有的有限公司 15.26%、4.34%、2.90%、5.36% 的股权分别转让给自然人施煜敏、李勤、石勇、俞红啸；股东胡健将其持有的有限公司 6.60%、0.44% 的股权分别转让给自然人施煜敏、俞红啸。2010 年 4 月 11 日，股权转让方与受让方分别签署了《股权转让协议》；本次股权转让的价格均由转让方与受让方协商后确定。除李云明与李勤系夫妻关系外，本次参与股权转让、增资的新股东与原股东之间不存在关联关系，本次股权转让的新增股东之前均未在公司任职。截至本公开转让说明书签署日，除李勤担任股份公司副总经理外，本次新增的其他股东均不在公司任职。

本次股权转让情况具体如下表所示：

序号	转让方	受让方	转让出资额（万元）	转让总价款（万元）	转让价格（元/出资）
1	李云明	施煜敏	30.52	28.82	0.94
2		李　勤	8.68	46.55	5.36
3		石　勇	5.80	41.01	7.07
4		俞红啸	10.72	76.25	7.11
5	胡　健	施煜敏	13.20	13.40	1.01
6		俞红啸	0.88	5.77	6.56
合　计			69.80	211.80	—

1.本次股权转让出现不同价格的主要原因为：

(1)施煜敏在有限公司成立初期，在业务、资金等各方面给予了公司较大帮助，因此公司股东李云明和胡健为表示对施煜敏的感谢愿意以低价向其转让公司股份。本次股权转让涉及的其他受让方对此情况充分了解，且无异议。

(2)此次股权转让的转让方与除施煜敏以外的其他受让方参考2009年12月31日的净资产值450,594.41元，经过协商确认了转让价格。由于李勤与李云明系夫妻关系，因此转让价格相对于俞红啸和石勇略低。本次股权转让涉及的转让方与受让方对此情况充分了解，且无异议。

(3)俞红啸希望从股东李云明处以82.02万元的总价受让11.60万元的出资额，而李云明仅愿意出让10.72万元的出资额，两者差额为0.88万元出资额。经过李云明、俞红啸与股东胡健的三方协商，最终确定由胡健转让0.88万元出资额给俞红啸，总价5.77万元，李云明出让10.72万元出资额，总价76.25万元，最终李云明转让给俞红啸的转让价格略高于胡健转让给俞红啸的价格。

2. 2012年11月11日，涉及本次股权转让的全体转让方与受让方签署了书面确认书，确认并承诺："经有限公司(以下简称'公司')详细告知并经本人充分详尽调查，本人确认，本人知晓上述股权转让价格存在差异，并予以接受，不存在任何异议，上述股权转让的程序及结果真实、合法、有效。"

小贴士：类似案例还有百傲科技(430353)，对同一次股权转让价格不同，且前后转让、增资价格差异巨大。

六、新网程(430269)：对同一次增资出现不同价格的解释

2011年3月16日，有限公司召开股东会，全体股东一致同意有限公司注册资本增加至566.67万元，新增注册资本由新股东徐巧林与原股东李勤以货币形式认缴，增资总额128.335万元，其中56.67万元计入注册资本，71.665万元计入资本公积。本次增资引入的新股东与原股东之间不存在关联关系。本次增资募集的资金主要用于公司日常生产经营。

本次增资情况具体如下：

1. 本次增资出现不同价格的主要原因是徐巧林为新加入投资者，而李勤为公司原股东。

2. 本次增资中，徐巧林的价格参考了有限公司2010年12月31日的净资产5,481,681.80元。

3. 2012年11月，本次增资中的股东徐巧林、李勤签署书面确认书，确认并承诺："经有限公司（以下简称'公司'）详细告知并经本人充分详尽调查，本人确认，本人知晓上述股权转让价格存在差异，并予以接受，不存在任何异议，上述股权转让的程序及结果真实、合法、有效。"

七、伊禾农品(430225)：股东资格存在瑕疵

公司股东刘玉华现任职于太平洋证券股份有限公司，属于证券从业人员，2012年12月刘玉华出具了书面承诺，称将按照相关法律法规的规定，在伊禾农品于全国中小企业股份转让系统挂牌后，尽快将其所持有的伊禾农品265.5244万股股份（占公司总股本的2.53%）进行转让，待股份转让后，将不再持有伊禾农品任何股份，不再作为伊禾农品股东。

第三章 新三板挂牌的同业竞争

【基本理论】

关于审核理念或者审核标准的问题,不担心非黑就是白的这种问题的理解和判断,而实践中广受争议和纠结的是某些问题如何把握一个度的问题。前者问题如实际控制人变更、出资不实、业务重组问题等,企业上市过程中都对运行时间有着严格的限定,而新三板对这些问题明确不再要求。后者的问题如同业竞争和关联交易的问题,挂牌规则中并没有明确其作为是否允许挂牌的基本条件,但是如何把握这个问题又成为实践中一个重要的问题。

一、同业竞争的审核尺度

关于同业竞争问题在新三板挂牌审核过程中的审核尺度问题,目前应该要把握以下几个基本理念:

1. 原则上只关注控股股东、实际控制人的同业竞争问题,对于其他股东以及关联方的同业竞争问题不会重点关注。

2. 尽管某些股东不是控股股东也没有被认定为实际控制人,但是该股东对公司的生产经营会有重大影响的,还是应该重点核查同业竞争问题。

3. 如果同业竞争的发生有着特定历史背景且目前整合很困难,控股股东和实际控制人的同业竞争在短期内解决无法实现或者成本较高的情况下,在充分信息披露时可以尝试,但是要详细说明目前整合存在障碍的原因,并对未来整合的可行性和预期有着明确的表述，可以允许在承诺的一段时间里逐步解决，不过时间不宜过长。

4. 对于亲属同业竞争问题，小兵认为如果亲属双方控制企业没有历史关联往来且公司设立清晰明确，那么一般情况下不会成为挂牌新三板障碍。

5. 任何以各种股权调整或其他方式规避同业竞争问题的做法都是不应该允许的，在这种情况下将遵循"实质重于形式"的原则关注同业竞争问题。

二、同业竞争的解决思路

关于同业竞争的解决，一般有以下思路：

1. 收购合并，即将同业竞争的公司股权、业务收购到拟挂牌公司或公司的子公司，吸收合并竞争公司等；

2. 转让股权和业务，即由竞争方将存在的竞争性业务或公司的股权转让给无关联关系的第三方；

3. 停业或注销，即直接注销同业竞争方，或者竞争方改变经营范围，放弃竞争业务；

4. 对经营业务作合理规划，即签订市场分割协议，合理划分拟挂牌公司与竞争方的市场区域，对产品品种或等级进行划分，也可对产品的不同生产或销售阶段进行划分，或将与拟挂牌公司存在同业竞争的业务委托给拟挂牌公司经营等。

【审核案例】

一、华宿电气(430259)：转让股权消除同业竞争

实际控制人停止构成同业竞争的业务，并承诺尽快注销该公司，注销前不从事构成同业竞争的业务，在挂牌前以转让股权的方式消除同业竞争关系。

公司控股股东上海研科在有限公司成立之前曾从事过电气火

灾监控系统的生产和销售，但为避免同业竞争，从 2012 年开始，已不再从事电气火灾监控系统的生产和销售。2013 年 1 月 25 日，上海研科与余龙山出具了《关于上海研科信息技术有限公司情况说明及股东承诺》，承诺："上海研科拥有独立的管理机构和人员，与上海华宿之间不存在员工、机构、渠道等方面重叠。"

为了避免同业竞争，余龙山承诺："尽快将上海研科注销。"为避免同业竞争，上海研科承诺："在上海研科注销之前，将不在中国境内外直接或间接从事或参与任何在商业上对上海华宿构成竞争的业务及活动。"

公司控股股东、实际控制人余龙山将其持有的上海研科的全部股权作价人民币 49.5 万元全部转让给自然人王晓宇，王晓宇与上海华宿电气股份有限公司不存在关联关系。双方在 2013 年 5 月 26 日签订了股权转让协议，同时上海研科股东会就股权转让事项作出决议同意转让，其他股东放弃有限购买权，并相应修改公司章程，上海研科新股东王晓宇已于 2013 年 6 月 3 日向余龙山支付完毕相关转让款，公司也于 2013 年 5 月 31 日向上海市青浦区工商行政管理局申请变更备案。上海研科与公司不存在同业竞争关系。

二、金日创(430247)：注销关联公司消除同业竞争

公司的控股股东、实际控制人付宏实控制的其他企业情况如下：北京金日创先科技有限公司注册资本 50 万元，其中自然人付宏实货币出资 15 万元，自然人王历文货币出资 15 万元，自然人李峰货币出资 15 万元，自然人李喜钢货币出资 5 万元。营业执照注册号 110106005738683，住所为北京市丰台区南三环东路 25 号 14 号楼 308 室，法定代表人为付宏实。经营范围：许可经营项目：无。一般经营项目：技术开发、技术服务、技术转让；组织文化艺术交流活动；销售机械设备、电子产品、五金交电、化工产品。

北京金日创先科技有限公司的主营业务与本公司相似，均有自动化设备销售和系统集成，但报告期内其经营规模较小，对本公司无重大影响。为规范公司运营，避免同业竞争和关联交易，金日创先已于 2012 年 9 月通过决议，公司进行注销，并于当月在《新京

报》上发布了注销公告，2013 年 4 月 5 日，注销材料已报送相关部门进行注销登记，目前税务注销已经完成，工商注销登记正在办理中。

小贴士：类似的案例还有华敏测控(430354)、天津宝恒(430299)等。

三、天房科技(430228)：变更营业范围消除同业竞争

公司与另一重要股东——腾达楼宇在经营范围上有两处相近，其一是“计算机及外围设备、建筑材料批发兼零售”；其二是“计算机网络系统集成服务。”最近两年，公司与腾达楼宇在经营计算机及外围设备、建筑材料批发兼零售业务时，主要客户对象不交叉重叠，没有发生事实上的同业竞争情况，同时腾达楼宇在最近两年没有经营过系统集成业务，因而与天房科技在系统集成领域没有发生事实上的同业竞争情况。

为避免将来发生同业竞争行为的可能，腾达楼宇作出如下承诺：“本公司将不在中国境内外直接或间接从事或参与任何在商业上对天房科技构成竞争的业务及活动；将不直接或间接开展对天房科技有竞争或可能构成竞争的业务、活动或拥有与天房科技存在同业竞争关系的任何经济实体、机构、经济组织的权益；或以其他任何形式取得该经济实体、机构、经济组织的控制权；本公司将在法律、法规、规范性文件及公司章程所规定的框架内，依法行使股东权利，不以股东身份谋求不正当利益；将于 2013 年 5 月 30 日前，完成我公司经营范围的修改，减少与天房科技相近的经营范围，即减去‘计算机及外围设备、建筑材料批发兼零售’、减去‘计算机网络系统集成服务’。2012 年 11 月 30 日至 2013 年 5 月 30 日不会在上述经营范围内发生与天房科技同业竞争的行为；若违反上述承诺，本公司将对由此给天房科技造成的损失作出全面、及时和足额的赔偿。”

2013 年 5 月 17 日，腾达楼宇变更经营范围事项获得天津市工商行政管理局核准，腾达楼宇变更后经营范围为“自动化设备、计算机产品开发、技术咨询(不含中介)服务；办公用品及设备、装饰

材料批发兼零售。(以上经营范围涉及行业许可的凭许可证件,在有效期限内经营,国家有专项专营规定的按规定办理)”腾达楼宇变更后经营范围与天房科技不存在相同或相近之处。

四、普华科技(430238):出具承诺,解决潜在同业竞争问题

长沙普兴自设立以来,与公司没有关联交易,但由于其控股股东石淑珍持有普华科技2.7%的股权,且担任普华科技董事会秘书一职,为了避免长沙普兴与公司存在的潜在同业竞争,2012年11月20日,石淑珍郑重承诺:“①本人于2013年6月30日前办理公司名称、法定代表人、营业范围的变更,变更后的营业范围将不包括信息技术服务、电子产品的销售等类似内容,保证长沙普兴不从事与普华科技相似的业务,只经营新型农产品的销售和推广以及其他贸易、咨询类业务;②若本人在2013年6月30日前不能完成第一项的承诺事项,届时本人会将长沙普兴的股权转让给无关联第三方。如若本人因违反上述承诺内容,给普华科技造成损失的,相应的损失由本人承担。”

小贴士:类似案例还有联动设计(430266)。

五、乐升股份(430213):不存在同业竞争的说明

北京乐升的实际控制人许金龙控制或投资的其他企业包括:北京乐升、苏州乐升、台湾乐升、香港启升、上海乐升、KingKong Development LLC、XPECENTERTAINMENT HOLDINGS(CAYMAN)LTD.等七家公司,具体情况如下:

逐一对比说明实际控制人控制或投资的公司的业务定位以及与挂牌公司的区分,同时公司的实际控制人承诺并保证:XPEC ENTERTAINMENT HOLDINGS(CAYMAN)LTD.目前定位于持股型公司,不开展任何游戏的开发或游戏美术制作服务工作。未来该公司的业务定位仍将保持不变,不会从事与北京乐升产生同业竞争的任何游戏开发业务。

公司控股股东、实际控制人作为承担连带责任的承诺人,承诺并保证履行对关联企业的业务定位、业务区分,以及未来对关联企业的业务定位和业务区分的承诺,未来不会与北京乐升产生业务交叉,避免与北京乐升产生新的同业竞争。并在条件成熟时采取并购重组、股权转让等切实有效的措施,进一步解决关联企业与北京乐升产生新的同业竞争的可能。如果违反上述承诺而给北京乐升造成经济损失的,承诺人愿意赔偿因违反以上承诺而给北京乐升造成的全部经济损失。

六、国威机床(430265):相似领域内不存在同业竞争的说明

公司与相关公司不存在同业竞争。

首先,上述公司自设立以来,从未从事过重型数控机床金属切削机床、机电设备设计、制造、销售及机器设备大修改造,亦未从事过与国威机床相近的业务,其经营范围、实际从事的业务均与国威机床的业务无关,将来也不会从事与国威机床相同或相近的业务。

其次,上述公司在技术上主要应用西门子自控技术,与国威机床应用的技术完全不同。

再次,上述公司在人员、资产、财务、组织机构等方面均与国威机床完全独立,不存在人员混用或交叉任职、资产共用或互相占用、财务受公司干预或共用银行账户、与国威机床合署办公或混合经营等情形。

最后,上述公司与国威机床不存在同业竞争。同时,国威机床的控股股东国威投资、实际控制人王朝晖、其配偶熊小琴及上述企业均出具承诺,承诺其本人、该公司及其控制的其他企业未来将不会从事与国威机床相同或相近的业务,否则将依法承担相应的赔偿责任。

七、东软慧聚(430227):划分业务专属行业解释不存在同业竞争

(一)公司与控股股东及其控制的其他企业之间同业竞争情况

公司与辽宁东创的控股股东东软集团下辖的ERP事业部的部

分业务重合，都有ERP实施与运维服务业务，该部分业务存在潜在同业竞争关系。为解决此潜在竞争业务，也为规范集团内部经营范围，2009年东软集团对公司和集团辖下的“ERP事业部”（现已并入并成为“解决方案事业部”的部分业务内容）的目标市场进行了明确的划分，设定了各自业务的专属行业，其中：“ERP事业部”负责石油、地铁、柴油机、重工、钢铁、家电等行业，北京东软慧聚信息技术有限公司负责烟草行业（包括工业、商业、物资及烟机设备配套企业）、电力行业（包括电网、发电企业）及“ERP事业部”未涉及的其他行业。

公司多年来一直致力于上述行业领域的信息化咨询和服务，已经形成了烟草工业行业解决方案、电力行业解决方案、国际贸易行业解决方案、房地产行业解决方案等多套全面、科学、先进的行业解决方案，其中烟草、电力、高科技等行业是公司的重点优势领域。这些行业解决方案已经在相关行业的客户中得到广泛应用，并与客户建立了长期的合作伙伴关系，积累了丰富的行业经验。

由于ERP服务业务具有极强的行业特性，行业经验、技术、市场和人才壁垒较高，掌握这些技术、经验和能力无疑需要长期的积累和历练。目前，双方严格遵守行业划分，未产生实质上的同业竞争。

为彻底解决上述潜在的同业竞争问题，东软集团承诺在公司挂牌后把该部分存在潜在同业竞争的业务进行分拆、分批转让至公司，以彻底解决潜在的同业竞争问题。暂缓转让的主要原因为该部分业务存在一些优质客户，如何将这些资源顺利延续到公司，需要一定的时间以及较大的资金投入。因此，需等公司挂牌后进行融资以收购该部分业务。

除上述情况外，东软集团控制的企业与公司在烟草行业（包括工业、商业、物资及烟机设备配套企业）、电力行业（包括电网、发电企业）及以下行业（石油、地铁、柴油机、重工、钢铁、家电、汽车、医药）之外的SAP ERP及ORACLEERP咨询服务领域不存在同业竞争情况；公司与控股股东及其控制的企业、其他持股5%以上的主要股东之间不存在同业竞争情况。

（二）关于避免同业竞争的承诺

2012 年 12 月 21 日，公司控股股东、其他股东、董事、高级管理人员及核心技术人员出具《避免同业竞争承诺函》，表示不从事或参与与股份公司存在同业竞争的行为，并承诺：将不在中国境内外直接或间接从事或参与任何在商业上对股份公司构成竞争的业务及活动，或拥有与股份公司存在竞争关系的任何经济实体、机构经济组织的权益，或以其他任何形式取得该经营实体、机构、经济组织的控制权，或在该经营实体、机构、经济组织中担任高级管理人员或核心技术人员。

鉴于公司董事贾彦生担任东软集团解决方案事业部总经理一职，该部门的部分业务与公司 ERP 业务重合，存在潜在的同业竞争关系，且东软集团已出具《关于避免与北京东软慧聚信息技术股份有限公司产生同业竞争行为的措施说明》，对如何解决贾彦生任职部门与公司存在的潜在同业竞争问题做出了承诺。因此，待东软集团履行完毕《关于避免与北京东软慧聚信息技术股份有限公司产生同业竞争行为的措施说明》之后，董事贾彦生于东软集团所任职部门将不会同公司存在潜在的同业竞争关系。因此，董事贾彦生将在东软集团解决该潜在同业竞争问题之后履行上述避免同业竞争承诺。

2012 年 12 月 21 日，东软集团出具了《关于避免与北京东软慧聚信息技术股份有限公司产生同业竞争行为的措施说明》，表示 2009 年以来，除了从内部经营范围和管理上进行规范以及对目标市场进行明确的专属划分，设定各自的专属业务行业并严格遵守，避免产生矛盾和竞争外，东软集团为彻底解决将来可能产生新的或潜在的同业竞争，承诺在公司挂牌后，将把该部分存在潜在同业竞争的业务进行拆分，并分批转让至公司，以彻底解决潜在的同业竞争问题。

2013 年 4 月 18 日，东软集团出具了《关于所控制企业避免与北京东软慧聚信息技术股份有限公司产生同业竞争行为的措施说明》，表示东软集团所控制的企业将不从事任何在商业上对公司在烟草行业（包括工业、商业、物资及烟机设备配套企业）、电力行业

(包括电网、发电企业)及以下行业(石油、地铁、柴油机、重工、钢铁、家电、汽车、医药)之外的 SAP ERP 及 ORACLE ERP 咨询服务业务构成竞争的业务。

第四章　新三板挂牌的关联交易

【基本理论】

关于关联交易问题，不论是首发上市还是新三板挂牌，都没有规定关联交易是实质障碍，但需要着重解释和解决关联交易的必要性和公允性问题。在实践中，公允性问题有时候可能能更好解释和论证一些（除非企业有着通过关联交易调节利润的意图），而必要性的解释倒有可能形成悖论：如果发行人的关联交易占比较小且不存在依赖，那么这笔关联交易的必要性就存在疑问，既然关联方的交易可有可无那么为什么不能清理？如果发行人的关联交易存在很大的必要性，可能发行人就对关联交易存在重大依赖的疑问，这样可能会损害发行人的资产完整性和业务独立性。

因此，在首发上市过程中关于关联交易整合的力度越来越大，很多企业报告期内都没有关联交易的存在。而对于新三板来说，关联交易并没有超过多少比例就不行而低于多少比例就确定不行的说法，不过对于关联交易问题的判断还是要从必要性和公允性上来判断，如果挂牌企业的关联交易有以下因素，那么小兵认为可以不要求挂牌企业强制清理：

1. 关联交易的发展有着历史的原因和背景，并且这样的发展轨迹和未来趋势是符合商业逻辑、经得起合理性推敲的。

2. 关联交易的公允性和必要性有一定的合理性，这个方面要做好充分的解释。

3. 关联交易的清理目前阶段不具有可行性或者经济性，目前清理关联交易可能需要付出较大成本而挂牌企业无法承担。

4. 关联交易目前正处于逐步规范的过程中，并且有着规范的明确预期，这种情况下一般都需要给予一个比较明确的期限。

5. 在考虑和不考虑关联交易的情况下，对挂牌企业的业务发展和盈利能力进行对比，以保证投资者对企业有着清晰完整的判断。如有的企业可能主要的盈利能力都来自于关联交易，则需要考量这个企业如果没有了关联交易是否还能够持续盈利。

【实践案例】

一、建中医疗(430214)：关联方收购无法办理所有权证的资产

2012年6月，实际控制人宋龙富控制的上海建中塑料包装用品厂以货币资金收购公司部分固定资产，该固定资产为地上建筑物，在公司股份制改造审计时计入公司资产总额，但是该建筑物所属的土地使用权为集体性质，因此无法办理房屋所有权证。为夯实公司资产，宋龙富所控制的上海建中塑料包装用品厂以该资产账面净值作为计价依据，经协商一致确认作价1,298,891.82元予以收购。

该资产出售同时涉及关联交易，应当由出席股东大会且无关联关系的股东过半数表决权审议批准，但是关联股东宋龙富没有回避表决，存在程序瑕疵。在排除宋龙富所持表决权纳入计票后，该议案仍可获得有效通过。

2012年9月，公司召开2012年度第一次临时股东大会审议通过《关于确认与批准公司关联交易的议案》，公司实际控制人宋龙富回避表决。该议案确认2012年6月资产收购暨关联交易批准行为有效。公司已经纠正关联交易决策程序的瑕疵，并且已经遵照公司章程及关联交易管理制度执行。公司管理层将严格履行各类重要事项的决策审批程序，保证公司及股东利益不受损害。

二、赛诺达(430231):控股股东免租提供办公场所

公司控股股东刘春义将其名下一套163平方米的房屋提供给公司作为办公场所。双方签订了《房屋无偿使用协议》,约定公司有权自2010年8月起无偿使用该房屋10年,该房产位于天津市河北区金纬路鸿基公寓1号楼1单元8楼805室,公司于2012年开始实际使用此处办公场所。

鉴于控股股东刘春义与公司签订了长达10年的免费租赁协议,公司自2012年开始才实际使用此处办公场所,因此,上述关联租赁行为对公司近两年一期以及未来10年的财务状况、经营成果无实质性的重大影响。

公司监事会已审议通过了《关于近两年一期公司发生关联交易的专项审核意见》,认为上述关联租赁行为符合法律法规的规定,符合公平、公开、公正的原则,不存在损害公司利益的情况,上述关联租赁对公司近两年一期以及未来10年的财务状况、经营成果无实质性的重大影响。

三、盛世光明(430267):出售子公司予股东,交易款项未支付完毕

2012年4月26日,盛世光明召开股东会,将公司持有的微山公司的出资额分别转让给孙伟力、李红新、孙良浩各300万元、100万元、100万元。上述交易构成关联交易。上述关联交易的原因:公司启动全国股份转让系统挂牌事宜后,相关中介机构经过调查认为,微山公司主营业务与公司主营业务显著不同,且微山公司财务基础薄弱,因此,建议公司将持有的微山公司股权转让出去。

上述关联交易的定价依据为:微山公司尚未形成稳定的经营和盈利能力,根据微山信衡有限责任会计师事务所出具的〔2012〕微信会师鉴字第41号《审计报告》,截至2012年4月,微山公司经审计的净资产为人民币451.11万元。由于公司本次剥离微山公司股权距离前次收购微山公司股权仅相隔5个月,为不损害盛世光

明的利益,因此本次转让价格按注册资本确定,定价合理。

上述关联交易的决策程序:上述关联交易在有限公司阶段发生,已通过了股东会决议。

上述关联交易的价款支付:截至目前,孙伟力、孙良浩共欠公司股权转让款347.67万元。该欠款是因股权转让引起的真实债权债务,是公司正常运营过程中发生的,属于合法、真实的关联交易。而占用公司资金行为属于控股股东或关联方违反公司法的规定非法使用公司资金的情形,因此,该欠款行为不属于对公司的占用。

该欠款未支付不会对本次挂牌造成障碍,主要原因为:

第一,根据工商资料,公司将股权转回给孙伟力和孙良浩时,虽然签订了股权转让协议,但股权转让协议并未约定股权转让款的支付时间。为此,2012年10月9日,在各中介机构的要求下,孙伟力、孙良浩向公司出具了还款承诺,承诺在2013年10月9日之前将上述欠款清偿完毕。

第二,为保证上述债权实现,孙伟力、孙良浩将持有的微山公司股权全部质押给盛世光明,2012年12月14日,孙伟力、孙良浩与公司签订了质押合同,并于2012年12月28日在山东微山工商行政管理局办理了质押登记手续。

第三,公司已在本说明书中就此事项作出重大风险提示,以保护投资者的利益。

上述关联交易对公司财务状况影响:公司剥离微山股权尚有347.67万元款项未收回,已收回的款项中,孙伟力以现金偿还72万元,以其对公司的债权抵偿80.33万元,使公司2012年度长期股权投资减少500万元,其他应收款增加347.67万元,货币资金增加72万元,其他应付款中应付孙伟力的款项减少80.33万元。

上述关联交易对公司经营成果的影响:公司2011年度、2012年度均未将微山公司纳入合并财务报表范围,且上述剥离微山公司和收购微山公司价款相同,未产生投资收益,因此上述事项对公司经营成果无影响。

四、乐升股份(430213):关联交易占比高,且短时期无法减少或消除

(一)重大风险提示

2010年度、2011年度以及2012年1~9月,公司对关联方实现的营业收入占公司营业收入总额的比例分别为55.55%、89.97%和76.76%,公司营业收入存在对关联方较为依赖的经营风险。如果关联方的生产经营情况发生重大不利变化,将有可能减少对公司游戏开发业务的需求,从而对公司的营业收入带来不利影响。

北京乐升与关联方香港启升之间的关联交易因未及时向主管税务机关申报《特别纳税调整实施办法(试行)》(国税发〔2009〕2号)第11条规定的相关附件资料,存在被税务主管机关作出特别纳税调整,需要补缴税款的法律风险。

针对上述风险,公司将采取下列防范措施:

1. 公司将严格按照已制定的《公司章程》、三会议事规则、《关联交易管理制度》等关于关联交易的规定,确保履行关联交易决策程序,最大限度保护公司及股东利益。

2. 公司将积极调整经营模式,进一步增加独立开发模式在公司经营模式中的比例,减少与关联方合作开发的比例;同时积极开发非关联方客户,避免通过关联方来面对市场与客户,以降低关联交易总额。

3. 公司将通过加大科研开发力度,扩大资金规模,扩充专业人才队伍等方式,进一步提升公司实力,增强独立开发游戏项目能力,以增加来自于非关联方的收入,逐步减少关联交易比例,截至2012年9月30日,公司来自于关联方香港启升的收入占比已由2011年的89.97%降为76.04%。

4. 针对公司因关联交易存在被税务主管机关作出特别纳税调整,需要补缴税款的法律风险,公司的控股股东苏州乐升和实际控制人许金龙先生出具了承诺函,承诺若北京乐升因特别纳税调整事项,被税务主管机关作出特别纳税调整,需要补缴税款的,在北京乐升依法补缴税款及相关利息后的20个工作日之内,承诺人将

全部的补缴税款金额及相关利息足额补偿给北京乐升，承诺人之间愿意为此承担连带责任。

公司律师认为，公司的控股股东苏州乐升和实际控制人许金龙先生的承诺具有法律约束力，可以有效地化解北京乐升补缴税款的法律风险，保护公司及中小股东的合法权益。

（二）关联交易定价机制及关联交易的公允性

报告期内公司与香港启升之间的关联交易全部是网页游戏的合作开发，与天空堂之间的关联交易为游戏运营分成。关联交易的定价是在参照成本加合理的费用和利润的基础上，结合市场行情，根据游戏产品的题材、质量、测试效果、市场接受度以及授权期限、范围、付款条件、投入的人力成本等因素协商确定的。

鉴于公司开发的网页游戏为非标准化智力产品，需要根据特定客户的要求及市场需求情况进行个性化的创意、设计、开发。因此，游戏的消费群体不同、所要求的技术水平不同，导致投入的成本会有较大差别，不同游戏产品之间的价格不具有可比性。报告期内公司未与其他独立第三方签订类似合同，市场上也无类似交易价格做比较。因此，以下主要从公司与同行业上市公司的毛利率水平对比情况来分析关联交易价格的公允性。

公司的毛利率水平低于同行业上市公司的平均水平，主要原因是上述两家公司的主营业务与公司有所不同。掌趣科技主要从事手机游戏和页面游戏的开发、发行和运营，其发行运营的游戏产品均来自自主研发及对外从游戏开发商处的一次性买断授权。中青宝的主营业务是网络游戏的开发及运营，其运营的游戏产品均来自自主研发。上述两家公司均从事游戏的运营，且自主研发的游戏产品并不对外销售，而是直接用于公司的游戏运营业务。由于公司专注于网页游戏的开发，是专业的网页游戏开发商，不直接从事网页游戏的运营业务，而游戏的运营业务毛利率相对较高，因此，公司的毛利率略低于同行业上市公司。

主办券商认为，由于游戏运营业务的毛利率水平高于游戏开发业务，而同行业上市公司均从事游戏的运营业务，北京乐升只专注于网页游戏的开发，所以主营业务的差别导致公司的毛利率水平低于同行业上市公司的毛利率水平，但上述毛利率水平的差异在合理的范围内，符合游戏开发行业的特征。公司与关联方之间的关联交易符合市场规律和公司实际，游戏委托开发业务交易价格公允且报告期内基本保持了稳定，关联方不存在通过关联交易向公司转移或获取不合理利润的情形，不存在损害公司及其他股东利益的情形。

目前公司已建立起较为完善且有效运作的公司治理机制，建立了包括《关联交易管理制度》在内的较为完整的内部控制制度，对重大关联交易规定了严格的审批程序，能够保证关联交易决策程序合规，关联交易价格公允。

（三）关联交易的合规性

2013 年 3 月 8 日，北京乐升召开了第一届董事会第三次会议，2013 年 3 月 30 日召开了公司 2013 年第二次临时股东大会，审议通过了《关于同意并确认公司与香港启升之间关联交易的议案》，确认公司与香港启升在 2010 年 1 月 1 日至 2013 年 3 月期间发生的关联交易符合平等自愿、等价有偿的原则，符合公司发展时间较短，资金、人员规模小等现阶段的发展规律，有利于公司在市场竞争中生存，并逐步做大做强。确认公司与香港启升在 2010 年 1 月 1 日至 2013 年 3 月之间发生的历次关联交易的定价是在参照成本加合理的费用和利润的基础上，结合市场行情，根据游戏产品的题材、质量、测试效果、市场接受度以及授权期限、范围、付款条件、投入的人力成本等因素协商确定的。

公司律师认为，公司与香港启升之间签订的《技术开发（委托）合同》等关联交易协议符合《合同法》的有关规定，合法有效。通过公司董事会和临时股东大会对以前年度发生的关联交易行为进行确认的方式，完善了公司在关联交易事项方面存在的决策程序瑕疵。公司关联交易未损害北京乐升及其股东的利益，不会对本次申请挂牌造成法律障碍。

（四）减少和规范关联交易的措施

公司的实际控制人许金龙及公司已就规范关联方资金往来事宜出具了《关于规范与关联企业之间资金拆借的承诺函》，承诺：①公司从关联企业之间的集团财务管理中退出，不再参与关联企业之间的资金拆借；②停止执行公司制定的《资金贷放作业》制度和子公司博乐千里制定的《资金贷与他人作业办法》；③将依据《企业会计准则》的有关规定，进一步建立健全公司的财务管理及资金管理制度，规范公司资金的使用管理；④公司未来将通过加大科研开发力度，扩充专业人才队伍等方式进一步提升公司实力，通过积极寻求并开拓有实力的新客户等方法增加营业收入，从而减少对关联方资金的需求。

公司对于短时期内无法减少或消除的关联交易，未来将严格按照已制定的《公司章程》、三会议事规则、《关联交易管理制度》等制度与规定，确保履行关联交易决策程序，降低对关联方依赖风险，最大限度保护公司及股东利益。

五、绿岸网络（430229）：公司业务对关联方形成重大依赖

报告期内，公司先后向上海云蟾网络科技有限公司（以下简称云蟾网络）取得《蜀门》《醉逍遥》两款网络游戏在中国大陆地区的永久独家授权代理运营权，并向其支付授权使用费及运营分成，并因此而构成关联交易。鉴于公司与云蟾网络的交易具有唯一性，公司未与无关联第三方发生同类交易，因此无法通过与第三方价格的比对来核查关联交易的公允性。但从公司业务毛利率来看，与同行业上市公司（如中青宝）相比并无明显偏离，公司关联交易价格基本公允。

公司的收入绝大部分来自于网络游戏《蜀门》《醉逍遥》的运营收入。而《蜀门》《醉逍遥》两款网络游戏属于公司原关联方云蟾网络独家授权运营的，故报告期内，公司与云蟾网络的关联交易对公司和云蟾网络的财务状况及经营成果影响甚大。

有限公司阶段，公司未制定规范关联交易相关制度，故相关关联交易亦未履行相应决策程序；股份公司设立后，公司制定了《公司章程》《关联交易管理办法》等相关规章制度，明确了关联交易的决策程序。此外，2012年9月，随着火玉兰的退出，火玉兰与云蟾网络不再为公司关联方，公司与云蟾网络不再存在关联交易的情形。

六、参仙源(831399):业务基本全是关联交易

2013 年公司的野山参全部销售给关联方辽宁参仙源酒业有限公司,金额为 1.42 亿元。报告期内公司为关联方碧水投资 1.7 亿元借款提供反担保保证,为辽宁参仙源生物工程有限公司 1.5 亿元贷款提供担保。公司与碧水投资存在资金往来、资产转让,与碧水实业发生资产置换。

1. 请公司补充披露市场价格、对关联方销售价格、关联交易的公允性、是否存在利益输送、销售给单一关联方客户的原因、新客户开拓情况。请主办券商就关联销售的公允性发表意见。

答:目前市场上 15 年鲜野山参市场价格情况:上等约为 1000 元/株,中等约为 700 元/株。公司对关联方销售价格:公司销售给酒业公司价格 800 元/株。从市场价格(700 ~ 1000 元/株)和关联交易价格(800 元/株)对比可以看出,公司关联交易的定价是公允的,不存在利润输送问题。目前公司野山参产品销售给单一关联方客户辽宁参仙源酒业有限公司,主要原因系十五年的野山参是稀缺性资源产品,公司优先保证酒业公司的需要所致。新客户开拓情况:野山参深加工产品是公司发展的战略。2014 年公司向酒业公司、生物公司提供鲜野山参,并将筹划销售礼品参。

主办券商项目组人员走访了集安市清河镇山参交易市场,收集了人参的市场价格,市场上 15 年鲜野山参,上等的市场价格约为 1000 元/株,中等的市场价格约为 700 元/株。主办券商经核查后认为,公司关联交易的定价是公允的,不存在利润输送问题。公司关联交易销售价格定价公允。

2. 请公司补充披露碧水投资 1.7 亿元借款合同的履行状态、碧水投资的经营状况和财务状况、是否具有偿还能力、辽宁参仙源生物工程有限公司的经营状况和财务状况。请主办券商补充核查上述对外担保行为是否可能会对公司未来的持续经营产生不利影响,并就公司是否存在股东包括控股股东、实际控制人及其关联方占用公司资金、资产或其他资源的情形发表意见。请公司补充披露对相应风险因素的管理措施。

答:碧水投资已于2013年12月还款3000万元,计划于2014年借款到期日按时偿付剩余1.4亿元本金和利息。

公司原计划为辽宁参仙源生物工程有限公司1.5亿元贷款提供担保,并于2014年8月13日的股东大会通过。但经同贷款银行协商,双方同意用碧水投资持有的公司2000万股股份做质押,公司未向参仙源生物工程公司提供担保。

综上所述,主办券商认为,由于借款主体自身具有偿债能力,可以偿还到期负债,预计公司对外担保行为不会对公司未来的持续经营产生不利影响。公司目前不存在股东包括控股股东、实际控制人及其关联方占用公司资金、资产或其他资源的情形。

3.请公司补充披露报告期内与关联方之间资金往来的必要性、往来发生额及资金用途、资金占用费支出和收入的账务处理、与财务费用等科目的匹配关系、对报告期内公司财务成果的影响、公司对关联方资金的依赖性。

答:公司和关联方之间的资金往来主要是和碧水投资之间的,公司需要碧水投资在资金上给予支持。公司和关联方之间的资金往来主要是和碧水投资,公司成立初期注册资金2000万元,资产尚未形成,发展参业需要碧水投资在资金上给予支持。随着公司销售收入的增加和自身的成长,对关联方资金的依赖性会减少和消失。

参业应付投资		
年份	其他应付款余额	本年应付利息
2012年	417,434,279.17	47,979,309.35
2013年	311,816,985.64	42,751,552.47
2014年1~4月	366,944,823.57	7,044,943.03

参业应收实业		
年份	其他应付款余额	本年应收利息
2012年	31,612,729.47	4,967,353.71
2013年	113,047,052.77	7,235,352.86
2014年1~4月	-246,508.82	3,550,010.16

实业应付投资		
年份	其他应付款余额	本年应付利息
2012 年	552,225,127.40	44,055,605.50
2013 年	404,200,775.61	51,246,926.29

其中,2012 年度,记到财务费用—利息支出的金额是 2,637,889.58 元;2013 年度,记到财务费用—利息支出的金额是 31,875,534.40 元;2014 年 1 ~4 月,记到财务费用—利息支出的金额是 3,494,932.87 元。2013 年度利息支出增大的原因是由于会所、滑雪场、森林公园的转固,利息不再资本化导致。往来资金主要用于公司的人参种植。

其中,关联方借款部分产生的利息费用,资本化及费用化情况如下表所示:

<table>
<tr><td>年份</td><td colspan="2">2012 年</td><td colspan="2">2013 年</td><td colspan="2">2014 年 1 ~4 月</td></tr>
<tr><td>项目</td><td>利息资本化</td><td>利息费用化</td><td>利息资本化</td><td>利息费用化</td><td>利息资本化</td><td>利息费用化</td></tr>
<tr><td>生产性生物资产</td><td>43,011,955.63</td><td rowspan="3">2,637,889.58</td><td>17,361,219.38</td><td rowspan="3">31,875,534.40</td><td>—</td><td rowspan="3">3,494,932.87</td></tr>
<tr><td>在建工程</td><td>32,180,153.46</td><td>10,774,365.39</td><td>—</td></tr>
<tr><td>开发成本</td><td>14,204,916.17</td><td>33,987,359.59</td><td>—</td></tr>
<tr><td>小计</td><td>89,397,025.26</td><td>2,637,889.58</td><td>62,122,944.36</td><td>31,875,534.40</td><td>—</td><td>3,494,932.87</td></tr>
<tr><td>合计</td><td colspan="2">92,034,914.84</td><td colspan="2">93,998,478.76</td><td colspan="2">3,494,932.87</td></tr>
</table>

关联公司借款利息计算公式 = 往来发生日的余额 × 资金占用天数 × 10%,“资金占用的时间”是指上一个往来发生日的时间至此次往来发生日的天数。

第五章　新三板挂牌的独立性

【基本理论】

关于单一客户重大依赖的相关问题，在 IPO 和新三板项目中都比较常见，小兵等专业人士已做过专题总结，比较经典的案例包括神州泰岳、实益达、蒙发利、丰源股份等，在此不再赘述。

一、考量因素

对关联方的依赖，在 IPO 中并不多见，按照《首次公开发行股票并上市管理办法》（以下简称《首发办法》）第 14 条“发行人应当具有完整的业务体系和直接面向市场独立经营的能力”，第 37 条“发行人最近 1 个会计年度的营业收入或净利润对关联方或者存在重大不确定性的客户存在重大依赖”，即独立性和关联方依赖的问题，这两条天然结合，成为企业 IPO 之路最大的绊脚石之一。

与 IPO 不同，新三板企业大多为发展初期的中小企业，对此全国股份转让系统也是持比较宽容的态度，在《全国中小企业股份转让系统业务规则（试行）》等文件中仅要求“挂牌公司与控股股东、实际控制人及其控制的其他企业应实行人员、资产、财务分开，各自独立核算、独立承担责任和风险”，并未明确要求拟挂牌公司具有完整的业务体系和直接面向市场独立经营的能力，虽然在审核过程中，独立性仍然是审核关注的经典重点，但小兵认为，新三板项目对于独立性，不应按照 IPO 的口径作扩大化理解。

新三板挂牌涉及的独立性问题，主要体现为业务的独立性和资产的完整性，主要体现在以下几个方面：（1）企业对客户或者供应商存在重大依赖;(2)企业对关联方的采购或销售存在重大依赖;(3)企业对外协作生产企业或者技术合作开发伙伴存在重大依赖;(4)企业生产经营所需的主要固定资产(厂房、设备)、无形资产(商标、专利)等所有权不属于企业等情形。

二、解决思路

关于关联方以及重大依赖问题的解决思路,具体可以参考以下因素:

1. 主体非关联化,即将产生关联交易的公司股权转让给非关联方,对关联交易涉及的事项进行重组和并购,对已经停止经营、未实际经营或者其存在可能对拟挂牌公司造成障碍或不良影响的关联企业进行清算和注销,设立子公司完成原来关联方的业务等;

2. 业务非关联化,即购买发生关联交易所对应的资产和渠道等资源,并纳入公司的业务运营体系;

3. 程序合法化,即严格按公司章程和公司制度对关联交易进行审批和表决;

4. 价格公允,即准备足够的证据证明交易的价格遵循市场定价机制;

5. 信息披露规范,即严格遵守信息披露的规范,对近两年一期的关联交易情况进行披露,具体如下:根据交易的性质和频率,按经常性和偶发性因素,分类披露关联交易及其对财务状况和经营成果的影响;披露是否在公司章程中对关联交易决策权力和程序作了规定;披露关联交易是否履行了公司章程规定的程序,审议程序是否合法,交易价格是否公允;关联方交易应当分别就关联方以及交易类型予以披露;披露拟采取的减少关联交易的措施。

【审核案例】

一、信诺达(430239):对主要客户存在依赖

(一)营业收入波动风险

公司2011年、2012年营业收入分别为1,109,866.41元、

13,742,126.70元,2012 年收入大幅增加主要原因为与镇江艾科半导体有限公司的业务合同(销售收入 10,935,923.09 元)占公司全年收入比例较高,达 79.58%,致使公司当期营业收入出现波动。公司目前的客户数量较少,且未与销售客户签订长期合作协议,若公司与镇江艾科半导体有限公司终止合作关系,公司又无其他大额销售合同弥补未来销售额下滑,公司未来的收入及盈利水平将可能受到较大影响。

(二)主要客户情况

2011 年、2012 年公司对前五名客户的销售金额占比主营业务收入分别为 100% 和 93.62%。2011 年,公司全部 3 家客户为中国电子科技集团公司第 54 研究所、中国人民解放军某部队科研所和重庆金美通信有限责任公司;2012 年,前五位大客户为镇江艾科半导体有限公司、山东航天电子技术研究所、北京市科学技术研究院、中国电子科技集团公司第 39 研究所和中国航天科技集团公司第九所。报告期内,公司的主要客户销售金额占营业收入比例较高,主要原因在于现阶段公司市场拓展有限,主要客户大都计入上述样本统计。随着公司市场开拓力度的不断加大,上述问题将得到改善。

小贴士:广源精密(830783)同样存在对单一客户重大依赖的情形,且该客户为公司的关联方。2012 年、2013 年,公司对信发铝制品的收入占公司营业收入的比重分别为 92.59%、57.36%,虽然公司 2013 年对信发铝制品的收入占比已大幅下降,但与其交易的变动仍将对公司产生较大影响。

二、新网程(430269):对供应商集中度高但不形成重大依赖的解释

2011 年度、2012 年度,公司对前五大供应商的采购总额分别占当期采购总额的 85.56%、93.09%,其中对第一大供应商的采购总额占当期采购的占比分别为 45.70%、57%。公司供应商分布集中度较高的原因是:公司为软件开发和服务公司,产品的加工流程主要为软件在硬件上的灌装,因此,硬件材料的稳定性有利于保证公

司产品性能和质量，稳定的供应商可以保障公司采购的硬件材料在性能、参数、质量上的一致性；另外，长期合作的供应商更了解公司对硬件原材料的规格要求，有利于保证公司的采购效率。除此之外，公司所采购硬件主要为计算机工控设备及其部分零配件，计算机工控设备及零配件领域为充分竞争的市场领域，产品供应并非掌握在少数寡头供应商中，如有需求，公司可迅速在市场上寻找到新的合适供应商。

综上所述，公司在报告期内供应商虽然集中度较高，但公司不会对单一或者少数供应商形成重大依赖。

三、迈科智能(831284)：对单一关联方供应商存在重大依赖

报告期内，公司与全星国际科技有限公司存在关联方购销，采购和销售金额及占比如下表所示：

项目	2014 年 1～4 月	2013 年	2012 年
采购金额(万元)	9598.82	24,995.80	17,038.62
占当期采购总额的比例	36.37%	35.57%	31.72%
销售金额(万元)	—	—	27,021.09
占当期销售收入的比例	—	—	38.42%

对全星国际科技有限公司的关联采购中，大部分或全部通过顶鑫国际进行，采购材料金额 2012 年度为 12,160.50 万元，2013 年度为 24,365.97 万元，2014 年 1～4 月为 9561.86 万元。

全星国际 2007 年 12 月设立，原拟作为机顶盒业务在香港上市的经营实体，发展至 2011 年年底，拥有采购、生产和销售一整套较为完整的业务体系；其中，全星国际作为香港公司，承担了境外物料采购、境外销售以及境外售后服务、业务推广等费用的支付，全星国际境内全资子公司全星科技负责境内物料采购和产品的研发制造。2011 年年底，创业团队决定将业务转到国内资本市场，因此开始由迈科智能逐步承接全星国际的业务。2011 年年底，迈科智能收购全星国际全资子公司全星科技，开始从事生产制造；2012 年 1 月，迈科智能在香港设立全资子公司迈科国际，2012 年 5 月起，迈

科国际开始逐步承接境外销售职能,2012 年 7 月后,迈科智能的产品不再通过全星国际销售,2013 年及 2014 年 1 ~ 4 月,与全星国际之间不存在关联销售。

关于关联方采购。由于全星国际是杜比技术的被许可使用方,只能以全星国际的名义采购含杜比技术的主芯片,为便于物料采购的统一管理,全星国际承担了境外物料采购的职能。关联采购价格是交易双方协商确定,以全星国际对外采购芯片的价格为基础加 1 ~ 2 美元。关联采购价格的确定除考虑正常的报关、运输、仓储等费用以及全星国际作为一个香港公司合理的运营支出以外,还需考虑到全星国际依然承担着机顶盒产品的售后、业务推广等部分境外费用支付的职能。报告期内,关联方采购的定价依据稳定,具有一定的合理性。

为减少和规范公司与全星国际间的关联交易,自 2014 年 5 月起,除杜比芯片通过全星国际采购外,其他国外原材料全部由子公司迈科国际采购。同时,迈科智能及子公司向杜比实验室申请杜比授权。公司于 2014 年 6 月 2 日与杜比实验室签署协议成为经过授权的杜比会员。至此,迈科国际完全自主履行采购职能。迈科智能及其子公司不再向全星国际采购物料。关联方全星国际也不再经营与机顶盒业务相关的购销贸易,根据 2014 年 5 月 1 日全星国际的股东决议,决定将全星国际注销或全部股权转让。2014 年 6 月 30 日开始,全星国际已停止所有业务经营。

四、深冷能源(831177):公司原材料采购于唯一一家供应商

公司主要从事以工业废气为原料生产高纯度液态二氧化碳的业务,公司产品所需主要材料为富含二氧化碳的工业废气,全部来源于河南心连心化肥有限公司。该原料废气采购行为由公司最初的业务设定及其所处的行业特性所决定,是公司正常生产经营活动不可或缺的。

2012 年 12 月 29 日,公司与心连心化肥签订二氧化碳废气供应合同,约定向公司供应原料废气,从 2013 年起废气年销售价格为 20 万元(含税价),由公司按月支付。2012 年、2013 年、2014 年 1 ~ 2 月,

公司向心连心化肥采购工业废气的金额分别为0元、175,986.72元及31,290.27元。公司所有的原料废气全部来自于心连心化肥，最近两年一期废气采购金额占公司采购总额的比重分别为0、0.58%及0.51%。由于公司采购的工业废气为心连心化肥在生产过程中产生的二氧化碳废气，对其无任何利用价值，且处理废气需支付较高的成本，故心连心化肥将废气以较低的价格销售给公司，以实现双方的合作共赢。该废气交易价格综合考虑了市场同类企业的废气供应价格和吨数，并由双方协商确定，交易价格较为公允。

五、信诺达(430239)：关联方原材料采购和关联方销售同时存在

（一）营业收入波动风险

公司2011年、2012年营业收入分别为1,109,866.41元、13,742,126.70元，2012年收入大幅增加主要原因为与镇江艾科半导体有限公司的业务合同（销售收入10,935,923.09元）占公司全年收入比例较高，达79.58%，致使公司当期营业收入出现波动。公司目前的客户数量较少，且未与销售客户签订长期合作协议，若公司与镇江艾科半导体有限公司终止合作关系，公司又无其他大额销售合同弥补未来销售额的下滑，公司未来的收入及盈利水平将可能受到较大影响。

（二）主要客户情况

2011年、2012年公司对前五名客户的销售金额占比主营业务收入分别为100%和93.62%。2011年，公司全部3家客户为中国电子科技集团公司第54研究所、中国人民解放军某部队科研所和重庆金美通信有限责任公司；2012年，前五位大客户为镇江艾科半导体有限公司、山东航天电子技术研究所、北京市科学技术研究院、中国电子科技集团公司第39研究所和中国航天科技集团公司第九所。报告期内，公司的主要客户销售金额占营业收入比例较高，主要原因在于现阶段公司市场拓展有限，主要客户大都计入上述样本统计。随着公司市场开拓力度的不断加大，上述问题将得到改善。

第六章　新三板挂牌的出资问题

【基本理论】

小兵已经多次提过,股东出资是企业运行的基础和根本,不论是什么原因或者什么政策背景,股东出资都必须是真实和充实的。从某种意义上讲,这不仅代表了股东的诚信问题,也代表了企业的运行是否合理问题。

一、出资问题出现的原因

在企业上市过程中,遇到的最多的问题应该就是出资问题,甚至夸张点说,任何一个企业都或多或少或大或小的存在出资的问题。出资问题为何如此普遍,首先有一个前提就是我们这里将出资问题的界限划分比较广泛,凡是可能影响到出资真实性和充足性的情形都界定为出资问题,这就导致企业在上市过程中很容易"就踩到雷"。当然,上面说的前提只是一个表象,更深层次导致出资问题比较泛滥的原因在于以下几个方面:

1. 企业自身意识淡薄,更确切地说是股东自身意识淡薄。企业在历次出资变动或调整过程中,股东总觉得我拿多少钱出资以及拿什么出资都是我自己家里的事情,想怎么做就怎么做,只要我情我愿,别人就管不着。

2. 中介机构推波助澜。股东自身意识淡薄,而让股东更加强化这种意识的,就是中介机构的"全力配合"。评估机构可以为你量身打造评估报告,结论怎么写都行,评估价值想是多少就是多少，甚至不找机构找个专家评估一下也算。至于验资报告，更是没有问题，只要给钱验资报告就可以出，验资甚至成为会计师事务所赚钱最轻松的一个业务，基本上什么事情都不用做盖个章就有几万元到账，比审计轻松多了。

3. 工商部门的一路绿灯。出资变动最终是要主管部门审批同意的，换句话说，不管企业和中介机构怎么折腾，只要主管部门不同意那这个事情最终也成不了，不过遗憾的是，这个事情往往就在工商部门的一路绿灯下成功了。一路绿灯的内在原因也会有很多，有工商部门业务水平不高的可能，有工商部门在政府压力下要支持当地企业发展简化程序的可能，当然也有工商部门服务意识提高真正为企业提供便利的可能。不管是什么样的可能，这都为后来我们看到的出资问题埋下了历史的隐患。

二、新三板挂牌对出资问题的考量

新三板挂牌企业可以对企业有更高的容忍度，但是对于出资问题也必须要满足“两性”。如果企业存在出资方面的问题，那么也需要整改，不然也是不符合新三板挂牌条件的。

当然，这里需要首先重点强调的一点就是：新三板企业出资问题解决之后没有必然的运行时间的要求，小兵认为这样的理解是非常正确的，至于原因在批判交易所上市运行时间问题方面已经有过论述。

基本原则我们都已经了解了，但是在实践中有一些具体业务性的细节问题还是需要我们好好把握，以免错误理解了问题，从而引起不必要的麻烦：

1. 我们要判断好什么情况属于出资不实的情形。在实践中，小兵看到了一些并不合理的情况：(1)对出资不实的本质没有把握清楚，将企业正常的出资行为误诊为出资不实。(2)对问题核查研究不够细致，对企业出资不实的性质和程度没有准确的界定。既然我们做项目是奔着解决问题来的，那么我们首要的前提和工作自然是要找出问题并分析清楚问题，如果问题搞不清楚，那么我们提出解决问题的方案不仅不能解决问题甚至有可能适得其反。

2. 提出解决问题的最佳方案。如果出资不实的瑕疵和问题已经明确,那么我们要提出解决方案,这里有几个问题需要明确:(1)以现金补足或者置换的解决方式是最佳方案但不一定就是唯一方案。(2)方案以最根本地解决问题为目的,并不是付出的代价越高越好,也并不是花的钱越多能够兜底的风险也就越多。

3. 向投资者提示可能还存在的风险。出资问题属于比较典型的历史问题,那么历史问题解决了也就解决了,但是由于出资问题还可能涉及股权以及股东之间的纠纷等特定问题,因而还需要关注:(1)股东曾经的出资不实行为是否会构成对于其他股东的违约责任,是否有股东对该责任提出主张。(2)股东曾经的出资不实行为是否引起了企业不必要的负债,是否存在因此而导致利息承担问题上的纠纷或者潜在纠纷。(3)企业历史上是否存在分红,是否会因股东出资不实问题而引起分红问题的纠纷。(4)股东曾经的出资不实是否会有其他股东对股东所持有股份存在质疑,认为当年股东的持股就应该是实际出资的部分而不是认缴的部分。

三、出资不实的主要情形

(一)以非法律规定的资产出资

根据《公司法》《公司注册资本登记管理条例》及相关法律法规的规定,股东可以用货币出资,也可以用实物、知识产权、土地使用权等可以用货币估价并可以依法转让的非货币财产作价出资;但劳务、信用、自然人姓名、商誉、特许经营权或者设定担保的财产等除外。此外,国家工商总局 2009 年 1 月发布《股权出资登记管理办法》,2011 年 11 月发布《公司债权转股权登记管理办法》,也就是说,股权和债权目前也可以成为出资方式。

对于股东以《公司法》等有关规定未明确列举的财产和权利(如采矿权、非专利技术、商标使用权等)作为出资是否予以认可,直接关系到股东是否存在出资不实的情形,这里并不能简单以股东出资的财产不属于法律法规列举的种类而予以否定,有些出资资产尽管并不是法律明确规定的,但是如果符合货币估价、依法转让两大特征,那么这种出资方式应该也是应该认可的。当然,如果是法律明确规定不能出资的资产或者不符合两大条件的资产出资的，就会构成出资不实的情形。

（二）用于出资的非货币资产的实际价值显著低于出资额

根据《公司法》的规定，作为出资的实物、知识产权、土地使用权及其他非货币财产的实际价额显著低于公司章程规定的数额的，按照出资不实处理，应当由交付该出资的股东补足差额；公司设立时的其他股东承担连带责任。

实际价值显著低于出资额的部分视同出资不实，如（1）对用于出资的非货币资产采用收益法评估，结果投入公司后，并未产生预期的收益；（2）投入的非货币资产不属于公司生产经营必须，却以较高的评估价格投入公司，未产生相应效益，上述两种情形可能会被认定为高估资产价值，出资不实。如相关资产出资时评估价值公允，后在使用过程中发现由于出现了新技术而导致其市场价值下降的，不能视做实际价值显著低于出资额（具体分析见后续“出资是个时点概念”的论述）。

（三）以非货币资产出资但未办理财产转移手续

根据有关法律、法规的规定，以非货币财产出资的，应当依法办理其财产权的转移手续。如股东未按发起人协议或公司章程将非货币资产（通常为所有权转移需要进行变更登记的资产，尤其是房屋、土地使用权、工业产权、商标等）转让至公司名下，但相关资产实际交予公司占有及使用，且股东未就公司使用相关资产取得或按照相关安排将要取得费用等，则按照实质重于形式的原则，在股东将相关资产所有权、使用权有效转移给公司，且由有关验资机构出具补充验资报告后，该等出资不实问题不应成为 IPO 项目的实质性障碍。倘若上述非货币资产的所有权、使用权有效转移给公司存在重大障碍（如根本就没有权利证书，或者权利证书禁止转让等），应认定为股东出资不实的情形。

（四）股东出资资产存在权属瑕疵

根据相关法律规定的主旨，股东用以出资的资产必须是股东合法拥有并有权处置的，反之就出资不合规并构成出资不实。这种情况可能有以下几种：（1）股东用以出资的资产是职务发明；（2）股东用以出资的资产为公司法人资产(如职务发明);(3)公司用以出资的资产为非法所得。

(五)出资未及时到位

不论是出资设立还是股权增资,相关规则都规定了股东严格的出资时间限制,出资不到位就是指股东没有按照规则在规定的期限内缴足出资。这里也包括这样的情形:老公司法不允许股东分期出资的而分期出资的情形;新公司法允许股东分期出资但是股东分期出资超过期限等。

【审核案例】

一、出资程序瑕疵

(一)佳星慧盟(430246):设立时无验资报告

如果设立出资未经审验但符合当地工商局相关规定的,则如实披露;如果不符合当时法律法规但不属于出资不实的,须进行验资复核;如果涉嫌出资不实的,则须现金补足出资。

当时生效的《公司法》(1999 年修正)第 26 条规定,股东全部缴纳出资后,必须经法定的验资机构验资并出具证明。北京市工商行政管理局 2004 年 2 月 6 日发布了《关于印发〈改革市场准入制度优化经济发展环境若干意见〉的通知》(京工商发〔2004〕19 号)。《北京市工商局改革市场准入制度优化经济发展环境若干意见》(2004 年 2 月 15 日起实施)第 3 条"改革内资企业注册资本(金)验证办法"之第(十三)规定,"投资人以货币形式出资的,应到设有'注册资本(金)入资专户'的银行开立'企业注册资本(金)专用账户'交存货币注册资本(金)。工商行政管理机关根据入资银行出具的《交存入资资金凭证》确认投资人缴付的货币出资数额";第(十四)规定,"投资人以非货币形式出资的,应当在申请登记注册时提交资产评估报告。工商行政管理机关根据评估报告确定的资产价值,确认投资人缴付的非货币出资数额"。有限公司在设立注册时的出资没有经过法定验资机构验资并出具验资报告，虽在程序上不符合当时《公司法》的规定，但鉴于有限公司是根据当时北京市工商局的相关规定办理的设立手续，且出资已实际到位，本次出资真实、有效。

小贴士：增资时未进行验资的案例，如哇棒传媒(430346)。

（二）四维传媒(430318)：非货币资产出资未经评估（非货币性资产本身没有瑕疵）

2005年5月8日，四维有限股东会作出决议，同意四维有限的注册资本从100万元增加至1600万元。新增注册资本1500万元中，新股东四维投资以实物出资851万元，原股东罗险峰以实物出资603万元、现金出资46万元。

本次增资中，罗险峰用于出资的设备系其于出资前自上海益智进出口公司购入的1台日本三菱D3000LS－4四色胶印机，因采购时间与投入时间间隔极短，期间设备价值未发生重大变化，因此罗险峰将上述设备直接以购买价投入公司，未进行资产评估。

本次罗险峰以实物出资未经评估作价，不符合其出资时所适用的《公司法》(2004年修正)第24条关于"股东可以用货币出资、也可以用实物、工业产权、非专利技术、土地使用权作价出资。对作为出资的实物、工业产权、非专利技术或者土地使用权，必须进行评估作价，核实资产，不得高估或者低估作价"的规定。但根据出资设备的采购发票、出资设备机身载明的出厂日期(2005年1月)以及罗险峰本人的确认，该出资设备在罗险峰采购当时为全新设备，并在采购后立即用于本次出资，因此当时直接以发票价格作为出资作价依据。上海众华资产评估有限公司于2011年3月10日出具《关于罗险峰因投入上海四维文化传媒有限公司所涉及的日本三菱四色胶印机市场价值复核报告》(沪众评报字〔2011〕243号)，确认出资设备在出资时点(即2005年6月8日)的评估价值为611万元，因此本次实物出资不存在出资不实情形。

本公司现有全体股东已作出承诺，确认不会对本次实物出资的真实性及未经评估作价事项提出异议。罗险峰于2012年2月23日作出承诺，若因实物出资作价而产生任何法律纠纷，其愿意承担相应的法律责任。

（三）奥尔斯(430248)：无形资产出资未经评估，作减资处理

有限公司系由自然人李朱峰、赵振丰共同出资设立的有限责任公司，注册资本50万元，成立于2003年12月19日。2003年12月15日，北京驰创会计师事务所有限责任公司出具了京创会字〔2003〕第2－Y3311号《验资报告》，经审验，截至2003年12月15日，有限公司注册资本50万元已全部到位，其中李朱峰以货币资金出资6.40万元，以非专利技术“智能微电流传感器”出资25.60万元，出资额占公司注册资本64%；赵振丰以货币资金出资3.60万元，以非专利技术“智能微电流传感器”出资14.40万元，出资额占公司注册资本36%。根据1999年修订的《公司法》规定：“股东可以用货币出资，也可以用实物、工业产权、非专利技术、土地使用权作价出资。对作为出资的实物、工业产权、非专利技术或者土地使用权，必须进行评估作价，核实财产，不得高估或者低估作价。土地使用权的评估作价，依照法律、行政法规的规定办理。”公司设立时的无形资产非专利技术未进行评估作价，存在出资瑕疵。该部分无形资产出资已经在2012年7月进行了减资处理，出资瑕疵影响已经消除。

（四）风帆电镀(430221)：验资报告和评估报告不符合规定，现金置换出资

武汉风帆电镀技术有限公司由武汉风帆表面工程有限公司、王志军、刘仁志和杨磊共同组建，其中，王志军、刘仁志、杨磊分别以货币方式出资5万元，风帆表面出资105万元，以其在“中外合资企业武汉风帆电镀技术有限公司”清算后净资产享有的权益进行出资。武汉鄂汉会计师事务有限责任公司出具鄂汉验报字〔2002〕006号验资报告进行了审验。该验资报告是以变更登记为目的出具的，导致验资报告的审验形式与工商登记方式不符，而且验资报告中所述的净资产出资作价系依据清算审计、评估报告，而不是以投资为目的的审计、评估报告，因此该验资报告对净资产出

资的审验程序存在瑕疵。

2012年10月20日，有限公司通过股东会决议，决定股东风帆表面用现金105万元置换原105万元的净资产出资，以弥补原净资产出资审验程序上的瑕疵。风帆表面于2012年11月9日缴存现金105万元汇入有限公司账户。该105万元置换资金公司计入了资本公积。风帆表面原投入的净资产仍由有限公司所有。国富浩华会计师事务所（特殊普通合伙）湖北分所对风帆表面以现金置换原105万元净资产出资进行了审验，出具了国浩鄂验字〔2012〕503C26号验资报告。本次出资方式置换后，公司累计注册资本（实收资本）仍为1050万元。2012年11月21日，公司就本次出资置换办理了工商备案手续。

（五）吉事达（430402）：验资报告存在瑕疵（验资报告未说明资本公积金额）

2010年12月3日，自然人付放、闫炘、陈家甦与陈刚、任清荣签署《关于武汉吉事达激光技术有限公司增资扩股协议》，约定由付放、闫炘、陈家甦出资500万元，其中付放出资300万元，列入注册资本16.92万元；闫炘出资150万元，列入注册资本8.46万元；陈家甦出资50万元，列入注册资本2.82万元；公司注册资本由100万元变更为128.2万元。本次增资价格以公司未来盈利能力作定价依据。本次增资由武汉中谷会计师事务所有限公司审验，于2010年12月30日出具武中谷验字〔2010〕第193号《验资报告》，确认截至2010年12月28日，公司已收到股东付放、闫炘、陈家甦缴纳的新增注册资本合计28.2万元。2010年12月31日，武汉市工商行政管理局东湖分局核发《企业变更通知书》，核准本次注册资本和股东变更登记。

本次增资系溢价形式出资，武汉中谷会计师事务所有限公司出具的验资报告仅审验列入注册资本的金额，未表述列入资本公积的金额。北京兴华会计师事务所有限责任公司进行验资复核，于2013年8月13日出具了〔2013〕京会兴专字第12170421号《验资报告专项复核报告》，确认公司收到股东付方、闫炘、陈家甦出资500万元，其中28.2万元列入注册资本，其余471.8万元列入资本公积。

二、特殊出资方式

(一)联动设计(430266):以人力资源、管理资源出资

公司设立时,股东黄万良、朱桂兰、任德才、黄玉娇以人力资源出资340万元。根据2001年2月19日武汉东湖开发区管理委员会颁布的《武汉东湖开发区委会关于支持武汉光电子信息产业基地(武汉·中国光谷)建设若干政策实施细则的通知》(武新管综〔2001〕10号)第7条之规定:"股东以人力资源入股的,经全体股东约定,可以占注册资本的35%(含35%)以内",因此公司以人力资源出资事项符合该法规规定。

公司设立时,武汉留创园以管理资源出资10万元。根据2000年4月12日武汉市人民政府《关于加快高新技术创业服务中心建设与发展步伐的通知》(武政办〔2000〕63号)第7条规定:"鼓励创业中心通过投资、提供优质服务等方式持有在孵企业的一定股权。"武汉创业园为武汉东湖新技术开发区管委会依据武新管人〔2002〕16号《关于成立武汉留学生创业园管理中心的决定》设立的创业管理中心,因此其以管理资源出资符合《关于加快高新技术创业服务中心建设与发展步伐的通知》的规定。

为规范公司历史出资中存在的人力资源出资、管理资源出资等事项,公司于2012年10月向武汉市工商行政管理局东湖新技术开发区分局提交了情况说明。2012年10月20日,武汉市工商行政管理局东湖新技术开发区分局作出《关于指定武汉中天奇会计师事务所有限公司对武汉联动设计工程有限公司实收资本进行验资的函》,指定中天奇对有限公司实收资本进行验资。中天奇于2012年10月22日出具《关于武汉联动设计工程有限公司截至2012年10月19日历次出资验资复核报告》(武奇会专审字〔2012〕第001号),验证:2003年7月8日股东第一次出资中,管理资源出资10万元、人力资源出资340万元,共计350万元是依照武汉东湖开发区管理委员会文件武新管综〔2001〕10号文件出资;2004年7月5日股东第二次出资中实物出资382万元,由于时间久远,无法获取相关原始资料证明出资实物所有权已转移至公司。为规范上

述情况，公司股东以货币出资对人力资源出资、管理资源出资、实物出资进行了置换。

（二）风格信息（430216）：人力资源出资

1. 相关法律法规

公司设立时有效的《公司法》（1999 年修正）第 24 条第 1 款规定："股东可以用货币出资，也可以用实物、工业产权、非专利技术、土地使用权作价出资。"根据国务院《鼓励软件产业和集成电路产业发展若干政策》（国发〔2000〕18 号）和上海市人民政府颁发《关于本市鼓励软件产业和集成电路产业发展的若干政策规定》（沪府发〔2000〕54 号）的精神，上海市工商行政管理局 2001 年出台的《关于鼓励软件产业和集成电路产业发展促进高新技术成果转化的若干实施意见》（沪工商注〔2001〕第 97 号）（2006 年 2 月 15 日失效）第 2 条规定："科技型企业、软件和集成电路的生产企业可以高新技术成果和人力资本、智力成果等无形资产作价投资入股。以人力资本和智力成果作价投资入股最高可占注册资本的 20%。"

另外，上海市工商行政管理局关于印发《关于张江高科技园区内内资企业设立登记的实施细则》的通知（沪工商注〔2001〕第 334 号）明确规定："鼓励推进科技成果转化和允许人力资本、智力成果作为物化资本投资。具有管理才能、技术特长或者有专利成果的个人，可以人力资源、智力成果作价投资入股，最高可达注册资本的 20%。"

2. 有限公司人力资源出资情况

2004 年 8 月 6 日，惠新标以其自身作为人力资源出资，全体股东召开股东会并作出决议，一致同意其人力资源作价 40 万元出资，占注册资本的 20%。2004 年 8 月 6 日，惠新标、张聪慧共同签署了《上海风格信息技术有限公司章程》，章程约定了有限公司设立时的出资金额、出资比例及出资方式。2006 年 6 月，公司股东惠新标通过将上述人力资源出资以零元价格转让给杨树和，由杨树和将 40 万元货币资金注入公司验资账户的方式置换人力资源出资。2006 年 6 月 19 日，上海上审会计师事务所出具了《验资报告》

（沪审事业〔2006〕3754号）进行出资验证。

2012年9月27日，上海市工商行政管理局浦东新区分局出具《工商浦东分局关于〈关于商请就上海风格信息技术股份有限公司人力资源出资事项进行确认的函〉的复函》明确答复浦东新区推进中小企业上市工作联席会议办公室，"上海风格信息技术有限公司于2004年8月设立登记时注册资本中含有40万元（占注册资本20%）人力资本的出资形式，符合市场准入改革创新试点政策"。

3. 结论

有限公司设立时以人力资源出资系依据上海市工商行政管理局《关于鼓励软件产业和集成电路产业发展促进高新技术成果转化的若干实施意见》（沪工商注〔2001〕第97号）和《关于印发〈关于张江高科技园区内内资企业设立登记的实施细则〉的通知》（沪工商注〔2001〕第334号）的规定，依法在上海市工商行政管理局浦东分局办理的设立登记手续。由于上海市工商行政管理局为鼓励本市企业发展设置了宽松的企业注册登记政策，引起风格信息存在出资方式与《公司法》之规定不一致的法律瑕疵。

鉴于风格信息及其股东不存在主动违法、违规情形，且已于2006年以货币资金置换了人力资源出资，同时取得了上海市工商行政管理局浦东新区分局关于有限公司以人力资源出资符合地方政府市场准入改革创新试点政策的确认函，故认为有限公司上述出资行为不存在重大违法违规行为。

（三）华敏测控（430354）：债权转股权

2013年7月4日，公司召开董事会，决议公司进行增资，增加股份数额为3,220,000股，增资价格为1元/股，其中股东刘翼翔以现金出资28万元人民币、以债权转股权出资90万元人民币，武汉柏乐投资合伙企业（有限合伙）以现金出资132万元人民币，李新天以现金出资15万元人民币，陶红喜以现金出资28万元人民币，向青以现金出资11万元人民币，郭新以现金出资18万元人民币。

2013年7月4日，公司与各出资股东签署了《增资协议书》。

2013年7月15日，湖北鑫京茂资产评估有限责任公司对股东刘翼翔债权转股权所涉权益价值进行评估，并出具了鄂鑫京茂评报字〔2013〕第130713号评估报告，以2013年5月31日为评估基准日的，此次转股的债权评估价值为90万元人民币，无增减值。

2013年7月19日，湖北鑫京茂会计师事务有限公司出具了鄂鑫京茂验字〔2013〕第180046号验资报告，对上述出资进行了审验。

2013年7月19日，公司召开2013年第二次临时股东大会，审议通过增资事项。

2013年7月24日，股份公司就本次变更办理了工商变更登记手续，并换领了企业法人营业执照。

三、无形资产出资瑕疵

关于无形资产出资瑕疵的解决方案，在新三板挂牌过程中本着“历史问题历史态度解决”的宽容态度，可以考量以下因素：(1)如果存在出资瑕疵的非专利技术在股改基准日仍有账面价值，有两种处理方法：①账面价值较小，一次性摊销；②如果账面价值较大可以采用货币资金置换无形资产的账面价值，或者减资，同时如实披露。(2)如果存在出资瑕疵的非专利技术等无形资产在股改基准日已摊销完毕，可以视为无形资产出资瑕疵已解决。

(一)奥特美克(430245)：无形资产出资涉及职务发明，现金补正

2006年4月，有限公司股东吴玉晓和路小梅以非专利技术“水资源远程实时监控网络管理系统技术”出资640万元，二人各自占比均为50%。由于该项非专利技术与公司的生产经营相关，不排除利用了公司的场地和办公设备甚至公司的相关技术成果，无法排除出资人职务成果的嫌疑，以此项技术出资存在瑕疵，公司决定以现金对该部分出资予以补正。2012年8月29日，有限公司召开股东会，决议由股东路小梅和吴玉晓分别以现金320万元对公司2006年4月的非专利技术出资640万元进行补正，并计入资本公积。2012年8月31日，兴华会计师事务所出具〔2012〕京会兴核字第01012239号审核报告，对上述补正出资的资金进行了审验，确认截至2012年8月31日，公司已收到上述股东的补足出资，并已进行了合理的会计

处理。补正该出资后，公司的注册资本，实收资本不变。

（二）东软慧聚（430227）：出资的非专利技术并非任职内作品的说明

2009年4月13日，有限公司召开股东会，全体股东一致同意曲延斌以559.5万元知识产权出资；知识产权评估后，经全体股东确认，确认价值为574万元，其中559.5万元计入实收资本，剩余的14.5万元计入资本公积。2009年4月9日，北京中财资产评估有限公司对曲延斌的非专利技术出资进行评估，并出具中财评报字（2009）第003号资产评估报告，结论为曲延斌的非专利技术资产评估值为574万元，其中贷款逾期自动结息（代扣代缴）管理系统评估值为64万元，企业仓储信息动态管理系统评估值为104万元，进口核销手册子模块评估值为167万元，物料可用性检查与可供货日期计算管理系统评估值为170万元，企业文件交互式管理系统评估值为69万元。此次出资经中财会计师事务所有限公司出具中财验字〔2009〕第005号《验资报告》审验，并经北京市工商行政管理局海淀分局核准。根据曲延斌所任职的前一家公司和公司出具的说明，曲延斌用以出资的上述非专利技术在有限公司成立之前就已经形成，非职务作品。

（三）地大信息（430347）：博士生科研成果毕业后申请专利不属于职务发明

根据软件著作权申请时间和马维峰任教时间判定，基于该软件信息平台为跨区域、跨网络的复杂大型网络三维地理信息系统软件，自正式任教之日起至首次发表日止，该期间内无法完成该系统的研究开发工作，该软件应为马维峰博士在读期间（2005～2008年）自主开发并完善；马维峰任教中国地质大学（武汉），主讲地貌第四纪（地学方向），也未承接任何科研项目，其主要工作与该软件开发及运用领域没有交集，工作单位也未提供相关资金、专业设备等物质条件。

因此，该软件不属于职务作品，马维峰在以该软件著作权出资时，不存在权利瑕疵。此外，马维峰和公司目前均不存在因该软件产生的知识产权纠纷。

（四）铜牛信息（430243）：非专利技术出资比例违反《公司法》规定

2004年8月28日修订的《公司法》第24条第2款规定："以工业产权、非专利技术作价出资的金额不得超过有限责任公司注册资本的百分之二十，国家对采用高新技术成果有特别规定的除外。"2000年12月8日，北京市人大常委会依据《国务院关于建设中关村科技园区有关问题的批复》（国函〔1999〕45号）颁布了《中关村科技园区条例》（北京市人大常委会公告第25号）（以下简称《条例》）（有效期至2010年12月23日），北京市人民政府于2001年3月2日颁布了《中关村科技园区企业登记注册管理办法》（北京市人民政府令第70号）（以下简称《办法》，有效期至2007年11月23日）。

上述法规对中关村科技园区内企业以高新技术成果作价出资规定如下：《条例》第11条规定："以高新技术成果作价出资占企业注册资本的比例，可以由出资各方协商约定"。《办法》第13条规定："以高新技术成果出资设立公司和股份合作企业的，对其高新技术成果出资所占注册资本（金）和股权的比例不作限制，由出资人在企业章程中约定。企业注册资本（金）中以高新技术成果出资的，对高新技术成果应当经法定评估机构评估。"第14条规定："出资人以高新技术成果出资，应当出具高新技术成果说明书；该项高新技术成果应当由企业的全体出资人一致确认，并应当在章程中写明。经全体出资人确认的高新技术成果可以作为注册资本（金）登记注册。"第15条规定："工商行政管理机关对以高新技术成果作价出资的，应当在《营业执照》经营范围栏的最后项下注明作为非货币出资的技术成果的价值金额、占注册资本的比例以及是否办理了财产转移手续的情况。"根据当时有效的北京市工商行政管理局于2004年2月6日颁布的《关于印发〈改革市场准入制度，优化经济发展环境若干意见〉的通知》对内资企业注册资本（金）缴付方式进行改革的规定，"投资人以高新技术成果出资，应当出具经全体投资人一致确认的高新技术成果说明书。以高新技术成果作价出资占企业注册资本（金）的比例，可以由投资各方协商约定"。

2005年9月21日，由铜牛针织集团、高鸿波等9方共同签署了《高新技术成果说明书及确认书》，共同确认该非专利技术为高新技术成果，同意以该高新技术成果投入有限公司中。同时，用于出资的此项非专利技术亦由北京新京联成资产评估有限公司进行评估，并出具评估报告书确认该项非专利技术的评估值为78万元。

2005年10月10日，公司所有股东签订了《财产转让协议》，将该非专利技术转移给有限公司，且经北京中万华会计师事务所审计，该非专利技术已完成转移手续。有限公司也于2005年10月10日召开股东会，全体股东一致同意以非专利技术出资78万元。该股东会决议通过的《公司章程》亦明确载有该项无形资产出资的内容。北京市工商行政管理局核准了公司的设立登记，并在公司营业执照的经营范围栏的最后项下注明了作为非货币出资的技术成果的价值金额。

因此，有限公司成立时无形资产占注册资本的比例符合当时有效的相关规定，出资形式合法，出资有效到位。

关于非专利技术出资比例的事项，北京市国联律师事务所在其为本次公司进入全国中小企业股份转让系统出具的《法律意见书》中发表了如下意见：铜牛信息设立时，注册资本中非专利技术占比达到78%是符合当时相关规定的；并且取得了北京市工商局核准登记，铜牛信息的非专利技术出资合法、有效。北京纺织控股有限责任公司作为铜牛集团及铜牛信息的控股股东，于2013年5月24日出具了《关于北京铜牛信息科技股份有限公司历史沿革有关问题的报告》，确认“上述非专利技术出资虽未根据《国有资产评估管理若干问题的规定》进行国有资产评估备案，程序上存有瑕疵，但国有产权明晰，不存在纠纷，并未造成国有资产流失，亦未损害国有权益”。

四、出资不实的典型情形

（一）威门药业（430369）：在持续经营期间自行资产评估，并按照评估结果调整账务，其增值部分转增实收资本

解决方案：（1）作为会计差错调整；（2）货币资金补足；（3）工

商部门出具专项出具无违法、违规证明;(4)如实披露。

1997年7月31日,贵阳审计师事务所出具《对贵州威门药业有限公司整体资产的评估报告》[(97)筑审事〈评〉字第101号](以下简称《97年评估报告》)。根据该评估报告,截至1997年7月23日,威门有限总资产评估值为11,319,411.49元,总负债评估值为837,310.30元,净资产评估值为10,482,101.19元,增加资本公积6,960,029.81元。

1997年8月7日,贵阳审计师事务所出具《验资报告》[(97)筑审验字第104号],确认:截至1997年8月5日,威门有限已经收到上述股东投入的800万元注册资本,威门有限实收资本为800万元;本次增加注册资本650万元,其中,梁斌以其对威门有限享有的债权2,153,187.81元增加实收资本,从资本公积转增实收资本4,346,812.19元。

……

威门有限本次增资的出资方式为债权转股权及资本公积金转增,其中以债权转股权方式出资金额为2,153,187.81元,以评估增值部分的资本公积金转增方式出资金额为4,346,812.19元,本次增资具体事项及存在的问题说明如下:

……

根据《97年验资报告》《97年评估报告》,本次增资的资本公积金系威门有限整体资产评估后的评估增值部分,即威门有限净资产值经评估机构评估后增加了6,960,029.81元净资产,威门有限将该增加的净资产全部转为资本公积金,此次增资时,威门有限将其中的4,346,812.19元资本公积金转增为股本。

威门有限以资产评估价格调增相关资产价值并将由此增加的净资产计入资本公积后转增股本,不符合企业会计处理的相关规定。因此,此次增资以评估增值后形成的资本公积转增股本存在瑕疵。

……

鉴于:

1. 梁斌等自然人的出资已经会计师验证,均已经到位。

2. 梁斌等自然人以债权以及资本公积金转增方式出资已获得主管部门贵州省工商局的认可。

3. 梁斌已于2010年12月6日以货币资金2,153,187.81元置换了上述增资以债权转股权的出资。

4. 威门有限此次增资时,通过评估增值转为资本公积的资产为存货和固定资产,其中存货评估增值为6,858,519.81元,固定资产评估增值为101,510元。上述存货在评估调账后于1997年和1998年已经全部形成成品并实现对外销售,扣除应计缴的企业所得税147,716.70元,余额为6,710,803.11元,威门有限因存货评估增值导致的净资产虚增部分已有6,710,803.11元予以补足;根据北京天华会计师事务所于2001年5月31日出具的《审计报告》[天华审字(2001)第397号](以下简称《改制审计报告》),截至威门有限整体变更设立股份有限公司的审计基准日2001年4月30日,此次增资固定资产评估增值部分累计计提折旧31,549.43元,扣除应计缴的企业所得税2491.46元,余额为29,057.97元,威门有限因上述固定资产评估增值导致的净资产虚增部分已有29,057.97元予以补足。

通过上述存货销售及固定资产折旧,威门有限上述增资因评估增值计入资本公积进而转增股本导致威门有限增加的净资产4,346,812.19元,已经全部实现。因此,威门有限以2001年4月30日为基准日以净资产出资、折股方式整体变更为股份有限公司后,威门有限此次增资以评估增值计入资本公积进而转增注册资本的4,346,812.19元已全部予以补足。

根据《专项复核报告》,威门有限历次出资中因评估增值转为资本公积并转增资本、债权转股权、会计差错等导致的出资瑕疵事项,已经全部予以规范解决。

5. 贵州省工商行政管理局已于2013年10月23日出具《贵州威门药业股份有限公司1997年增资及2001年股份公司设立相关事宜的确认函》,其中记载:

“(1)威门药业(含威门有限)上述出资瑕疵系因会计差错导致,不属于重大违法违规行为;

(2)上述出资瑕疵已经予以规范解决,且解决的过程合法、合规,该等瑕疵不影响威门药业的依法设立和有效存续,威门药业1997年增资及2001年股份公司设立具有充足的法律依据;

(3)我局不会就上述历史出资问题对威门药业进行行政处罚,亦不会追究其其他的任何法律责任。"

6. 2013年10月30日,威门药业实际控制人梁斌、杨槐夫妇出具承诺,承诺对于因上述问题导致的威门药业的任何损失将承担全部赔偿责任。

综上,主办券商认为,威门有限1997年增资时债权转股权未经评估的瑕疵已通过现金置换规范解决;以评估增值后形成的资本公积转增注册资本的部分已通过存货销售及固定资产折旧方式实现;威门有限本次增资存在瑕疵未损害股东或债权人利益,不存在纠纷及潜在纠纷,对本次挂牌不构成实质性影响。

金杜所认为,威门有限1997年增资时存在的不规范情形已经相关方规范解决并获得了主管工商部门的认可,此次增资不规范的情形不会导致威门药业面临潜在的法律风险,亦不会对其本次挂牌构成实质性法律障碍。

金杜所出具《补充法律意见书》认为,威门有限1997年增资不规范行为解决的过程合法、合规;威门有限1997年增资虽然存在瑕疵,但威门有限1997年以债权及资本公积金转增注册资本行为已获主管部门认可,有充足的法律依据。

(二)微纳颗粒(430410):出资未及时到位(注册资金与实收资本不一致)

2005年10月,高维秀、任中京、徐俊杰、江海鹰等4个自然人共同出资设立济南微纳颗粒技术有限责任公司,公司注册资本为人民币50万元,实缴资本10万元,全体股东均以货币出资。

有限公司成立于2005年11月9日,应适用2004年修订后的《公司法》(以下简称为原《公司法》)。原《公司法》第23条规定:"有限责任公司的注册资本为在公司登记机关登记的全体股东实缴的出资额。有限责任公司的注册资本不得少于下列最低限额:(一)以生产经营为主的公司人民币五十万元。"有限公司设立时,实际缴纳的出资额与营业执照登记的注册资本不一致，不符合原《公司法》的上述规定。因此，有限公司设立时存在出资瑕疵。

但鉴于：

1. 有限公司设立时取得的《企业法人营业执照》“注册资本”一栏已载明：“注册资本伍拾万圆整（实缴资本拾万元整）”，对公司的真实出资情况予以明确标示。有限公司设立时不存在虚假出资情形，并经济南市工商行政管理局登记确认。

2. 上述出资情形符合《公司法》（2005 年修订）的有关规定。2005 年 11 月 9 日有限公司成立时，当时修订后的《公司法》（2005 年修订，2006 年 1 月 1 日起施行）已经于 2005 年 10 月 27 日予以公布，虽然并未正式施行，但对各地工商行政管理部门的实务工作具有一定的指导性意义。

《公司法》（2005 年修订）第 26 条规定：“有限责任公司的注册资本为在公司登记机关登记的全体股东认缴的出资额。公司全体股东的首次出资额不得低于注册资本的百分之二十，也不得低于法定的注册资本最低限额，其余部分由股东自公司成立之日起两年内缴足；其中，投资公司可以在五年内缴足。有限责任公司注册资本的最低限额为人民币三万元。法律、行政法规对有限责任公司注册资本的最低限额有较高规定的，从其规定。”有限公司设立时以认缴出资额确定为公司注册资本的情形符合《公司法》（2005 年修订）的有关规定。

3. 有限公司设立时的出资瑕疵并未对任何第三方造成实质性影响。

4. 2006 年 10 月有限公司股权变更后，有限公司股东任中京、高维秀按照其各自认缴的出资额足额缴纳了全部出资。2006 年 10 月 26 日工商局核发的《企业法人营业执照》载明：“注册资本伍拾万圆整，实收资本伍拾万圆整。”至此，有限公司设立时的出资瑕疵得以纠正。

综合以上原因，公司律师认为，有限公司设立时处于公司法修订期间，其出资情况符合新修订的公司法精神，其出资瑕疵未造成不良法律后果且已得到纠正。因此，上述出资瑕疵对公司在全国股份转让系统挂牌不构成实质影响。

（三）乐升股份（430213）：由关联方代缴出资

2006年9月27日，XPECENTERTAINMENTHOLDINGS（CAYMAN）LTD.代香港启升向有限公司汇入投资款12.5423万美元，作为香港启升投入有限公司的新增注册资本。2006年11月10日、17日及29日香港启升分别向有限公司汇出投资款12.8005万美元、10万美元及14.6587万美元，以上四笔款项共计50.0015万美元，均存入有限公司在中国工商银行北京分行海淀支行营业部开立的账户，该营业部出具了《外汇款收账通知》。

2006年12月18日，北京数码会计师事务所有限公司出具开验字〔2006〕第1591号《验资报告》，确认截至2006年11月29日，香港启升对有限公司新增加的50万美元出资已全部缴纳完成。2006年12月31日，北京市工商行政管理局出具京工商注册企许字（2006）0035812号《准予设立（变更、注销、撤销变更）登记（备案）通知书》，核准了50万美元出资已全部缴纳的变更登记事项。

公司律师认为，根据香港启升与XPECENTERTAINMENTHOLDINGS（CAYMAN）LTD.在2006年9月27日签署的关于委托支付投资款12.5423万美元的《委托协议》、双方出具的证明书及声明书，XPECENTERTAINMENTHOLDINGS（CAYMAN）LTD.与香港启升之间是借款12.5423万美元的债权债务关系，不存在股权代持关系，且香港启升已经将该借款全部归还，所以双方不存在任何争议和法律纠纷。

（四）某挂牌企业：无形资产出资与主营业务不相关涉嫌出资不实

企业为了申报高新技术企业，创始股东与大学合作，购买与公司主营业务无关的无形资产，通过评估出资至公司，或者股东自己拥有的专利技术、非专利技术，后来因为种种原因，虽然评估出资至公司，但是公司后来主营业务发生变化或者其他原因，公司从来没有使用过该等无形资产，则该等行为涉嫌出资不实。如果存在出资瑕疵的无形资产账面价值于股改基准日金额重大的，应采取减资或者现金置换；如果该无形资产摊销完毕的，应视同瑕疵已经解决。

2007年10月15日，经公司股东会决议批准，公司注册资本由500万元增加至667万元，增资部分由新股东昝昕武以知识产权认缴。新增出资经重庆富勤会计师事务所有限公司审验，并于2007年9月28日出具渝富勤验字（2007）第002号验资报告。新股东昝昕武用于出资的知识产权经重庆富勤资产评估有限公司评估，并于2007年8月30日出具富勤评字（2007）第005号资产评估报告书，评估价值为626万元，全体股东确认的价值为626万元，新增实收资本167万元，增加资本公积（资本溢价）459万元。

公司股东用于出资的知识产权并未实际应用于公司产品和业务中，且截至2014年12月31日，昝昕武用于出资的知识产权均处于"视为撤回"或"终止"的法律状态。

考虑该知识产权出资并不在申报期内，且相关资产入账金额中5,607,916.38元已通过摊销的形式计入公司2014年以前的累计损益中，由于相关知识产权已终止，故对剩余账面价值全额摊销，摊销金额652,083.62元。

五、其他出资不实的情形

（一）三意时代（430255）：设立时注册资本低于《公司法》的规定

经核查，依据有限公司设立时生效的《公司法》第23条的规定，科技开发、咨询、服务性公司的注册资本最低为人民币10万元。有限公司设立时注册资本为人民币3万元，不符合当时《公司法》的规定。但依据《北京市工商行政管理局转发市政府办公厅〈关于同意在中关村科技园区进行高新技术企业注册登记改制改组试点的通知〉的通知》（京工商发〔2000〕127号）文件第3条的规定，高新技术企业中有限责任公司申请登记注册时，其注册资本达到3万元（含）以上，即予登记注册。

因此，有限公司设立时注册资本虽不符合当时施行的《公司法》规定，但有限公司出资人的出资真实，且符合北京市人民政府以及北京市工商行政管理局的相关规定，不存在潜在法律风险，也不会对本次挂牌转让造成不利影响。

（二）易同科技（430258）：股份公司发起人未签订发起人协议

股份公司发起人当时未签订发起人协议，2013 年 3 月 10 日，全体发起人出具了《关于公司整体变更的声明》，声明“有限公司的所有资产、业务、债权、债务及其他一切权益、权利和义务，自有限公司变更登记为股份公司之日起由公司承继。有限公司自 2009 年 1 月 1 日起至股份公司完成变更登记之日止的经营损益由各发起人按照其持股比例承担或享有。发起人之间没有发生有关公司整体变更事项的争议，发起人认可公司整体变更的有效性，未来不得就公司整体变更相关事项发生争议”。

（三）成科机电（430257）：未按原持股比例进行未分配利润转增资本

2001 年 9 月 1 日，成科机电有限召开股东会作出决议，决定公司以累积未分配利润增加注册资本 250 万元，其中张钢转增 220 万元，张强转增 20 万元，胡凤兰转增 10 万元。上述增资情况经津天地验内字（2001）第 376 号《验资报告》验证。会议决定变更公司经营范围，增加“成套输送设备制造（以环保部门审核为准）”业务；会议决定变更公司住所至天津新技术产业园区华苑产业区鑫茂科技园 D1 座五层 A 单元。公司按照要求修改了公司章程。2001 年 9 月 24 日，公司就本次变更办理了工商变更登记，并取得了变更后的《企业法人营业执照》。公司律师认为，成科机电有限本次未按照原持股比例进行未分配利润转增的行为不违反法律、法规的强制性规定，且各股东均予认可，因此本次增资行为合法有效，不存在潜在的法律纠纷。

第七章 新三板挂牌的合规问题

【基本理论】

企业的运营很像一个人的成长，人活一辈子谁都不能保证不犯错误、不生病，企业也一样，一个企业也很难保证永远不犯错误、不出问题。出了问题肯定就要解决问题，问题怎么解决以及解决到一个什么程度，需要我们从业人员好好思考。

我们在企业上市的过程中，对于解决企业的一些瑕疵基本的解决思路无非就是：交钱、交罚款、开证明。尤其是开证明，肯定说得越详细，级别越高，越靠谱也越安全。当然，拟上市公司都发展到了一定规模和地位，家大业大关系很硬，然而，对于新三板企业呢？

一、简单开合规证明文件是懒政

当然，新三板业务我们同样可以照搬企业上市的解决思路，不仅省心省力，而且更加没有风险，但是有时候这样对于企业是不公平的。其理由有如下几点：

1. 有些问题不一定需要通过交钱或者罚款的方式解决，或者说有些问题不一定要在当下解决至少可以暂缓解决。

2. 有些问题的解决可能不一定付出那么高的成本，如果五块钱解决问题，我们不能为了保险建议企业去花六块钱解决。

3. 有些问题完全可以通过时间的方式解决，如果这个问题随着时间推移可以自动消化，我们可以充分披露这个问题以及风险，然后等着问题自己解决。

4. 有些问题不一定需要通过开具证明的方式来证明合规性并规避中介机构的风险，开证明是一种懒惰的做法，对企业不公平，股转中心也并非一定赞成。

二、关于合法合规问题考量的思路

小兵觉得，对于企业经营过程中存在的一些瑕疵或者问题以及其合法合规性问题的判断，应该简略坚持以下思路：

1. 对问题发生的背景和大环境进行详细分析，判断这个问题的出现是个案还是当时历史原因造成的普遍现象。

2. 对问题发生的因素进行全面分析，重点关注企业在这个问题上的态度以及责任划分，这个问题是因为企业无知造成的、失误造成的还是故意造成的，这个问题是不是全部是企业的责任还是第三方甚至主管部门也有责任。

3. 对问题进行详细的论证之后进行明确的定性，这个问题是否违法还是违规，违反的是什么规则、什么制度，这个制度的影响有多大。

4. 模拟论证这个问题或瑕疵对公司生产经营以及盈利能力的影响，假定这个问题以及瑕疵最坏的结果来打算，那么这个企业是否还能正常经营，是否还能够符合挂牌或者上市的条件。

5. 企业在相关文件中充分披露这些论证的信息，让投资者知晓这个问题的性质以及影响，并告知投资者公司存在这样的不规范的地方以关注风险。

> **小贴士：**这里提到的合规问题，不仅关注企业本身生产经营的合规问题，也关注企业控股股东或实际控制人、董监高等任职资格的合规问题。具体情况参见本章最后的案例：香塘担保(831959)、中棉种业(832019)。

【实践案例】

一、博汇股份(831213):环保处罚

(一)第一次处罚

2012年9月14日,博汇有限因未取得环境影响评价审批文件的情况下,新建12个卧式储罐、1台2吨蒸汽锅炉且投入生产使用,被宁波市环境保护局以甬环罚字〔2012〕第62号行政处罚决定书处以停止使用12个卧式储罐、1台2吨蒸汽锅炉的使用和罚款10万元。

根据《宁波市重大环境违法违规行为认定处理办法(试行)》第5条的规定:有下列情形之一的,可以认定为重大环境违法违规行为:(1)偷排污染物或者故意不正常使用处理设施且排放污染物超标严重的;(2)将危险废物以倾倒、填埋等方式直接进入水体、土壤、海洋等环境并有主观意图的;(3)拒绝、阻挠环保执法人员依法实施现场监督检查或者拒不配合环境违法案件查处工作的;(4)拒不履行环保行政处罚决定,被依法申请强制执行的;(5)以欺骗、虚假手段取得环保行政许可的;(6)因违法排污造成环境污染事故的;(7)被责令停产整治的;(8)逾期未完成限制治理任务,被责令停产或停业的;(9)被实施环境行政强制措施的;(10)其他严重违反环保法律、法规、规章规定的环境行为。

综上所述,鉴于(1)公司还未办理环评事项即投入生产的行为未造成环境污染事故,不存在《宁波市重大环境违法违规行为认定处理办法(试行)》第5条第1项和第2项规定的情形。(2)公司积极配合环保执法人员的监督检查,不存在《宁波市重大环境违法违规行为认定处理办法(试行)》第5条第3项规定的情形。(3)公司履行了环保处罚决定,未被申请强制执行。不存在《宁波市重大环境违法违规行为认定处理办法(试行)》第5条第4项规定的情形。(4)公司未以欺骗、虚假手段取得环保行政许可。不存在《宁波市

重大环境违法违规行为认定处理办法(试行)》第5条第5项规定的情形。(5)公司未办理环评事项即投入生产的行为没有造成环境污染事故,公司也未被责令停产、停业,也未被实施环境行政强制措施。不存在其他严重违反环保法律、法规、规章规定的环境行为的情形。故公司不存在《宁波市重大环境违法违规行为认定处理办法(试行)》第5条第6、7、8、9、10项规定的情形。

公司控股股东及实际控制人承诺,如因未办理环评事项即投入生产的行为,导致公司后续受到处罚或损失以及产生的其他费用,控股股东及实际控制人将承担因此所产生的全部责任,确保公司不会因此遭受任何损失。主办券商和律师认为,经过核查,公司未办理环评事项即投入生产的行为不存在《宁波市重大环境违法违规行为认定处理办法(试行)》的规定的可以认定为重大环境违法违规行为的情形,公司未办理环评事项即投入生产的行为不是重大违法违规的行为,不会对公司本次挂牌构成实质性障碍,公司符合合法规范经营的挂牌条件。

(二)第二次处罚

在2012年11月20日,博汇有限因真空排气未经处理直接排放的原因被宁波市镇海环境保护局以镇环罚字〔2012〕第116号行政处罚决定书处以罚款3万元。

2014年3月31日,宁波市镇海区环境保护局出具环境行为证明:“宁波博汇化工科技股份有限公司属我区非重点环保监管企业,该企业曾于2012年被我局处罚,不是重大违法违规行为,于2013年3月结案改正违法行为。2011年至今未受其他环保行政处罚。”

根据《全国中小企业股份转让系统股票挂牌条件适用基本标准指引(试行)》的规定“被行政处罚的实施机关给予罚款的行为,除主办券商和律师能依法合理说明或处罚机关认定该行为不属于重大违法违规行为的外,都视为重大违法违规情形”。因此,主办券商及律师认为,公司上述镇海环境保护局的行政处罚已由处罚机关依法认定该行为不属于重大违法违规行为,符合《全国中小企业股份转让系统股票挂牌条件适用基本标准指引(试行)》规定的不属于重大违法违规行为的情形。公司的上述处罚并非重大违法违规行为,公司符合合法规范经营的挂牌条件。

综上,主办券商项目组经过核查后认为,公司近两年来在环境保护方面没有重大违法违规行为。

律师经过核查后认为,公司近两年来在环境保护方面没有重大违法违规行为。

上述事件发生后,公司在开展业务中不断完善各项环保制度和环保举措,并进行明确的职责分工,定期对执行环保情况进行监督,具体的环保措施如下:

1. 针对公司受到的环保部门处罚,公司在改造、新建生产相关装置或设备时,由安全环保部会同生产部充分沟通和论证,并由安全环保部及时与环保主管部门沟通,严格履行相关规定的程序,避免出现违反环保要求的事件再次发生;

2. 公司排放的污水和废气由生产部进行明确职责划分,优化流程,持续监测,严格执行国家相关排放标准;

3. 公司安全环保部定期对公司执行环保情况进行监督检查和评价,及时汇报。

公司在环境保护方面积极完善了公司内部控制和管理,并能够得到有效执行。

二、威控科技(430292):税务处罚

2011 年 6 月 23 日,因公司财务人员疏忽导致公司支票无法及时承兑,中国人民银行营业管理部出具银管罚—支票〔2011〕第 01279 号处罚决定书,对公司处以罚款 3564.5 元。

2012 年 2 月 27 日,因公司财务人员工作疏忽,未及时申报办理变更登记,北京市海淀区地方税务局第一税务所出具行政处罚决定书,对公司处以罚款 500 元。

上述违法违规行为系因有限公司工作人员疏忽所致,有限公司在收到处罚决定书后及时缴纳了罚款,并对有关人员进行了批评教育。公司在 2012 年 11 月股份制改造后相应完善了内部控制制度,公司未来将严格执行财务管理制度,杜绝类似情形的发生。

公司律师与主办券商通过查阅两项行政处罚告知书、决定书及相关法律法规的规定，一致认为上述违法违规行为情节轻微，罚款数额较低，且未对公司或他人利益造成重大影响，根据《中国人民银行行政处罚程序规定》和《中华人民共和国税收征收管理法（新征管法）》的相关规定，均属于非重大行政处罚情形，不构成重大违法违规行为。

除上述行政处罚以外，公司最近两年内不存在其他违法违规及受处罚的情况。公司已经取得工商部门、税务部门和社保部门出具的无违法违规情况证明。

三、维珍创意（430305）：税务处罚的详细解释

公司于2011年5月26日被海淀区国税局第七税务所因未及时办理国登记给予100元的行政处罚。

公司在北京中关村西区登记注册时，北京中关村西区管委会审批的经营范围只有地税业务，而无国税业务，公司税务办理人员误以为无须办理国税登记而未及时办理。公司已及时缴纳了罚款，并对相关责任人进行批评教育并加强日常管理。该行政处罚情节轻微，数额很小，未对生产经营造成不良影响。

公司律师认为：2011年5月26日，北京市海淀区国家税务局第七税务所向维珍有限下发《税务行政处罚事项告知书》（海七国告〔2011〕459号）和《税务行政处罚决定书（简易）》（海七国简罚〔2011〕299号），维珍有限因违规—逾期未办理税务登记，被处以100元罚款。据公司相关人员说明，该项违规行为产生的原因为：公司在北京中关村西区登记注册时，北京中关村西区管委会审批的经营范围只有地税业务，而无国税业务，公司办理人员误以为无须办理国税登记而未及时办理国税登记。受到该项处罚后，公司及时缴纳了罚款。公司承诺以后认真遵守各项法律、法规，规范运行，杜绝违法违规行为的发生。

除上述行政处罚外，公司报告期内未受到其他行政处罚，上述行政处罚情节轻微，数额很小，不构成重大行政处罚，不构成重大违法违规行为。上述行政处罚未对公司生产经营造成不良影响，

对本次公司股份公开转让也不构成实质障碍。

主办券商认为：根据《税收征收管理法》第60条的规定，纳税人有下列行为之一的，由税务机关责令限期改正，可以处2000元以下的罚款；情节严重的，处2000元以上1万元以下的罚款：未按照规定的期限申报办理税务登记、变更或者注销登记的……《税收征收管理法实施细则》第90条规定，纳税人未按照规定办理税务登记证件验证或者换证手续的，由税务机关责令限期改正，可以处2000元以下的罚款；情节严重的，处2000元以上1万元以下的罚款，对于罚款100元的行政处罚，不属于情节严重的行为，且应属于情节一般的情形中比较轻微的情节，不属于重大违法违规行为。

根据《全国中小企业股份转让系统股票挂牌条件适用基本标准指引（试行）》对重大违法违规情形的解释，"凡被行政处罚的实施机关给予没收违法所得、没收非法财物以上行政处罚的行为，属于重大违法违规情形，但处罚机关依法认定不属于的除外；被行政处罚的实施机关给予罚款的行为，除主办券商和律师能依法合理说明或处罚机关认定该行为不属于重大违法违规行为的外，都视为重大违法违规情形"。

综上所述，主办券商和律师能对上述罚款100元的行政处罚行为进行合理解释说明，该违法行为不属于重大违法违规行为。

根据北京市工商行政管理局海淀分局于2013年1月18日出具的证明，公司自成立至今没有因违反工商行政管理法律、法规受到查处的记录。

北京市海淀区国家税务局第一税务所于2013年1月18日出具告知书，公司自2012年1月1日至2012年12月31日未接受过行政处罚。

北京市海淀区地方税务局知春里税务所于2013年1月17日出具告知书，公司自2011年1月1日至2012年12月31日未接受过行政处罚。

公司最近两年除上述100元的行政处罚外，不存在因违反工商行政管理、国家税务局和地方税务局或其他机关等的法律、法规而受到处罚情况等事项。

四、金洪汽车(831376):海关处罚

2013年6月17日,吉林海关向吉林金洪下达了吉关缉违字〔2013〕002号《吉林海关行政处罚决定书》,对吉林金洪出口过渡管品名、毛重、净重申报不实行为处罚人民币0.5万元;对出口过渡管税则号列申报不实行为处罚人民币67.2万元。

2012年,吉林金洪为拓展国外业务,向美国出口过渡管产品,由于报关经验不足,以及公司无报关员,故在发货时委托代理公司进行报关事宜。首次报关时,要对过渡管税则编码确认,公司对相关确认税则编码的方式不了解,故委托代理公司确认,在实际操作过程中发生了税则编码归类错误的情况。在过渡管品名、毛重、净重等方面委托报关时,公司向代理公司提供产品数量、重量和品名,但报关员在报关时,将过渡管写成过滤管,毛重和净重也因笔误造成与公司申报不符,故公司未能取得相关报关文件,仅在客户收到产品后才能取得报关文件,由于无法对出现的错误进行及时更正,只能事后得知报关错误的信息,而最终导致公司受到海关的处罚。

2014年1月23日,吉林海关出具证明:"经我关调查核实,吉林金洪汽车部件有限公司在出口货物申报时将商品编号申报错误,违反海关监管规定,鉴于该公司能够积极配合海关调查,不存在主观故意行为,且有法定从轻情节,我关以一般违规案件对其进行处罚,并下达了《中华人民共和国吉林海关行政处罚决定书》(吉关缉违字〔2013〕002号)。"

除了上述情况外,最近两年一期内,公司及控股股东、实际控制人不存在违法违规及受处罚的情况。

五、华安股份(430279):专利纠纷,公司败诉

报告期内,公司发生一起专利纠纷:自然人曹永军诉公司生产销售的DS-1C型号的执法记录仪产品侵犯其实用新型专利。兰州市中级人民法院一审判决公司败诉,2012年11月23日,甘肃省高级人民法院二审调解结案。调解结果为:公司需向原告支付于本案二审结案前生产、销售和许诺销售DS-1C型号的执法记录仪

产品的专利补偿费用45万元,于2013年3月31日前一次性付清。针对涉诉产品双方既往不咎,对其再生产事宜,由公司与原告再行协商。自2012年11月24日起,公司已停止生产涉诉产品,零星销售涉诉产品34,102.56元,为调解协议生效前生产。因公司已决定不再生产涉诉产品,所以公司将不再与原告就涉诉产品的再生产事宜进行协商。2013年4月10日,公司按照调解协议向原告全额支付了45万元专利补偿费用。

六、香塘担保(831959):实际控制人被证监会处罚

2013年1月4日,证监会发布行政处罚决定书,顾振其作为舒泰神(北京)生物制药股份有限公司董事,在"舒泰神"2011年度业绩预告公布前将预告信息告知穆彩球,事后穆彩球买入"舒泰神"股票4300股,认定顾振其、穆彩球的行为违反了《证券法》第76条关于禁止泄露内幕信息及内幕交易的规定,构成了《证券法》第202条所述的违法行为,并对其处以共计3万元的罚款。请公司提供前述行政处罚书。请主办券商和律师就前述事项及顾振其在公司担任的董监高情况做进一步核查,并就前述行为是否属于重大违法违规,发表明确意见。

(一)关于顾振其自有限公司设立以来担任董监高情况

主办券商和律师核查了公司自设立以来的工商登记档案资料,顾振其于2012年3月5日至2014年5月27日期间担任香塘担保董事。2014年5月28日至本回复说明签署日未再担任香塘担保董事、监事或高级管理人员。

(二)关于顾振其前述行政处罚事项具体情况

2013年1月4日,中国证监会发布行政处罚决定书,认定顾振其泄露内幕信息及穆彩球内幕交易"舒泰神"股票,存在以下违法事实:

1.关于舒泰神2011年度业绩预告的形成

2012年1月5日17时,舒泰神2011年度业绩预告形成,舒泰神董事长、总经理周某某在当天晚上将舒泰神2011年度业绩预告情况告知顾振其。2012年1月6日16时,舒泰神披露2011年度业绩预告:预计盈利9775至10,925万元,净利润比上年度增长

70%至90%。

根据以上事实，证监会认定，舒泰神2011年度业绩预告在公布前为《证券法》第75条所规定的内幕信息。内幕信息价格敏感期为2012年1月5日至1月6日。顾振其为内幕信息知情人。

2. 顾振其泄露内幕信息及穆彩球内幕交易"舒泰神"股票

顾振其、穆彩球承认，顾振其于2012年1月5日晚上将舒泰神2011年业绩预告内容告诉穆彩球。

2012年1月6日13时40分至52分，穆彩球买入"舒泰神"股票4300股。

根据以上事实，证监会认定，顾振其泄露内幕信息及穆彩球内幕交易"舒泰神"股票。顾振其、穆彩球的行为违反了《证券法》第76条关于禁止泄露内幕信息及内幕交易的规定，构成了《证券法》第202条所述的违法行为。

以上违法事实，有舒泰神2011年度业绩预告，相关人员的谈话笔录，穆彩球交易"舒泰神"股票情况，顾振其、穆彩球提供给深圳证券交易所的相关情况说明等证据证明，足以认定。

根据当事人违法行为的事实、性质、情节与社会危害程度，依据《证券法》第202条的规定，证监会决定：对顾振其、穆彩球处以共计3万元的罚款。

（三）关于前述行为是否属于重大违法违规

主办券商和律师认为，首先，从证监会对顾振其的处罚标准适用及违规事实、后果来看，公司实际控制人顾振其虽然存在前述违法违规行为，但该等违法违规行为情节轻微，且相关责任人及时缴纳了相关罚款，并未造成重大危害后果。

其次，深圳证券交易所曾于2012年3月7日作出《关于对舒泰神（北京）生物制药股份有限公司董事顾振其给予处分的决定》，对顾振其前述行为给予了通报批评的处分。从深圳证券交易所该等处分标准适用并结合《创业板股票上市规则》第17.3条的规定来看，该等行为应属情节较轻，与前述行政处罚的标准适用相吻合。

综上所述，主办券商和律师认为顾振其前述行为不属于重大违法违规行为。

七、中棉种业(832019):担任法定代表人期间未年检吊销营业执照

北京国研智库文化发展有限公司(以下简称国研公司)系由贾澎、甘东旭于2009年6月共同出资设立的有限责任公司,注册资本3万元,其中贾澎出资2.4万元,占该公司注册资本的80%,为该公司实际控制人并担任法定代表人。经核查,国研公司因未按时年检,于2012年10月被北京市西城区工商局吊销营业执照。根据贾澎书面说明,就国研公司年检事宜,当时其已明确要求公司工作人员按时年检,但因公司工作人员疏忽的原因造成公司未按时年检,从而被吊销营业执照,其本人不应当承担个人责任。2014年11月13日,国研公司注销完毕并收到北京市工商行政管理局西城分局下发的《注销核准通知书》;经查询"北京市企业信用信息网"的个人"任职限制",不存在贾澎被限制担任董事、监事、高级管理人员的相关信息。经核查,主办券商、律师认为,贾澎担任公司董事会秘书符合《公司法》等法律法规的相关规定,公司对其的聘任合法、有效。

(一)尽调过程和事实依据

序号	尽调过程	事实依据
1	取得董事、监事、高级管理人员的简历	董监高人员的简历
2	取得董事、监事、高级管理人员无违法违规的承诺	全体董监高关于诚信状况的书面声明
3	查阅全国企业信用信息公示系统	网站查阅记录
4	取得关于北京国研智库文化发展有限公司的注销文件	北京国研智库文化发展有限公司工商、税务、组织机构代码证注销证明文件
5	取得贾澎关于董事会秘书任职资格的声明	贾澎关于董事会秘书任职资格的声明
6	取得公司关于董事会秘书任职资格的声明	公司关于董事会秘书任职资格的声明
7	查阅北京市企业信用信息网	网站查阅记录
8	查阅证监会公开处罚信息	查阅结果
9	访谈公司管理局	公司管理层的访谈记录
10	取得公司律师意见	补充法律意见书(一)

（二）分析过程

就前述事项，贾澎承诺，“如因国研公司被北京市西城区工商局吊销营业执照事宜需要本人辞去中棉种业科技股份有限公司的高管身份，本人愿意全力配合中棉种业，并承担相应的法律责任（包括由此给中棉种业造成的损失）”；中棉种业承诺，“如贾澎因国研公司被北京市西城区工商局吊销营业执照事宜需要辞去中棉种业科技股份有限公司的董事会秘书职务，公司将在3个月内重新聘任新的董事会秘书，在此期间，公司董事长将代行董事会秘书职责，直至公司聘任新的董事会秘书”。2014年11月13日，国研公司注销完毕并收到北京市工商行政管理局西城分局下发的《注销核准通知书》；经查询“北京市企业信用信息网”的个人“任职限制”，不存在贾澎被限制担任董事、监事、高级管理人员的相关信息。

除上述情形外，主办券商和律师查阅了证监会的公开处罚信息及全国企业信用信息公示系统，并取得了董监高的简历和公司全体董监高出具的《全体董监高关于诚信状况的书面声明》，全体董监高承诺符合法律规定的担任董事、监事、高级管理人员的任职资格，不存在《公司法》第146条规定的情形；全体董监高最近两年内不存在因违反国家法律、行政法规、部门规章、自律规则等受到刑事、民事、行政处罚或纪律处分。

（三）结论意见

经核查，主办券商和律师认为：公司董事会秘书曾担任被吊销营业执照的公司的法定代表人，该公司目前已注销完毕，经查询“北京市企业信用信息网”，不存在其被限制担任董事、监事、高级管理人员的相关信息。除此之外，公司董事、监事和高级管理人员均具备和遵守法律法规规定的任职资格和义务，最近24个月内不存在受到中国证监会行政处罚或者被采取证券市场禁入措施的情形。

第八章　新三板挂牌的资金问题

【基本理论】

企业只要运营，就需要一定的运营资金，说白了就需要与钱打交道，因此企业上市或挂牌过程中遇到的资金问题还是很普遍的，当然也有着特定的背景和因素。尤其是拟挂牌新三板的中小微企业，较之 IPO 的大型企业，在融资渠道方面会更加受到限制甚至是歧视，企业因为融资问题而引起的资金问题就更加普遍。

这些资金问题，总结起来可能主要有以下几个方面：(1)员工借款或者内部集资问题，如果企业外部融资不方便有可能通过内部融资的方式解决暂时资金问题，不论是股权融资还是债权融资。(2)非金融企业借款，比较常见的是企业之间的借贷。(3)票据融资，这也是在实践中比较常见的一种资金问题，是企业通过关联方虚构交易开具承兑汇票通过贴现获取资金。(4)股东或关联方借款，也就是企业向股东借款，这也是企业在发展起步阶段公司治理理念不完善的情况下，股东和法人财产权没有明确区分的最明显的标志。

当然，上述提到的情形都是企业为了融资而采取的一些非常规手段，实践中还有一种比较重要的资金问题，就是股东的资金占用问题，这也是法人财产权不独立的严重损害。不论是上市还是挂牌，资金占用问题都是需要清理完善并制定内部控制制度防止以后发生的。并且，如果金额较大，资金占用的时间较长，还需要向企业缴纳资金占用费。这也很好地解释了企业挂牌或者上市前进行规范处理的一个基本原则：不论怎样，不得让企业吃亏。

【实践案例】

一、奥凯立(430226):向员工及股东借款

解决方案:(1)未构成重大违法违规的原因。“未向社会公开宣传,仅针对其员工和股东进行借款,所筹措的款项仅用于企业的日常经营,不作他用,该借款行为不属于非法吸收或者变相吸收公众存款,未构成重大违法违规”。(2)归还借款。(3)作“子公司治理不规范”的风险提示。

2006 年至 2011 年期间,由于业务扩张,卫辉化工存在流动资金不足问题,除向金融机构贷款外,难以融到更多资金,经管理层协商,特向其员工和股东借款。卫辉化工员工和股东采取自愿的方式,根据家庭实际情况,借款金额不限,帮助企业渡过难关。向员工借款的利率参照央行规定的金融机构同期存款利率,向股东借款系无偿借款,未约定借款利率。

根据最高人民法院 2010 年 11 月 22 日通过的《最高人民法院关于审理非法集资刑事案件具体应用法律若干问题的解释》,卫辉化工向员工和股东借款,未向社会公开宣传,仅针对其员工和股东进行借款,所筹措的款项仅用于企业的日常经营,不作他用,该借款行为不属于非法吸收或者变相吸收公众存款,未构成重大违法违规。截至 2011 年 12 月 31 日,卫辉化工已归还全部员工借款。截至 2012 年 6 月 30 日,卫辉化工已归还全部股东借款。

二、430259(华宿电气):控股股东、实际控制人占用资金

解决方案:挂牌前归还借款,未要求收取资金占用费。

公司控股股东、实际控制人余龙山,截至 2012 年 12 月 31 日,向公司的借款总额为 985,821.68 元。截至本公开转让说明书签署日,余龙山已经全部偿还以上欠款。

公司控股股东、实际控制人余龙山控制的上海研科,截至 2012

年12月31日，公司其他应收上海研科款余额为499,877.83元，截至本公开转让说明书签署日，上海研科已经全部偿还以上欠款。

公司控股股东、实际控制人余龙山控制的上海攻之成，截至2012年12月31日，公司的其他应收上海攻之成款项余额为453,079.80元。截至本公开转让说明书签署日，已经全部偿还以上欠款。

公司控股股东、实际控制人余龙山控制的上海之立，截至2012年12月31日，公司应收上海之立款项余额分别为450,174.10元。截至本公开转让说明书签署日，已经全部偿还以上欠款。

此外，公司在关联交易部分将以上事项作为关联交易进行披露，详细披露关联交易情况，关联交易的决策程序，合法性和公允性，对财务状况和经营成果的影响；未减少关联交易的安排。

小贴士：向关联方提供资金的案例还有万德智新(430350)。

三、佳星慧盟(430246)：关联方借款的处理

因刘波任公司副总经理，为公司高级管理人员，北京朝瑞博科技有限公司与公司构成关联方。北京朝瑞博科技有限公司曾因资金周转紧张向公司及其全资子公司拆借资金，借款双方未约定借款利息。2011年共借款175万元，截至2012年12月31日，上述款项已经还清。公司在有限公司阶段由于规模较少，治理不够健全，公司没有针对关联交易进行具体的制度规定，拆借款项都是无息借出，该拆借行为不影响公司利润总额。

主办券商进场后，对公司进行了辅导，此累计借出款项于本公开转让说明书出具之日，已经全部还清。

《贷款通则》(中国人民银行令1996年2号)第61条规定，企业之间不得违反国家规定办理借贷或者变相借贷融资业务；第73条规定，企业之间擅自办理借贷或者变相借贷的，由中国人民银行对出借方按违规收入处以1倍以上至5倍以下罚款，并由中国人民银行予以取缔。公司上述资金拆借行为违反了上述规章的规定，

但是，公司用于拆借的资金属于自身经营所得的合法收入，北京朝瑞博科技有限公司从公司拆借的资金也用于正常的、合法的生产经营活动，双方的资金拆借行为没有进行公开宣传，拆借对象指向特定、单一，并且双方没有约定利率，实际上也没有支付利息。因此，上述资金拆借行为不存在损害公司及其他非关联股东利益的情况。

由于发生上述关联交易之时，公司治理结构和内控制度还未进行严格规范，还未制定相应的关联交易管理办法，存在关联交易决策程序不规范的问题。公司于 2011 年 10 月 26 日召开第三次临时股东大会审议通过了《北京佳星慧盟科技股份有限公司关联交易管理制度》，对关联关系、关联交易的认定进行了明确，并规定了关联交易的相关决策程序。公司今后可能发生的关联交易将严格按照相关制度进行。

为进一步规范公司关联方资金拆借问题，公司在主办券商协助下，制定了《北京佳星慧盟科技股份有限公司防范控股股东及关联方资金占用管理办法》，自然人股东、董事、高级管理人员向公司出具了《规范关联交易承诺函》。公司今后将避免关联方资金拆借情况。

四、蓝天环保（430263）：股东以个人名义贷款用于公司经营

公司为补充运营资金，特委托法定代表人、控股股东以个人经营性贷款方式取得用于公司生产经营活动所需资金，公司为上述贷款提供担保。上述担保事项已履行相关决策程序，关联方实施了回避制度。

截至 2012 年 12 月 31 日，其他应付款中应付潘忠、李方、王洪波的款项主要为以个人名义办理的个人经营性贷款。

1. 股东潘忠 350 万元个人经营性贷款。2012 年 6 月 12 日，股东潘忠与北京银行股份有限公司奥北支行（以下简称北京银行奥北支行）签订了编号为 14501B120001 的《个人经营性贷款借款合同》，约定由北京银行奥北支行向潘忠提供 350 万元贷款，用于补充经营性流动资金购买供暖设备，贷款期限为 12 个月，自 2012 年

6月12日起至2013年6月12日止。贷款利率为每笔提款放款日的同期基准利率上浮20%。对于上述借款,股东潘忠承诺用于公司的生产经营。

2. 股东潘忠550万元个人经营性贷款。2012年7月25日,股东潘忠与北京银行奥北支行签订了编号为14501B120002的《个人经营性贷款借款合同》,约定由北京银行奥北支行向潘忠提供550万元贷款,用于购买供暖设备,支付施工改造款,贷款期限为12个月,自2012年7月25日起至2013年7月25日止。贷款利率为每笔提款放款日的同期基准利率上浮20%。合同同时约定由北京首创投资担保有限责任公司为本次贷款提供保证担保。

对于上述借款,股东潘忠承诺用于公司的生产经营。

五、璟泓科技(430222):关联方资金拆借利率公允性的说明

2011年1月武汉璟泓万方堂医药科技有限公司向股东龚贻洲借款18万元,借款期限一年,按年利率6.80%支付借款利息12,240元。中国人民银行2011年2月公布的一年期贷款基准利率为6.06%,商业银行一年期贷款利率通常会有一定幅度的上浮,公司向股东龚贻洲借款利率为6.80%,与银行同期贷款利率基本一致。

第九章　新三板挂牌的税收问题

【基本理论】

拜访准备在新三板挂牌的企业，拿过来纳税的报表一看，几乎是每年都在亏损，并且亏损的都很有规律，基本上都是微亏。当然也有一些企业更加豪放一些，就算是闭着眼睛拍着脑袋计算亏损都没有那么用心，亏损得没有规律毫无章法。

在我一再打气和引导的情况下，企业财务还是能够把企业基本的经营情况介绍清楚的，一般都是盈利水平还是不错的，应该说远远超过新三板挂牌的基本门槛，那么问题就来了。老板直接提出他的要求："我不想一下子体现很多的利润，我只要求在能够满足挂牌的要求下利润少体现一些。"

这里主要体现的就是企业所得税的问题。企业税负比较高的一个是增值税一个是所得税，由于增值税监管严格更加关键的是涉及抵扣的问题，一般除了特殊行业（如农业）之外，基本上增值税调整的空间不大。而所得税则不同，所得税直接跟企业的利润总额线性关联，只要有利润就要交税。

这让我想到在企业IPO过程中，我们一直都是在高举打假的大旗，打的无非就是业绩造假，而打假肯定就是防止企业虚增业绩，没有听说防止不体现利润的。这个很简单，企业上市募集资金额、公司市值以及企业老板财富是跟净利润紧密挂钩的，在市盈率倍数放大净利润水平的情况下，增加利润所增加的那点税收成本简直就是"毛毛雨"了。

显然，我们的新三板市场还没有体现出这样的吸引力或者说优越感，至少目前还没有。大家都是理性人，企业的老板更是利益人，绝对是“不见兔子不撒鹰”的典型代表。财务报表和审计报告需要真实、准确反映企业生产经营的具体情况，因而从规则上讲，不论是虚增业绩还是隐藏业绩都是违反了审计报告的真实性原则，只是有时候我们面对新三板过程中的一些真实性问题并没有更好的办法。

关于企业挂牌新三板挂牌过程中可能遇到的税收问题，我们在《企业上市解决之道中》[①]都有涉及，这里不再详细论述。这里需要特别提醒的一点是，新三板挂牌企业绝大部分都需要调整利润并进行所得税纳税的调整，这里补税缴纳的滞纳金不会构成处罚行为，这里导致的纳税报表和申报报表差异加大的情形只要合理解释也不会构成挂牌的实质性障碍。

【实践案例】

一、鲁冀股份(832380)：申报期内存在核定纳税情况

解决方案：(1)股改前申报主体及重要子公司需变更为查账征收；(2)从当地税务局取得尚未发现欠税和税务处罚记录的证明；(3)实质控制人签署承担若因追缴税款或滞纳金对申报主体产生潜在损失的书面承诺；(4)考虑核定征收期间是否导致审计范围受限，特别是对成本费用类科目。

大庆市红岗区国家税务局、大庆市红岗区地方税务局分别于2014年9月25日、2015年3月5日出具证明：公司自2012年1月1日至2014年12月31日申报的税款已足额入库，尚未发现欠税和税务处罚记录。

2014年11月20日，大庆市红岗区国家税务局出具证明文件，

① 投行小兵：《企业上市解决之道》，法律出版社2011年版。

证明:“大庆鲁冀防腐保温钢管制造有限公司2012年、2013年采取核定征收方式缴纳企业所得税,从2014年开始,该公司征得本局同意,实行查账征收企业所得税。该公司企业所得税征缴方式变化不存在需要补缴企业所得税或者被处罚款、滞纳金的情况。”

2014年11月18日,公司实际控制人汪利、石大林共同出具《承诺函》,承诺:公司若因核定征收缴纳企业所得税而可能追缴税款或滞纳金,则由实际控制人汪利、石大林承担责任。

二、德卡科技(832423):公司股东以未分配利润转增资本尚未缴纳个人所得税

股东孙永战、贾立民已承诺,在2015年12月31日前,一次性缴纳两次未分配利润转增资本未缴纳的个人所得税及滞纳金等。如主管税务机关要求就以上增资补缴个人所得税、滞纳金或罚金等税费,股东孙永战、贾立民同意,该等税费完全由其本人自行承担,确保深圳市德卡科技股份有限公司免于承担上述任何税费。

三、联合普肯(832415):申报期内存在受到税务机关处罚

解决方案:(1)评估申报主体是否可以取得税务机关出具的无违法违规证明;(2)如果取得的证明不属于标准的无违法违规证明,则如实披露,并由公司实际控制人出具兜底的承诺函。

2013年度,公司因遗失税务发票被税务机关处以300元罚款;2013年公司第一季度因逾期缴纳企业所得税产生滞纳金112.67元。公司及时缴纳了上述罚款及滞纳金,上述罚款及滞纳金金额较小,情节轻微,尚不构成报告期内重大违法违规事项。

第十章　新三板挂牌的持续经营能力问题

【基本理论】

一、基本理念

经过一段时间的审核实践的摸索，最后证明，以闭门造车的心态和刻舟求剑的眼光，来判断一个在商业竞争洪流中发展的企业是不是具有持续盈利能力是很不科学的。

我们强调监管机构而不再刻意关注企业是否具备持续盈利能力。对于股转系统来说，作为注册审核制的一个试点，对于这个问题的改革至少现在看来更加彻底，那就是不再对挂牌新三板企业的财务指标进行硬性规定。

然而截至现在，我们来统计已经挂牌的新三板企业，财务门槛的指标越来越高，能挣多少钱仍旧是绝大多数参与者判断一个企业是否能够挂牌的最核心、最基本的一个标准。对于财务指标的依赖或者说溺爱，是监管层管理者、中介机构从业者以及企业家仍旧不能改变或者改变彻底的一种观念。

当然，从企业发展轨迹来讲，企业这个时点的经营状况至少反映了企业的历史发展经营情况，同时也展现了企业未来发展的一个基础和潜力。至少，在一般情况下，在同等情况下，我们是有理由相信目前盈利能力好的企业未来的发展可能也会好的，至少这样的概率会更大一些。从风险控制和责任边界的角度来讲，我们更加偏好盈利能力强的也无可厚非，毕竟这样的企业未来出问题的概率就会小很多，出事的概率自然也就小很多。

虽然我们有这么多的理由，但是我们也必须跳出对财务指标的这种过分的偏爱，我们可以把这个指标看作是一个重要的指标，但是不能过分渲染和溺爱，那就是不符合一个正常的资本市场的发展规律和要求了。

股转系统在大刀阔斧地改革，一直强调不对挂牌企业财务指标进行要求，并且欢迎暂时亏损的企业来挂牌。对于推荐券商来说，我们要有一种投资的心态来做新三板的挂牌，如果某一家企业目前非常不起眼但是未来成长成了一家伟大的公司，而这家公司是某个券商推荐的，那么这个券商绝对是有江湖地位的。当然，谁都想建立自己独一无二的江湖地位，但是这样的成长需要长期的付出、需要理想的思考，甚至是一种说不清道不明的大智慧，或许还有那么一点点的运气。

我们判断一个现在亏损的企业是不是以后会有很好的发展，我们需要做很多的调查和工作，至少我们要搞清楚以下几个事情，以证明我们对企业未来的判断是靠谱的。

1. 企业所处的行业是怎样的，这可能只需要新三板的参与者并不够，还需要行业研究人员做大量的研究工作才行。

2. 企业的管理层是怎样的，是不是对这个企业有着充足的信心，是不是把全部身心和经历都用在这个企业上，这个管理团队是不是人心很齐等。

3. 我们有没有独到的眼光和智慧看清楚这个企业未来的三年或者五年，或者说我们有没有勇气或者担当来陪这个企业一起往前走，承担风险或许也分享收益。

4. 还有更加具体的，公司业务在报告期内应有持续的营运记录，不应仅存在偶发性交易或事项，这里的营运记录包括现金流量、营业收入、交易客户、研发费用支出等。

二、具体分析

关于企业挂牌新三板的生产经营方面的条件，应该是比较明确的，那就是不对企业的财务数据和相关指标作出明确要求，但是要求企业必须具备持续经营能力。

条件是标准的，规定也是具体的，关键就是怎样来理解这样的标准。例如，什么情况下企业才算是具备持续经营能力，亏损的企业是不是就不能挂牌，是不是只要是挣钱的企业就可以挂牌新三板。

我们在实践中经常会听到一种观点，亏损的企业是可以挂牌新三板的，因为没有限制所以是允许的。小兵认同这样的观点，但是同样认为这样的观点是片面的，在生产经营方面我们判断企业是否符合挂牌新三板的条件，不是判断企业是不是亏损，而是企业是不是具备持续经营能力。

基本原则说完了，还是再说点最具体的判断标准，这个标准是小兵自己琢磨的，仅供参考不代表监管机构的意见。在小兵看来，以下企业的情形就是不符合持续经营能力的挂牌要求，不适合在新三板挂牌：

1. 企业的业务不具有连续性，在订单获取、成本结转、费用支付方面都是断断续续的。如某企业，在一年内仅仅获得了一个大的订单，尽管这个订单可以为企业带来上千万的利润，但是除了这个订单之后下一个订单的获取可能需要重新进行市场开拓，这样的企业就不能挂牌。

2. 企业目前亏损的因素在短期内并没法改变，无法在预期内实现盈利。何谓持续经营能力？说白了还是企业持续挣钱的能力，企业目前亏损可以，但是未来短期内如果这些导致亏损的因素会改变甚至消失，企业就可以盈利了。如某个医药企业，新药研发已经成功并且已经取得生产和销售许可证，只是由于目前人员工资和销售费用比较高而亏损，如果未来新药上市迅速扩大规模，那么企业盈利是没问题的。反之，某些企业持续亏损，并且这样的情形没有短期内改变的可能和趋势，这样的企业是不符合要求的。

3. 企业正常情况下是盈利的,但企业为了避税而刻意调整成亏损的企业。这样的情形在实践中还是很多的,很多的中介和企业也都是这种想法,认为既然新三板挂牌对企业盈利没有要求,那么我亏损就可以了,既不用交税也能挂牌。这种情况下,企业的很多财务指标都将很难解释清楚,比较典型的是毛利率、存货、成本、资金往来等。这样的企业,小兵建议是不符合新三板挂牌标准的。

4. 企业目前尽管盈利,但是导致公司亏损并且不能持续经营的因素已经非常明显,这样的企业也不适合挂牌新三板。例如,我们常见的一些钢铁、水泥、风电、太阳能等夕阳行业所处的企业,尽管目前还能够盈利,但是行业因素和企业经营容易导致企业盈利持续下滑。某机械制造企业专门为下游钢铁企业提供炼钢设备,由于钢铁行业目前产能过剩政策不再允许采购新的设备,导致企业的盈利水平大幅下滑并且一直持续,这样的企业也不适合挂牌新三板。

【审核案例】

一、恒神股份(832397):报告期最近一期存在较大规模亏损

2014 年和 2013 年,公司净利润分别为 -25,127.38 万元、528.17 万元,2014 年当年亏损,同时影响毛利率、净资产收益率、每股收益等各项与利润相关的财务指标均为负数。2014 年和 2013 年公司主要产品毛利率分别为 -30.08%、20.47%,且碳纤维系列产品多项产品毛利率均为负数。基于碳纤维企业的生产特点,固定生产成本相对稳定,不会随产能增加而大幅增加,2014 年公司大量建工程转为固定资产,产能尚未大规模释放,但大额固定生产成本已形成,使碳纤维系列产品生产成本高于销售价格,尚未达到盈亏平衡。公司短期内仍存在盈利能力不足的风险。

(一)盈利能力分析

2014 年和 2013 年,公司净利润分别为 -25,127.38 万元、

528.17万元。2013年公司因丹强丝等产品的销售及部分政府补助而产生少量利润。2013年公司相关碳纤维系列产品项目尚在调试期，调试期间发生的相关成本如材料费用、人工费用、能耗、项目占用资金的利息以及产生的试生产产品收入全部计入在建工程；2014年碳纤维一期、复合材料一期、公用工程一期、办公楼、工程中心等大量在建工程转固定资产后，与项目对应的当年度大量支出、收入均在损益中体现，致使当年亏损，同时影响毛利率、净资产收益率、每股收益等各项与利润相关的财务指标均为负数，2014年和2013年，公司加权平均净资产分别为1,215,303,906.53元、921,648,511.96元，加权平均股本分别为975,000,000.00元、766,666,666.67元，公司由于净资产及股本均很大，而收入暂未大规模实现，故净资产收益率和每股收益均不高。

（二）营业收入和利润的变动趋势分析

项目	2014年度		2013年度
	金额（元）	年增长率（%）	金额（元）
营业收入	112,224,718.30	24.66	90,023,320.33
营业成本	164,644,215.26	130.00	71,584,393.62
营业利润	-307,359,962.67	-21,647.38	1,426,437.45
利润总额	-299,312,006.14	-5,641.19	5,401,584.35
净利润	-251,273,822.13	-4,857.49	5,281,650.72

公司2014年营业收入较2013年增加了22,201,397.97元，主要受以下四方面原因协同影响：（1）碳纤维一期项目由在建工程转入固定资产后，碳纤维系列产品收入由计入在建工程转为确认营业收入，增长了65,259,094.44元，增幅超过了总体营业收入的增幅。（2）公司将业务重点置于碳纤维系列产品的同时加大了碳纤维系列产品的开发及销售力度。（3）由于生产丹强丝及其他产品的生产车间面临政府拆迁征地问题，2014年下半年公司逐渐关闭丹强丝相关产品的生产车间，致使丹强丝及其他产品的收入大幅缩减，2014年较2013年减少了47,156,101.75元。（4）2014年公司因处置废原丝等产生的其他业务收入较2013年增长了4,098,405.28元。

由于碳纤维系列产品收入增幅大于丹强丝及其他产品收入的降幅，且其他业务收入相对主营业务收入影响较小，综合上述四方面因素，公司体现出 2014 年营业收入增幅为 24.66%。

公司于 2014 年出现亏损，较 2013 年营业利润、利润总额、净利润分别下降了 308,786,400.12 元、304,713,590.49 元、256,555,472.85元，主要原因为：(1)自 2014 年 1 月转固后，计提的固定资产折旧大幅增加。(2)碳纤维一期工程转固后，原计入在建工程的碳纤维系列产品的收入及成本均体现于损益中，致使碳纤维系列产品成本 2014 年较 2013 年增加了 106,843,186.23 元。(3)报告期内，公司碳纤维系列产品订单尚未大规模释放，致使尚未实现大量收入，加之生产线调试成熟之初生产成本较高，故体现于 2014 年的收入的绝对金额小于成本的绝对金额。2013 年公司实现净利润 5,281,650.72 元的主要原因为：(1)丹强丝及其他产品贡献部分利润，该等非碳纤维类产品共实现营业毛利 16,948,108.27 元。(2)2013 年 4,136,657.96 元的营业外收入也对当年的盈利构成较大影响。

（三）毛利率分析

1. 成本的归集、分配、结转方法

成本归集主要体现在：首先生产部门领料根据生产指令要求领料，仓库根据材料的不同类别和用途，分门别类地进行仓储管理；财务部根据仓储管理提供的信息，按产品归集原料费用；月末，财务部根据实际归集的原材料费用，以不同产品的实际成本耗用进行分配；直接人工、燃料动力、制造费用因所占比例很少，按不同生产车间及不同产品的生产成品生产数量分配；月末对结存在生产车间的原材料，自制半成品进行盘点，对于已完成检测的并贴牌发出的产品，作为发出商品处理；月末归集的生产成本，在完工产品与自制半成品间进行分配，完工并经检测的转入库存商品，完工未检测、未完工的转入自制半成品。

项目	2014 年度			2013 年度		
	收入(元)	成本(元)	毛利率(%)	收入(元)	成本(元)	毛利率(%)
碳纤维	17,864,714.91	51,912,817.61	-190.59	—	—	—
碳纤维织物	9,181,561.93	23,255,060.06	-153.28	—	—	—
碳纤维复合材料制品及技术服务	1,604,362.66	1,613,943.04	-0.60	1,495,619.71	23,179.16	98.45
丹强丝及其他	41,318,614.39	33,711,615.92	18.41	88,474,716.14	71,526,607.87	19.16
合计	108,073,328.54	140,577,981.31	-30.08	89,970,335.85	71,549,787.03	20.47

2. 公司最近两年主营业务收入、成本、毛利率之间的变化趋势

2014 年和 2013 年,公司五项主要产品综合毛利率分别为 -30.08%、20.47%,公司总体毛利率变化较大。丹强丝及其他产品系成熟产品,2014 年毛利率下降不到 1 个百分点属正常变化范围之内,由于拆迁征地原因,公司 2015 年已不再生产并将相关生产及办公设备全部转让。

碳纤维系列产品系公司业务发展重点。在碳纤维整体产业链中,从碳纤维到预浸料,不同阶段产品价格大幅增值。2014 年公司碳纤维、织物、预浸料三个阶段产品的毛利率分别为 -190.59%、-153.28%、21.05%,其总体上涨趋势符合行业规律。预浸料毛利率大幅度提升的原因,除了因其是碳纤维产业链后端产品附加值有所提高外,主要是其中部分销售对象系中航工业所属公司,该类供货产品毛利率相对较高。

公司主要定位于预浸料等碳纤维产业链后端高附加值产品的销售,故 2014 年碳纤维系列产品中,预浸料的占比最高,公司未来拟继续加大产业链后端产品的开发,提升高毛利率产品在公司产品结构中的比例,进而带动公司整体毛利率的提高。

公司在向军品客户销售产品时,需通过客户的产品质量与服务能力审验,且需保障"专线生产","专线生产"并非完全为军品客

户定制某一条生产线只能生产该客户的某些产品，而是在某阶段调试通用生产线达到客户产品需求并确保产品质量、稳定性和产量，该生产线在完成阶段性产品生产任务后将恢复生产其他产品。确保“专线生产”才能获得高毛利率的军品客户订单，但在生产能力不足的情况下，“专线生产”将大大占用生产力，降低实际有效开车时间，待整体产能提高后，“专线生产”对其他产品供货的影响很小，又能获得优质客户，具有竞争优势。

碳纤维、碳纤维织物的毛利率暂时较低，主要原因系碳纤维产能未能释放，造成单位固定成本较高，具体如下：

1. A公司目前在重大装备领域正开展多个项目的材料认证工作，认证的产品需要专线生产，大大占用了公司现有生产线的资源，使公司生产的实际有效时间严重不足，产能尚有较大的释放空间。

2. B公司一期碳纤维项目是千吨级生产线，由于碳纤维的生产线长，控制点多，生产技术、工艺极其复杂，在国内没有成熟的碳纤维产业化技术人员、生产工艺和设备装置，国外技术封锁的情况下，生产效率的提高需要一个渐进的过程。

公司碳纤维复合材料生产采用以销定产的方式，生产的多款预浸料已通过中航工业所属公司等多个单位的检验，主要用于航空航天重大装备项目，现已开始稳定供货。随着产品在重大装备、民用市场上的进一步开拓，各项认证工作的不断进行，应用范围的不断延伸，公司碳纤维系列产品的产量会进一步扩大，届时毛利将有质的提升。

二、国龙医疗（831366）：申报时净资产为负

从财务方面来看，由于公司从2012年开始筹建上海国龙医院，资金需求量大幅上升，公司通过银行借款、职工借款、股东借款和其他个人借款等方式筹集资金，导致2012年年底、2013年年底、2014年6月底公司合并财务报表资产负债率分别为82.61%、97.15%、102.81%，2012年年底、2013年年底、2014年6月底流动比率分别为0.69、0.33、0.26。一般情况下，新设的医院大约需要1～

2年筹办期，并经过2～3年可能实现盈利，所以国龙医疗目前负债率较高是扩张过程中的正常现象，并将随着上海国龙医院走入正轨逐渐得到改善。根据公司财务报告显示，母公司2012年净利润为772.16万元，2013年净利润为970.71万元，增长率为25.71%，反映了母公司的盈利能力不断增强，而2014年1～6月，母公司净利润已达到882.00万元，同时，根据2014年的盈利预测，2014年全年化的营业收入平均增长18.16%，全年化的净亏损平均下降59.27%，如果公司保持目前的增长趋势，那么公司整体将于2015年实现盈利。但是由于公司合并财务报表的资产负债率大于1，我们仍提醒投资者关注公司偿债能力较低所可能导致的持续经营风险。

从经营方面来看，公司2014年1～6月、2013年和2012年毛利率分别为12.97%、27.74%和25.52%，2014年1～6月毛利率相对于2013年和2012年出现明显下降，主要是受到2013年新建的上海国龙医院毛利率较低的影响。由于上海国龙医院刚刚起步，以及尚未取得全部医保定点资格，所以就医人数和收入水平还没有达到正常水平。上海国龙医院医疗设备和工作人员已基本配备齐全、房租和折旧及摊销大部分计入营业成本，但是由于收入没有达到正常水平，无法摊薄增加的营业成本，造成毛利率很低。预计这种情况将随着上海国龙医院获得全部医保定点资格和就医人数及营业收入的增长而逐步好转。公司2014年1～6月、2013年和2012年每股净资产为－0.11、0.11和0.60，主要是由筹建上海国龙医院及上海国龙医院的亏损导致的。从2012年开始公司筹建上海国龙医院，2013年年末上海国龙医院开始营业以来由于刚刚起步，以及尚未取得医保定点资格，就医人数和收入水平还没有达到正常水平，导致上海国龙医院处于亏损状态。预计这种情况将随着上海国龙医院获得医保定点资格和就医人数及营业收入的增长而逐步好转。

为缓解公司资产负债率过高的问题，改善公司的资本结构，公司在挂牌的同时，通过定向发行股份增加2800万元净资产，公司的控股股东、实际控制人郭龙以债权认购全部新增股份，通过该定向发行，公司合并报表资产负债率降至84.61%，改善了公司的资本结构、增强了公司的偿债能力,有效缓解公司面临的持续经营风险。

三、众合医药(430598):公司持续经营能力分析

(一)报告期内公司的持续经营记录

公司2008年7月成立时,注册资本为50万元,股东为王永昌和马静,主营业务为自产试剂的销售,业务模式较单一。2011年11月,公司完成股权转让及第一次增资,注册资本增至1190万元,股东变更为熊俊、永卓博济、周华、郭美锦,主营业务变更为新药研发及相关的技术转让、技术服务和新药的产业化,公司股权架构、核心技术团队及主营业务初步形成。经过之后的三次增资及研发团队的不断扩充,公司注册资本增至4428万元,研发投入不断增加,目前已完成6个在研项目的立项且均进展顺利。

随着研发活动的持续开展,报告期内公司已累计实现技术服务和技术转让收入317.82万元,实现其他业务收入7.44万元。

1.报告期内公司研发活动的持续经营记录

鉴于2011年11月完成第一次股权转让和增资前公司主营业务为自产试剂的销售且业务量较小,2011年11月至年末公司处于新核心技术团队及研发团队的组建及研发准备阶段,因此公司2011年末开展大规模研发活动,当年度研发费用投入较少,仅完成UBP1211品种的立项。

2012年以来,随着公司研发投入的增加及研发活动的顺利开展,公司完成5个单抗品种的立项并持续推进立项品种的后续研发。2012年公司研发费用为1220.84万元,完成UBP1212、UBP1213、UBP1214、UBP1215四个品种的立项,持续推进已立项的5个品种的后续研发;2013年1~9月公司研发费用为921.29万元,完成UBP1311品种的立项,持续推进已立项的6个品种的后续研发,其中UBP1211已推进至临床研究批件申请阶段。

除上述6个重点研发品种外,公司在日常研发活动中还形成其他研发成果,部分通过技术转让的方式为公司实现收入和现金流入,如公司将新型GLP-1-Fc分子转让给北京和实康明医药科

技有限公司。公司在除自主研发活动之外,还接受客户委托提供技术服务,如受托为通化东宝药业股份有限公司构建高表达细胞株。

报告期内,公司持续投入大量资金用于研发活动,保证了公司研发活动的顺利开展和研发项目的持续推进。

2. 报告期内公司收入的持续经营记录

2011 年,公司实现营业收入 3.78 万元,均为试剂销售收入。2012 年,公司全力推进研发活动的开展,当年度未产生收入。2013 年 1 ~ 9 月,随着部分研发成果的收入实现和技术服务的开展,公司实现营业收入 321.47 万元。

(二)公司经营能力的可持续性

1. 行业背景为公司持续经营提供了良好的环境

公司所从事的单抗药物研发、技术服务与技术转让及新药的产业化等系列业务是近年乃至未来 10 年新药研发的热点,全球范围内处于高速增长阶段,而在我国则刚刚起步,有目共睹的有效性和安全性使单抗药物的市场接受度高、机会多、前景好,符合国家产业政策的支持。同时,作为医药领域新的研发和投资热点,巨大的市场空间支持多公司在该领域的竞争,部分企业希望进入该领域但自身基础设施建设和研发能力尚不具备,因此单抗药物技术服务需求和品种转让需求日益增加,为公司开展相关业务提供了广阔的市场,使业务的持续开展具有可行性,因此本公司业务具有持久性。

2. 研发活动的持续经营能力

公司核心技术人员均直接或间接持有公司股份并担任公司董事及高级管理人员,且做出"自公司股票在全国中小企业股份转让系统挂牌之日起三十六个月内,不转让或者委托他人管理所持有的众合医药股份"的承诺,核心技术团队稳定性,有效保证了公司研发活动的稳定性和持续性。

公司在核心技术人员的带领下,已完成了技术团队的建设并构建了 4 大核心技术组成的技术平台,完成了 6 个单抗药物的研发立项并有序开展研发工作,其中 5 个为生物仿制药或仿创药,研发风险较小,已提交临床研究申请的UBP1211与原研药阿达木单抗的全面的头对头(head-to-head,即比较性研究)研究数据表明其与阿达木单抗高度一致,研发风险极低,取得临床批件乃至新药生产批件并实现生产销售的成功率非常高。

公司已形成了品种和技术的储备,为技术服务和技术转让的实施提供了保障,使短期内以技术服务和技术转让为主要收入来源的经营模式具有持久性和可执行性。

3. 收入和现金流的持续获取能力

公司预计在2017年新药上市销售前,将主要通过以下几种方式获取收入和现金流入:提供新药CMC研发技术外包及临床样品制备服务;提供新药研发外包服务(非CMC);转让在研品种;持有交易性金融资产;获取科研经费补贴;其他资金来源。

(三)公司具有良好的持续经营能力

综上所述,公司获取收入能力主要体现在短期的技术服务及技术转让和长期的产品销售收入。

1. 短期目标

通过技术服务和技术转让收入保证公司现金流。公司通过已建立的技术平台和技术储备,现已开展品种转让和技术服务以及在吴江产业化及中试基地建成后提供的临床前研究用样品和临床研究用样品制备服务,将为公司提供良好的现金流,保证公司的持续经营能力得以实现。

2. 长期目标

UBP1211和UBP1213的产品销售收入以及公司部分现有研发品种和新增在研品种自行产业化的销售收入、技术转让收入等。公司经营目标的制定是基于公司现有品种的风险可控和上市前景可期以及未来市场具有良好的竞争力的前提做出,因此具有可行性,是公司未来10年可持续经营能力的保证。尤其2017年及以后,UBP1211和UBP1213等产品将陆续上市销售,两个产品预期将具有良好的盈利能力,产品上市后将成为公司稳定的收入和现金流来源,为新产品的持续研发投入及产业化提供强大的资金保障,形成“已上市产品为在研产品提供研发资金支持,在研产品实现上市销售后为之后的产品研发提供新的资金支持”的良性互动。

四、东方碳素(832175):报告期内出现净资产为负情形

公司在报告期内财务报表数据如下:

项目＼日期	2014年8月31日	2013年12月31日	2012年12月31日
总资产(万元)	146,315,322.94	115,526,893.32	113,686,252.00
总负债(万元)	65,600,116.89	116,030,040.50	115,767,216.19
股东权益合计(万元)	80,715,206.05	-503,147.18	-2,080,964.19
每股净资产(元)	1.23	-0.03	-0.12

公司2012年年底、2013年年底和2014年8月31日每股净资产分别为-0.12元、-0.03元和1.23元,报告期前两年净资产为负,主要为以前年度累积亏损导致。公司在报告期以前由于技术的不成熟,生产设备不断进行技术更新改造,同时受煤气站频繁断供影响,导致生产经营不稳定,造成较大亏损。

第十一章　新三板挂牌的股东超过200人的问题

一、审核程序

非上市公众公司行政许可事项包括:(1)股东人数超过200人的股份公司申请股票在全国中小企业股份转让系统挂牌公开转让核准;(2)股份公司向特定对象发行证券导致证券持有人累计超过200人或股东人数超过200人的非上市公众公司向特定对象发行证券核准;(3)股份公司股票向特定对象转让导致股东累计超过200人核准。中国证监会非上市公众公司监管部将按照标准公开、程序透明、行为规范、高效便民的原则,依法对非上市公众公司行政许可申请进行审核。

(一)基本审核流程图

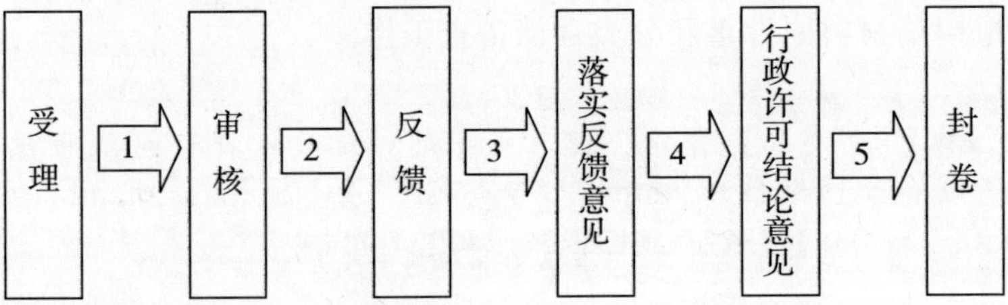

(二)具体审核环节简介

1.受理

中国证监会受理部门根据《中国证券监督管理委员会行政许可实施程序规定》(证监会令第66号)和《非上市公众公司监督管

理办法》(证监会令第85号)等规则的要求,依法接收非上市公众公司行政许可申请文件,并按程序转非上市公众公司监管部。

2. 审核

行政许可申请受理后,非上市公众公司监管部根据申请项目具体情况、公务回避的有关要求以及审核人员的工作量等确定审查人员,按照审核标准审查申请人的申请材料。

3. 反馈

审查人员在审核过程中发现需要申请人补充披露、解释说明以及中介机构进一步核查落实的,应当撰写反馈意见,履行内部签批程序后,将反馈意见转受理部门告知、送达申请人。审查人员也可以向申请人口头提出申请材料中存在的问题,要求申请人进行说明、解释,并应当制作相关记录后签字保存。

4. 落实反馈意见

申请人应当在规定时间内向受理部门提交反馈回复意见,受理部门将反馈回复意见转非上市公众公司监管部。

5. 行政许可结论意见

按要求对申请材料和回复意见审核完毕后,非上市公众公司监管部撰写审查报告,做出核准、中止审核、终止审核、不予核准的决定,送办公厅印制批复文件。

6. 封卷

在将批复文件送达申请人后,非上市公众公司监管部将及时完成申请材料原件重新分类存档备查工作。

小贴士: 查询证监会非公部对股东超过200人挂牌企业审核进程查询的网址为:http://www.csrc.gov.cn/pub/zjhpublic/G00306203/201312/t20131227_240523.htm。

二、审核标准

根据规定,股东超200人公司申请到全国股转系统挂牌须经过中国证监会合规性审核。取得中国证监会核准文件后,再向全国股转系统报送申请文件,办理信息披露、股份登记等挂牌手续。《非上市公众公司监管指引第4 号——股东人数超过200 人的未上市股份有限公司申请行政许可有关问题的审核指引》的出台,为该类公司的规范提供了细致、周详的可操作性方案,根据该指引,合规性审核要求主要包括以下四项:一是公司依法设立且合法存续;二是股权清晰;三是经营规范;四是公司治理与信息披露制度健全。

(一)合规性审核要求

1. 公司依法设立且合法存续

(1)200 人公司的设立、增资等行为不违反当时法律明确的禁止性规定,目前处于合法存续状态。城市商业银行、农村商业银行等银行业股份公司应当符合《关于规范金融企业内部职工持股的通知》(财金〔2010〕97 号)。

(2)200 人公司的设立、历次增资依法需要批准的,应当经过有权部门的批准。存在不规范情形的,应当经过规范整改,并经当地省级人民政府确认。

(3)200 人公司在股份形成及转让过程中不存在虚假陈述、出资不实、股权管理混乱等情形,不存在重大诉讼、纠纷以及重大风险隐患。

2. 股权清晰

200 人公司的股权清晰,是指股权形成真实、有效,权属清晰及股权结构清晰。具体要求包括:

(1)股权权属明确。200 人公司应当设置股东名册并进行有序管理,股东、公司及相关方对股份归属、股份数量及持股比例无异议。股权结构中存在工会或职工持股会代持、委托持股、信托持股以及通过"持股平台"间接持股等情形的,应当按照本指引的相关规定进行规范。本指引所称"持股平台"是指单纯以持股为目的的合伙企业、公司等持股主体。

(2)股东与公司之间、股东之间、股东与第三方之间不存在重大股份权属争议、纠纷或潜在纠纷。

(3)股东出资行为真实,不存在重大法律瑕疵,或者相关行为已经得到有效规范,不存在风险隐患。

申请行政许可的200人公司应当对股份进行确权,通过公证、律师见证等方式明确股份的权属。申请公开发行并在证券交易所上市的,经过确权的股份数量应当达到股份总数的90%以上(含90%);申请在全国股份转让系统挂牌公开转让的,经过确权的股份数量应当达到股份总数的80%以上(含80%)。未确权的部分应当设立股份托管账户,专户管理,并明确披露有关责任的承担主体。

3. 经营规范

200人公司持续规范经营,不存在资不抵债或者明显缺乏清偿能力等破产风险的情形。

4. 公司治理与信息披露制度健全

200人公司按照中国证监会的相关规定,已经建立健全了公司治理机制和履行信息披露义务的各项制度。

(二)省级人民政府确认函

1. 存在下列情形之一的,应当报送省级人民政府出具的确认函:

(1)1994年7月1日《公司法》实施前,经过体改部门批准设立,但存在内部职工股超范围或超比例发行、法人股向社会个人发行等不规范情形的定向募集公司。

(2)1994年7月1日《公司法》实施前,依法批准向社会公开发行股票的公司。

(3)按照《国务院办公厅转发证监会关于清理整顿场外非法股票交易方案的通知》(国办发〔1998〕10号),清理整顿证券交易场所后"下柜"形成的股东超过200人的公司。

(4)中国证监会认为需要省级人民政府出具确认函的其他情形。

省级人民政府出具的确认函应当说明公司股份形成、规范的过程以及存在的问题,并明确承担相应责任。

2. 股份已经委托股份托管机构进行集中托管的,应当由股份托管机构出具股份托管情况的证明。股份未进行集中托管的,应当按照前款规定提供省级人民政府的确认函。

3. 属于200人公司的城市商业银行、农村商业银行等银行业股份公司应当提供中国银行业监督管理机构出具的监管意见。

（三）关于股份代持及间接持股的处理

1. 一般规定

股份公司股权结构中存在工会代持、职工持股会代持、委托持股或信托持股等股份代持关系，或者存在通过“持股平台”间接持股的安排以致实际股东超过200人的，在依据本指引申请行政许可时，应当已经将代持股份还原至实际股东、将间接持股转为直接持股，并依法履行了相应的法律程序。

2. 特别规定

以私募股权基金、资产管理计划以及其他金融计划进行持股的，如果该金融计划是依据相关法律法规设立并规范运作，且已经接受证券监督管理机构监管的，可不进行股份还原或转为直接持股。

（四）特别注意

1. 申请行政许可的200人公司的控股股东、实际控制人或者重要控股子公司也属于200人公司的，应当依照本指引的要求进行规范。

2. 2006年1月1日《证券法》修订实施后，未上市股份有限公司股东人数超过200人的，应当符合《证券法》和《非上市公众公司监督管理办法》的有关规定。国家另有规定的，从其规定。

三、实务难点

（一）股东人数多

目前超过200人的“问题公司”主要分以下五种：一是1994年7月《公司法》生效前根据《股份制企业试点办法》（1992年5月15日国家体改委等体改生〔1992〕30号发布）成立的定向募集公司，内部职工直接持股；二是国企改革，国有企业主辅分离时辅业企业改制、全员持股产生的，如石化系统2004年的辅业改制，改制企业全部员工成为改制后企业的隐名股东或显名股东，委托持股是普遍采用的方式。当年胜利油田管理局下属32家辅业企业改制均是全员持股;三是工会、职工持股会直接或代为持股;四是信托持股,这种类型的案例较少;五是其他因公司不规范增发和股转导致超过200人的情况。

案例1:江苏省铁路发展股份有限公司(以下简称江苏铁发,代码:430659)于2014年3月28日在新三板挂牌。截至2013年8月律师对公司股东进行访谈,股东人数合计11,512人,总股本14,674.31万股。

案例2:济南圣泉集团股份有限公司(以下简称圣泉集团,代码:830881)于2014年7月28日在新三板挂牌。截至2013年11月律师对对公司股东进行访谈,股东人数合计3563人,总股本25,748.84万股。

案例3:山东开泰石化股份有限公司(以下简称开泰石化,代码:831928)于2015年2月3日在新三板挂牌。截至2014年5月律师对公司股东进行访谈,股东人数合计721人,总股本6979.8242万股。

(二)股份确权难度大

申请行政许可的200人公司应当对股份进行确权,通过公证、律师见证等方式明确股份的权属。申请在全国股份转让系统挂牌公开转让的,经过确权的股份数量应当达到股份总数的80%以上(含80%)。未确权的部分应当设立股份托管账户,专户管理,并明确披露有关责任的承担主体。对于历史较久且股东人数较多的股份公司,股东确权工作量巨大,成本较高,一般耗时在半年至一年,且结果难以预期。

案例1:江苏铁发于2013年8月启动股份确权工作,截至2013年9月30日,公司已在华泰证券登记、托管的股份为145,428,110股,登记、托管率为99.10%,其中,参与公司于2013年8月启动的股份确权程序且股份得以确认的股东的持股比例为86.74%,股份确权比例达到80%以上。

案例2:圣泉集团自2013年11月12日开始,公司对股东的持股情况进行确认,确认过程全程录像并聘请章丘市公证处对股权确认过程进行现场公证,项目组和律师全程参与了公司股权确认的过程。截至2014年1月28日,已完成托管登记的股份25,737.0504万股,托管比例为99.95%,本次股权确认共确定股东人数2899名,该等股东持有24,509.9684万股,占公司总股本的95.19%,股份确权比例达到80%以上。

案例3:山东征宙机械股份有限公司(以下简称征宙机械,代码:831293)于2014年10月29日挂牌新三板。2014年5月该公司启动股份确权工作,律师对公司股东的访谈及股东确认,现有股东确权人数占公司股东人数的比例为98.51%,确权股份总额占公司总股本的比例为99.74%,股份确权比例达到80%以上。

(三)省级人民政府出具确认函较难

省政府对重大事项出具兜底确认函,已经成为企业主板上市的制度惯例,但如将主板市场的监管要求完全移植到新三板挂牌之中,会在实务操作中产生很多障碍因素,并已经逐渐表现出来。首先,程序烦琐,申报企业需从所在区县金融办逐级上报至省金融办,再报经省政府审核出具;其次,因时隔太久,政府管理机构和经办人员变动很大,省政府很难取得充分的判断依据从而决定是否出具确认函以及确认函的具体内容。

1. 1994年7月1日《公司法》实施前,经过体改部门批准设立,但存在内部职工股超范围或超比例发行、法人股向社会个人发行等不规范情形的定向募集公司。

案例1:圣泉集团系根据1993年3月22日章丘市体制改革委员会批文(章体改股字〔1993〕6号)及1993年12月30日济南市体改委批文(济体改股字[1993]56号),由原济南圣泉化工实业总公司整体改制,并同时发行内部职工股,募集设立的股份公司。其中内部职工股338万股,涉及内部职工562名。实业总公司以净资产1127万股,折为1127法人股,占股份总额的77%;向内部职工发行338万股,占股份总额的23%。

2014年4月25日,山东省人民政府出具《关于报送确认济南圣泉集团股份有限公司股份形成及规范情况的函》(鲁政字〔2014〕88号),对圣泉集团内部职工股股份形成、变化及规范等情况进行确认。

2. 1994年7月1日《公司法》实施前，依法批准向社会公开发行股票的公司。

案例2：江苏铁发于1989年4月15日设立，1989年7月20日，中国人民银行江苏省分行出具《关于同意沂淮地方铁路联合股份有限总公司试行发行股票的批复》（苏银管〔1989〕51号），同意公司发行社会公众股，募资1100万元。

1990年6月5日，中国人民银行江苏省分行出具《关于同意江苏沂淮地方铁路联合股份有限总公司发行第二期股票的批复》（苏银管〔90〕40号），同意公司发行第二期社会公众股，募资1900万元。

1993年2月5日，国家体改委出具《关于江苏沂淮地方铁路联合股份有限总公司继续进行股份制试点的批复》（体改生〔1993〕24号），确认了公司实际的募集资金总额，批准公司继续作为规范化的股份制试点企业。江苏省人民政府、江苏省国有资产管理局（江苏省人民政府国有资产监督管理委员会）、淮阴市人民政府的历次批复中，均认可了公司实际的募集资金总额。

2014年1月7日，江苏省人民政府出具《关于确认江苏省铁路发展股份有限公司历史沿革及产权界定等事项合规性的函》（苏政函〔2014〕2号），确认公司股东超过200人的情形为依法形成，合法合规；公司的设立、公开发行股票、股权托管登记、股份制试点、股权转让、历次增资、重大资产重组等事项均按照当时的法律法规要求，取得相应的批准和授权，合法有效。如有争议，江苏省将依法承担相应责任，并指定相关部门妥善处理。

3. 按照《国务院办公厅转发证监会关于清理整顿场外非法股票交易方案的通知》（国办发〔1998〕10号），清理整顿证券交易场所后"下柜"形成的股东超过200人的公司。

案例3：圣泉集团1995年2月24日，经山东省证券管理委员会以《关于济南圣泉集团股份有限公司股权证转让申请材料的初审意见》（鲁证管办字〔1995〕4号）批准，公司内部职工股在山东企业产权交易所挂牌转让，公司内部职工股转为社会个人股。1998年，根据《国务院办公厅转发证监会关于〈清理整顿场外非法股票交易方案〉的通知》(国办发〔1998〕10号)的规定,根据企业产权交易所出具的说明,圣泉集团在山东产权交易所于1998年12月19日停止挂牌交易。

2014年4月25日,山东省人民政府出具《关于报送确认济南圣泉集团股份有限公司股份形成及规范情况的函》(鲁政字〔2014〕88号),对圣泉集团内部职工股股份形成、变化及规范等情况进行确认。

(四)股份代持及间接持股处理困难

股份公司股权结构中存在工会代持、职工持股会代持、委托持股或信托持股等股份代持关系,或者存在通过"持股平台"间接持股的安排以致实际股东超过200人的,应当将已经代持股份还原至实际股东、将间接持股转为直接持股,并依法履行相应的法律程序。

案例:征宙机械公司历史上存在股权委托代持的情形,公司53名工商登记在册股东中13名股东为委托代持股东代表,在股权代持关系解除前,张平和等13名股东代表与315名股东之间存在委托代持关系。

2014年5月24日,公司召开2014年第三次临时股东大会,审议通过了《关于解除委托持股关系的议案》。确认不再履行委托方与受托方之间签署的《委托持股协议》,解除双方之间的委托持股关系。

2014年6月5日,公司在齐鲁股权交易中心按照当前实际的股东持股情况(335名股东)进行了股权托管。根据齐鲁股权交易中心出具的截至2014年6月9日征宙机械的股东名册,公司现有股东335名,合计持有1718万股股份。至此,公司已经将代持股份还原至实际股东,委托持股关系解除。

四、审核未通过(中止、终止及暂未通过原因分析)

(一)审核未通过:中止(桂林五洲旅游股份有限公司)

1993年公司进行股份制改造,当年在NET法人股市场上挂牌流通,至今已达二十年之久。由于历史原因,公司股东分布在全国多地，当年股东们留下的联系方式已经发生了重大变化，使公司与部分股东失去了联系，虽然公司在报刊和公司网站上进行公告，但效果不甚理想，从而无法向股东正常派发年度分红股息，影响了股东权益的实现。

从2011年8月起，公司逐步展开了股东股权清理和确认工作。通过在本地报纸公告、电话通知、股东大会上宣传、股东们相互传递信息等方式寻找失去联系的股东，请股东们前来公司进行股权份数的确认核实，重新填写股东相关信息资料，确定股东的银行账号，对多年未领取年度股权红利的股东们通过银行系统进行股权红利的补发发放，手续办理完毕后向股东们发放由公司董事长亲笔签发的记载详细股东信息的新的股权凭证。

截至2013年12月31日，公司已经完成了2150户股东的股权确认手续，确认股权数达8858.64万股，占公司总股数的93.38%。余下未进行股权确认的股东仍可与公司证券部进行联系办理手续，公司仍将一如既往继续开展工作，力争把该项工作做得更好。

按照确权比例已经满足三板确权比例达到80%即可挂牌的规定，但仍处于中止状态可能是获取省政府确认函存在一定困难。

（二）审核未通过：终止（天津联博化工股份有限公司）

自然人股东多达680人，确权工作难度非常大，且确权后需要省级政府出确认函的情形（确认函说明公司股份形成、规范的过程以及存在的问题，并明确承担相应责任），取得该批文难度极大，因此公司终止了审核。

（三）审核未通过：暂未通过（苏州制氧机股份有限公司）

申请材料显示，2002年企业改制时，张凤华、顾伟民作为受托人，名义持有申请人的股权，2008年新设6家持股平台公司，将申请人275名实际股东全部转入持股平台公司进行间接持股，2014年7月解除间接持股关系。请申请人补充披露：(1)实际股东由间接持股转为直接持股履行的法律程序，是否存在纠纷或潜在纠纷，是否符合《公司法》的相关规定；(2)间接持股还原后，6家持股平台公司的现状，是否注销，是否存在潜在法律风险；(3)实际股东通过6家持股平台公司间接持股期间，股权转让的具体情况，实际股东是否发生变化,是否存在纠纷或潜在纠纷。请主办券商、律师核查并发表明确意见。

由以上提出的反馈问题可见,监管部门比较关心解除代持是否合法,是否有纠纷,解除前持股平台的股东和解除后苏州制氧机股份有限公司的实际股东是否一致,还是发生了变化;另一个层面既然是代持,解除代持后6 家持股平台是否注销。

实际查看了该公司的原股东的工商情况及最新的解除代持后的股东情况,首先持股平台并没有解除,其次在解除前持股平台的股东和解除后苏州制氧机股份有限公司的实际股东存在部分股东的变更,主要系因为继承或者死亡造成的,因此,唯一的障碍变成了持股平台仍然存续的合理性,可能被质疑是否存在潜在纠纷或者并未能达到完全确权,与审核理念中的股权清晰无纠纷可能存在冲突,因此该公司审核材料仍在会,但是迟迟未能通过审核,经了解,公司正在进行持股平台的清算工作,相信在持股平台清算后应该能正常通过审核。

五、江苏铁发(430659):对股东人数超过200 人的未上市股份有限公司的专项核查

江苏省铁路发展股份有限公司(以下简称江苏铁发,代码:430659)于2014 年3 月28 日在新三板挂牌。根据公司公开资料显示,截至2013 年9 月30 日,该公司有法人股股东21 人,持股比例78.45%,社会公众股股东11,491 人,持股比例21.55%;股东人数合计11,512 人,总股本14,674.31 万股。江苏铁发成为全国股转系统设立以来首家挂牌时股东人数超过200 人的公司。

(一)公司依法设立且合法存续

1. 公司的设立、公开发行股票、历次增资等行为已经过淮阴市计划委员、国家体改委、中国人民银行江苏省分行、江苏省国有资产管理局、江苏省人民政府等有权部门的批准,不违反当时法律明确的禁止性规定。公司目前处于合法存续状态。公司存续满两年。

2. 江苏省人民政府已书面确认公司股东超过200 人的情形为依法形成,合法合规;公司的设立、公开发行股票、股权托管登记、股份制试点、股权转让、历次增资、重大资产重组等事项均按照当时的法律法规要求，取得相应的批准和授权，合法、有效。

3. 公司在股份形成及转让过程中不存在虚假陈述、出资不实、股权管理混乱等情形，不存在重大诉讼、纠纷以及重大风险隐患。

（二）公司股权清晰

1. 股份登记、托管

根据国家体改委《关于江苏沂淮铁路联合股份有限总公司继续进行股份制试点的批复》（体改生〔1993〕24 号），江苏证券股份有限公司（后更名为华泰证券股份有限公司）接受公司的委托，从1993 年 7 月起，对公司在 1989 年、1990 年向社会公众发行的3162.32 万元实物股票进行托管、登记。截至 1995 年 1 月 16 日，所发 3162.32 万元实物股票已经基本托管、登记完毕，股东人数14,974 人，其中持股面额超过 1000 元的股东计 4065 人。

1996 年，根据江苏省证券期货监督管理办公室的要求，公司股份托管机构变更为无锡市证券登记有限公司。1996 年 7 月，无锡市证券登记有限公司进行了一次现场补充登记、托管。

1997 年 7 月 23 日，无锡市证券登记有限公司向中国证监会出具《关于江苏新淮铁路股份有限公司股份托管的报告》（锡证登发〔1997〕第 15 号）。根据该报告，截至 1997 年 7 月 22 日，公司股份在该公司托管情况为：国有法人股 2 家，托管 67,266,532 股，占总股本的 67.564%；法人股 10 家，托管 670,000 股，占总股本的 0.673%；社会公众股应托管 31,623,200 股，占总股本的 31.763%，实际托管 30,781,860 股，占社会公众股的 97.339%，股东 14,576 人，未托管部分 841,340 股，已建立待确认账户。

2001 年 12 月 3 日，无锡市证券登记有限公司出具《关于股份托管情况的说明》，确认无锡市证券登记有限公司自 1997 年 7 月接受江苏省证券公司（现华泰证券）所移交的关于江苏新淮铁路股份有限公司的股份托管材料。公司总股本为 9955.97 万股，其中：国家股 5882.45 万股，法人股 911.2 万股，社会公众股 3162.32 万股。社会公众股已登记确认 2921.02 万股。

因无锡市证券登记有限公司被撤销，2003 年 2 月 17 日至 7 月

8日期间,公司股份登记托管资料由国联证券有限责任公司中山路证券营业部代为保管。

2003 年 7 月,公司股份托管机构变更回华泰证券股份有限公司。2003 年 7 月 8 日国联证券有限责任公司中山路证券营业部将股东登记信息电子数据光盘交回公司保管,同时交接的还包括历次实物股票登记确权的原始凭证——股份登记申请表、确认单 165 册(其中 1997 年 7 月前 148 册,1997 年 7 月至 2002 年 3 月 17 册)。2003 年 7 月至今,公司股份托管机构未发生变更。

根据当时移交的股东名册,截至 2003 年 7 月 8 日,公司股份信息如下表所示:

股东	持股总数(股)	持股占比	人数	人数占比
江苏省铁路有限责任公司	58,824,470	59.08%	1	0.01%
其他法人股东	11,263,810	11.31%	49	0.42%
自然人股东	29,471,390	29.60%	11,488	99.57%
合计	99,559,670	100%	11,538	100%

2013 年 12 月 30 日,华泰证券出具《关于江苏省铁路发展股份有限公司托管情况的证明》。根据该证明,截至 2013 年 8 月 2 日,公司已在华泰证券登记、托管的股份为 145,197,490 股,未登记、托管的股份为 1,545,610 股,登记、托管率为 98.95%。

公司股份登记、托管过程中,托管机构要求股东填写登记申请表格,登记股东姓名、身份证件号码、联系方式和持股数量、上海证券交易所股东账户信息等信息,验证股东身份证明并留存复印件。托管机构向登记托管股东回收其所持的实物股票,并向其出具《托管证券确认书》。

根据华泰证券的登记、托管记录,自 2003 年 8 月至 2013 年 8 月,除上节所述主要股权变动之外,公司股份共发生过户 332 笔,涉及 15,696,780 股,占公司目前股份总数的 10.69%,其中,双方均为非自然人的过户 10 笔,涉及 8,895,150 股,占公司目前股份总数的 6.06%;一方为非自然人的过户 21 笔,涉及 5,038,050 股,占公司目前股份总数的 3.43%;发生在自然人之间的过户

301 笔，涉及 1,763,580 股，占公司目前股份总数的 1.2%，具体情况如下表所示：

年份	非自然人之间过户		自然人与非自然人过户		自然人之间过户		总计	
	笔数（笔）	股数（股）	笔数（笔）	股数（股）	笔数（笔）	股数（股）	笔数（笔）	股数（股）
2003 年	1	2,242,000	17	638,050	253	248,090	271	3,128,140
2004 年	1	50,000			8	295,850	9	345,850
2005 年	1	100,000	1	100,000	1	2,000	3	202,000
2006 年					4	105,480	4	105,480
2007 年	1	3,000,000			4	65,000	5	3,065,000
2008 年			1	1,200,000	1	10,000	2	1,210,000
2009 年	1	100,000			1	99,000	2	199,000
2010 年	2	1,096,000	1	1,300,000	4	399,410	7	2,795,410
2011 年	1	50,000			15	372,190	16	422,190
2012 年	2	2,257,150			8	151,560	10	2,408,710
2013 年			1	1,800,000	2	15,000	3	1,815,000
总计	10	8,895,150	21	5,038,050	301	1,763,580	332	15,696,780

2. 股东确权

鉴于公司初始股份登记、托管距今已有较长时间，自 2013 年 8 月起，公司启动公司股份确权工作。

2013 年 8 月，公司先后在《中国证券报》（2013 年 8 月 1 日）、《扬子晚报》（2013 年 8 月 1 日）、《新民晚报》（2013 年 8 月 10 日）、《淮海晚报》（2013 年 8 月 21 日）刊登并在公司网站公布《江苏省铁路发展股份有限公司股东信息核查公告》，说明核查目的、时间、地点以及材料要求，敦促股东参与确权。

为方便股东，公司在南京、上海、淮安三地设点，现场受理股东的确权材料。其中 2013 年 8 月 5 ~ 9 日、12 ~ 13 日以及 2013 年 9 月 9 ~ 30 日为南京现场受理确权材料期间，2013 年 8 月 15 ~ 16 日以及 8 月 19 ~ 23 日为上海现场受理确权材料期间，2013 年 8 月 26 ~ 30 日以及 9 月 2 ~ 3 日为淮安现场受理确权材料期间。

2013 年 9 月 30 日之后，公司继续在南京受理股东的确权材料。

本次确权过程中，针对自然人股东，股份持有人未发生变更的，公司要求股东提供：(1)填写妥当的《股东信息核查表》；(2)公司股票实物或《托管证券确认书》或《股票登记申请表》；(3)股东身份证明；(4)股东深圳A股或代办股份转让系统账户名称、账户号码；(5)拟用于托管所持公司股份的券商营业部席位名称、席位号；(6)授权委托书及代理人身份证明(如持股人委托他人代办)。自然人股东死亡的，公司要求提供：(1)股份继承人填写妥当的《股东信息核查表(自然人股东)》；(2)公司股票实物或《托管证券确认书》或《股票登记申请表》；(3)股份继承人身份证明；(4)股东死亡证明；(5)继承人与死亡股东的亲属关系证明；(6)与股份有关的法院判决书、调解书等生效司法文书、股份继承公证书等；(7)股份继承人深圳A股或代办股份转让系统账户名称、账户号码(10位)；(8)拟用于托管所持公司股份的券商营业部席位名称、席位号。

自然人股东所持股份发生转让但未向托管机构办理变更登记的，公司要求提供：(1)股份受让方填写妥当的《股东信息核查表(自然人股东)》；(2)公司股票实物或《托管证券确认书》或《股票登记申请表》；(3)受让方身份证明；(4)经公证机关公证的、由买卖双方亲自签署的股份转让协议及公证书原件，或由买卖双方持本人身份证亲自前往办理；(5)受让人深圳A股或代办股份转让系统账户名称、账户号码(10位)；(6)拟用于托管所持公司股份的券商营业部席位名称、席位号。

自然人股东如有离婚分割财产、被劳教、监禁，或者在海外定居、移民(包括港、澳、台地区)等情形的，公司另需提供相应的证明文件。针对法人股东，公司要求提供：(1)填写妥当的《股东信息核查表(非自然人股东)》；(2)公司股票实物或《托管证券确认书》或《股票登记申请表》；(3)通过最近一期年检的营业执照或事业单位法人证书或社团法人登记证书等非自然人股东登记证件；(4)组织机构代码证；(5)深圳A股或代办股份转让系统账户名称、账户号码；(6)拟用于托管所持公司股份的券商营业部席位名称、席位号；(7)委托经办人的授权委托书；(8)通过转让取得股份的，还要求提供经公证机关公证的、由买卖双方签署的股份转让协议原件及公证书原件,或由买卖双方共同前来办理。

如果法人股东名称变更,处于改制、破产、清算过程中,或已注销被吊销的,公司另要求提供相应的证明文件。

截至2013年9月30日,本次股份确权共确认股东3238名,该等股东持有127,285,924股公司股份,占公司股本总额的86.74%,具体情况如下表所示:

	股东人数	股份数
确权数	3238	127,285,924
总数	11,512	146,746,100
确权比例	28.13%	86.74%

根据华泰证券出具的《关于江苏省铁路发展股份有限公司托管情况的证明》。股东确权工作启动后,截至2013年9月30日,公司已在华泰证券登记、托管的股份为145,428,110股,登记、托管率为99.10%,其中,参与公司于2013年8月启动的股份确权程序且股权得以确认的股东的持股比例为86.74%,股份确权比例达到80%以上。

截至2013年9月30日,共有19,457,176股尚未进行确权,占公司总股本的13.26%,对于上述未进行确权的股份,本公司拟设立专门的股份账户,进行打包管理。打包管理的股份账户由公司董事会秘书室负责管理,同时建立专门的资金账户,存放打包账户内股份历年所分配的现金股利。

挂牌前,上述未确权的股东仍可凭托管证券确认书(或股票登记电请表)原件和有效证件(个人身份证或企业法人营业执照)等,到本公司董事会秘书室办理股份确认登记手续,由董事会秘书室出具相关确认文件,股东持相关确认文件及有效证件到华泰证券草场门大街证券营业部办理分户手续,从集中托管的股份包中分拆出来。

挂牌后,上述未确权的股东可凭托管证券确认书(或股票登记申请表)原件和有效证件(个人身份证或企业法人营业执照)等,到公司董事会秘书室办理股份确认登记手续，由董事会秘书室出具相关确认文件，由公司向中国证券登记结算有限责任公司申请办理分户手续，从集体托管股份包中分拆出来。法人股东持董事会秘书室确认文件及有效证件到中国证券登记结算有限责任公司办理分户手续，从集体托管股份包中分拆出来。

公司已经设置股东名册并与华泰证券签订《股份登记存管协议书》，委托专业机构对股东名册进行管理。股东、公司及相关方对股份归属、股份数量及持股比例无异议。公司股权结构中不存在工会或职工持股会代持、委托持股、信托持股以及通过“持股平台”间接持股的情形。尚未确权的股份已设立股份托管账户，专户管理。

根据江苏省人民政府出具的《江苏省人民政府关于确认江苏省铁路发展股份有限公司历史沿革及产权界定等事项合规性的函》(苏政函〔2014〕2 号)、华泰证券出具的《关于江苏省铁路发展股份有限公司股份托管情况的证明》，公司股东与公司之间、股东之间、股东与第三方之间不存在重大股份权属争议、纠纷或潜在纠纷。根据公司历次股东出资的验资报告、相关产权界定证明，公司股东出资行为真实，不存在重大法律瑕疵。

公司在出具的《江苏省铁路发展股份有限公司对相关事项的确认书》中确认，“本公司股东之间、股东与本公司之间、本公司股东与第三方之间如就公司股权的权属产生争议的，作为当事人或第三人，本公司将依法予以解决。”

公司控股股东交通控股在其于 2013 年 12 月 18 日出具的《声明及承诺函》中确认，“股份公司的股权明晰。就股份公司的其他股东所持股份，日后如果产生权属争议，本公司作为控股股东，将协助公司依法解决，避免股份公司因此承受损失；如股份公司因此承受任何损失，本公司将全额补偿股份公司”。

江苏省人民政府在《江苏省人民政府关于确认江苏省铁路发展股份有限公司历史沿革及产权界定等事项合规性的函》(苏政函〔2014〕2 号)中确认，“公司股东超过 200 人的情形为依法形成，合法合规；公司国有股权的设置、转让和管理符合国有股权管理相关法律法规；公司的设立、公开发行股票、股权托管登记、股份制试点、股权转让、历次增资、重大资产重组等事项均按照当时的法律法规要求，取得相应的批准和授权，合法有效。如有争议，我省将依法承担相应责任，并将指定相关部门妥善处理”。

综上所述，公司股权清晰。

(三)经营规范

公司主营业务为铁路货物运输、交通工程建设，国内物流、贸易。

公司现拥有13台铁路电力机车，在神华集团所属铁路专用线上承担煤炭运输任务；公司下属子公司江苏省铁路物流投资有限公司从事铁路物流、仓储、贸易业务。公司下属子公司江苏省苏铁建设有限公司拥有市政、公路建设和养护、房建等二级施工资质、铁路建设三级资质，主要从事市政建设和高速公路桥梁加固养护等交通工程建设业务。

公司2013年9月末、2012年年末、2011年年末，资产负债率(母公司)分别为26.71%、27.58%和14.49%，资产负债率(合并)分别为40.20%、39.50%和25.57%，2013年9月末和2012年年末较2011年资产负债率上升，主要原因系公司短期借款和应付账款增加所致，但总体上公司资产负债率仍然处于较低的水平。公司流动比率与速动比率2013年9月末和2012年年末较2011年年末下降，目前保持在0.85倍，主要原因是短期借款增加，目前，公司流动比率和速动比率仍处于正常水平。

2011年度、2012年度和2013年1~9月，公司营业收入分别为115,528,048.77元、141,820,622.27元和90,400,338.18元，年均复合增长率为13.05%；归属于申请挂牌公司股东净利润(元)分别为13,404,973.93元、23,363,788.30元和34,360,610.83元，年均复合增长率分别为60.18%；归属于申请挂牌公司股东的扣除非经常性损益后净利润(元)分别为13,304,099.52元、23,324,344.91元和36,209,631.80元，年均复合增长率65.23%。报告期内，公司业务规模稳步增长。公司最近两年持续经营，不存在法律、行政法规和《公司章程》规定的终止经营及影响持续经营的情况。公司合法规范经营，具有持续经营能力，不存在资不抵债或者明显缺乏清偿能力等破产风险的情形。

综上，公司业务明确，经营规范，具有持续经营能力。

(四)公司治理与信息披露制度健全

公司按照《公司法》等相关法律、法规和规范性文件的要求，制定了《公司章程》，建立了由股东大会、董事会、监事会和高级管理层组成的公司治理架构，形成了权力机构、决策机构、监督机构和管理层之间权责明确、运作规范的相互协调和相互制衡机制，使公司治理能按照相关法律法规和《公司章程》等内部制度有效运作。

公司已根据《公司法》等相关法律、法规和规范性文件制定《股东大会议事规则》，建立健全了股东大会制度，股东大会运作规范。同时，公司股东大会严格履行职责，对公司董事会及监事会的换届选举、利润分配、《公司章程》及其他主要管理制度的制定和修改等重大事宜均做出了有效决议，公司股东大会规范运行。

公司于2001年度股东大会审议制定了《股东大会议事规则》《董事会议事规则》《监事会议事规则》《独立董事工作制度》等内部制度，于2013年6月13日召开的2012年度股东大会审议通过了对上述内部制度的修订。

为规范法人治理结构，公司参照《上市公司章程指引》等规范性文件对股份公司《章程》进行了修订、完善，并经2000年第一次临时股东大会审议通过。

2013年6月13日公司召开2012年度股东大会，参照《非上市公众公司监督管理办法》《非上市公众公司监管指引第3号——章程必备条款》审议通过了公司现行章程。公司《章程》《股东大会议事规则》《董事会议事规则》《监事会议事规则》等就信息披露作了相应规定，公司另于2001年制定了《对外信息发布暂行规定》。根据该等内部制度，董事会秘书负责公司信息披露，信息披露的形式包括定期报告和临时报告，公司在指定信息披露平台进行信息披露。报告期内，公司历次股东大会的通知均在《中国证券报》和公司网站及时公布。公司已经建立了较为健全的信息披露制度。

公司已建立健全了股东大会、董事会、监事会、独立董事和董事会秘书制度,并且运行情况良好。公司已按照中国证监会的相关规定,建立健全了公司治理机制和履行信息披露义务的各项制度,满足了“公司治理与信息披露制度健全”的要求。

第十二章　新三板挂牌的红筹架构

【基本理论】

首先，小兵认为，暴风公司如风暴般疯狂跟 VIE 结构本身没有直接的、根本的联系。为什么因为这股风暴让很多人认识到了 VIE 这个原本孤独冷僻、没人关注的东西，只是因为从美国回来了一个和尚恰好在合适的时间念了一场合适的经。或许这个和尚不是从美国而来而是从昌平而来也能火，或许从美国而来的不是和尚而是一个扫地僧或许也不能火。只是，VIE 在合适的时间和合适的地点遇到了一个合适的公司，从而形成了这股风暴。这股风暴不管对暴风公司有没有什么影响，至少让大家都在思考、论证、关注 VIE 这个东西了。

一、红筹架构的基本模式

中国企业去境外上市，根据境外监管需要都要在境外设立一个上市主体，然后通过返程控制境内实体的方式来满足上市的主体资格条件，这就是我们所谓的红筹架构的起由。红筹架构我们一般就有两种常见也是经典的模式：一种为“吴菲”模式（外商独资企业）；另一种就是“唯爱伊”模式。

唯爱伊模式又称为新浪模式，因为这是当年新浪境外上市时独创的一种模式，为什么是唯爱伊而不是吴菲模式，主要就是因为某些行业（如典型的网络、通信、文化等）是限制或者禁止外资进入投资的。这些企业要去境外上市，要建立红筹架构就必然要涉及外资的并购问题，因而协议控制的这种模式就成为了一种确实体现了大智慧的创新。尽管，这样的模式一直是一种不清不白的身份却坚强地“活”了二十多年。

我们实践中常见的一个红筹架构的模式是这样的：

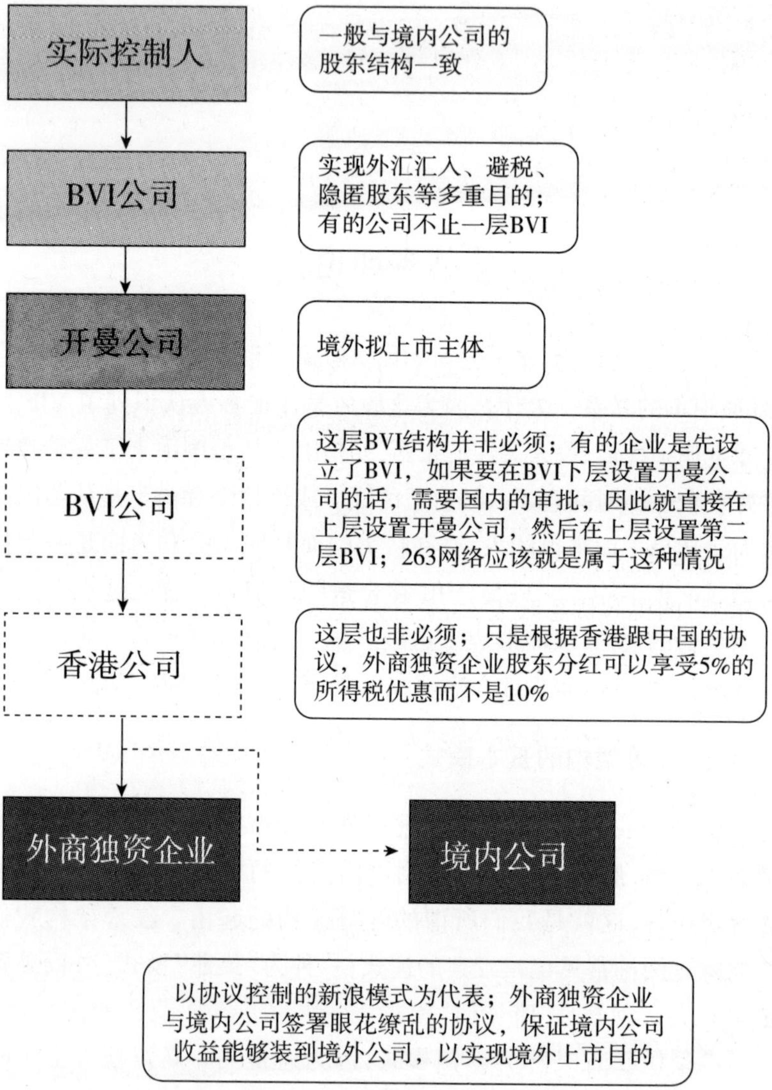

二、红筹回归的基本原则

1. 从目前审核实践来看，监管机构对于红筹回归的问题还是保持相对比较开放的态度，只要是在能够保证“股权清晰稳定、控制权在境内、不构成外汇管理的重大违法违规行为”的基本前提下可以允许适当的创新处理。也正是因为这样的一种态度，我们在红筹回归的案例中还是看到了一些比较新颖的处理思路，这应该是值得鼓励的一种态度。

2. 红筹架构的废止一般都会通过股权转让的方式，这样的处理并不复杂也不陌生，基本上坚持“怎么出去再怎么回来”的一个原则就可以了。

3. 境内主体境外投资以及后来回归境内首发上市的外汇登记问题，根据规定外资出去和回来都是要进行外汇登记的。一般情况下，外资的回归都是在中介机构的指导下进行的，因此，该项外汇登记手续一般情况下会做得比较完备。但是如果外资出去时没有登记，则需要一定的完善措施。

4. 红筹架构的搭建有些在某种程度上就是假外资的返程投资，但是一般情况下境内企业都会根据外商投资者企业享受“两免三减半”的税收优惠政策，如果红筹架构废止而变成内资企业以前的税收优惠是否要退呢？多数企业没有提到该问题，深圳一家企业是没有退还税收优惠而由当地主管部门出具了批复。小兵认为，根据有关法律法规这个税收优惠需要补缴是没有异议的。

5. 红筹架构废止后，境外上市主体也相应开始开展注销工作，该工作不一定要在申报材料之前完成，只要已经开始注销就可以。另外，为了境外上市很多公司还会在境内设立外商独资企业（如新浪模式），通过协议的方式来控制境内资产，如果决定回归境内上市，那么境内的外商独资企业也要注销，且有关的一些协议需要签署终止协议。

6. 红筹结构还原之后，很重要的一个工作就是证明实际控制人没有变更以及股东权益在变更之前和变更之后没有发生重要的变化，普遍的处理方式就是将处理前后的股权结构图放在一起对照。由于红筹架构的特殊性,一般情况下,这个问题都比较容易证明,但是这个工作还是必须的。

三、VIE 模式回归的重点关注问题

从某种意义上讲,唯爱伊模式的结构拆除要比吴菲模式的拆除简单一些,毕竟这种模式只是终止履行协议并控制风险就可以,而吴菲模式会涉及复杂的股权转让,而这样的股权转让很可能涉及税收和外汇问题。关于唯爱伊模式拆除可能关注的问题,主要体现在以下几个方面:

1. 外汇登记问题。这不是一个核心的甚至涉及红线的问题,但是也是一个老大难的问题。后来外管局出来做了大好人,分别出了19号文和37号文作为外汇登记的参考,不过实践中还是有很多问题。

2. 境外投资者利益的权衡问题。如果企业当年是真心要在境外上市的,一般都会在上市之前引入境外投资者,现在回来了自然要关注这些投资者利益权衡问题。是否考虑让投资者直接持有境内实体的股权,这样是否会涉及外资的产业政策问题。

3. 唯爱伊模式下,既然这些行业都不能允许外资进入,在红筹架构下境内实体的经营是否存在违法违规不符合产业政策的事情。

4. 唯爱伊协议在解除之前的履行情况,是否有利益输送的境外,是否履行了相关手续,如何进行会计处理等。

5. 当然,还会有很多其他的问题,如实际控制人变更问题、业务是否发生重大变化问题等。

【实践案例】

一、长城软件(430426)

(一)红筹架构的设立及境内投资情况

2003 年 7 月 3 日,王冰、刘新和戴川乐于英属维尔京群岛设立

了一家有限公司 Fairgood Technology Limited（以下简称 Fairgood）。该公司的授权股本为50,000股，已发行股本为10,000股。其中刘新认购800股，持有该公司8%的股份；王冰认购5200股，持有公司52%的股份；戴川乐认购4000股，持有该公司40%的股份。2004年6月28日，Fairgood进行股份分拆，将已发行的股份经等比例拆分变更为7,150,000股。经拆分后的已发行股份均由原股东按各自持股比例持有。

Fairgood于2004年5月在境内出资设立了返程投资企业，即四川长城天讯数码技术有限公司（以下简称长城天讯）。成都高新技术产业开发区对外贸易经济合作委员会于2004年5月27日出具了《关于外商独资四川长城天讯数码技术有限公司章程的批复》（成高外经贸字〔2004〕067号），同意Fairgood设立四川长城天讯数码技术有限公司。成都高新技术产业开发区对外贸易经济合作委员会以及成都高新技术产业开发区投资服务中心于2004年5月28日签发了《成都高新区进区项目通知书》，同意Fairgood在高新区内投资设立公司从事电子产品开发及软件开发项目。长城天讯于2004年5月31日在成都市工商局登记设立，注册号为企独川蓉总字第003393号，注册地址为成都市高新区四川省校办科技产业园区，法定代表人为王冰，注册资本为300万美元，经营范围为"开发、生产高新技术电子产品及其软件，销售本公司产品并提供相关技术服务，提供系统集成和电子信息服务"。

就通过境外特殊目的公司持有境内公司权益事项，王冰、戴川乐和刘新已根据《关于境内居民通过境外特殊目的公司融资及返程投资外汇管理有关问题的通知》的要求办理了个人居民境外投资外汇登记，并取得由国家外汇管理局四川省分局颁发的《个人居民境外投资外汇登记表》。Fairgood及其返程投资企业长城天讯设立时股权结构如下图所示：

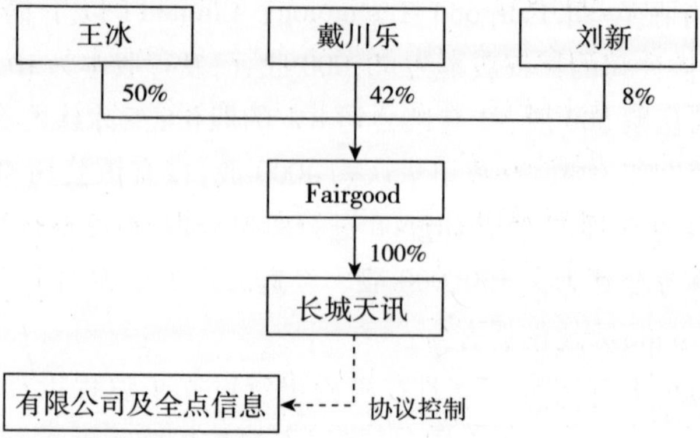

其后有限公司股东发生多次变更。变更后的股东亦同长城天讯以及 Fairgood 签署了《履约担保协议》《股权质押合同》以及《授权委托书》等控制协议。

（二）A 轮融资及控制协议的签署

2004 年 7 月 Fairgood 进行了第一次私募融资，即 A 轮融资。Tom. com Group Limited（以下简称 Tom 集团）、QUALCOMMIncorporated（以下简称高通）、IDGTechnology Venture Investment, Inc.（以下简称 IDG）、王冰、戴川乐以及刘新、长城天讯、有限公司以及全点信息签署了《股份认购协议》以及《股东协议》。投资人 Tom 集团以 1,494,030 美元认购了 1,494,030 股优先股股份；高通以 573,582 美元认购了 573,582 股优先股股份；IDG 以 1,494,030 美元认购了 1,494,030 股优先股股份。

作为 A 轮融资的交易条件之一，有限公司当时的股东长城电信、戴川乐、新元科技、洪亮、李建光于 2004 年 7 月 12 日分别签署了《独家购买权合同》《股权质押合同》。长城天讯、有限公司、戴川乐、长城电信、新元科技于 2004 年 7 月 12 日签署了《履约担保协议》。长城天讯与有限公司于 2004 年 7 月 12 日签署了《资产转让协议》，又于 2004 年 8 月 30 日签署了《无线增值业务合作协议》。Fairgood 与全点信息当时的股东刘新、戴川乐、长城软件、洪亮、李建光、王冰于 2004 年 7 月 12 日分别签署了《独家购买权合同》和《股权质押合同》。长城天讯、有限公司、全点信息以及王冰、戴川乐、刘新于 2004 年 7 月 12 日签署了《履约担保协议》。长城天讯与全点信息于2004年8月12日签署了一份《无线增值业务合作协议》。以上涉及的全部协议集合构成为"控制协议"。控制协议经以上各方签署并生效后,形成了长城天讯对长城软件及其子公司全点信息的协议控制关系。

前述A轮融资及协议控制搭建完成后,长城天讯以及有限公司的股权结构如下图所示:

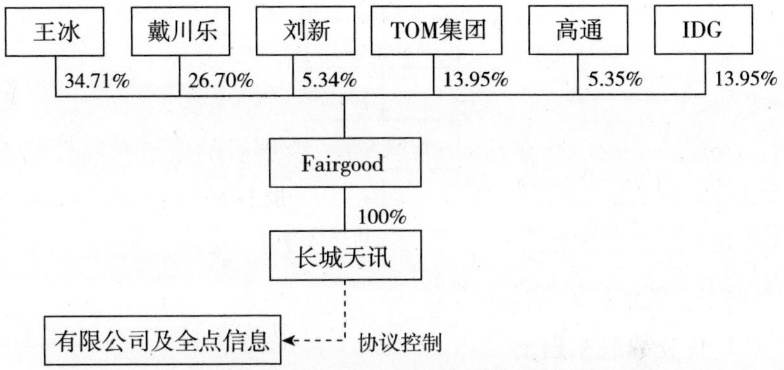

(三)红筹架构项下Fairgood股权变更事项

戴川乐于2007年11月9日将其持有的Fairgood全部股份(2,860,000万股普通股)转让给王冰。Fairgood于2009年1月1日回购王冰持有的2,860,000股普通股。Fairgood股东王冰于2009年8月1日分别与刘新和Fortune Ring Limited(以下简称Fortune Ring)签署了《股权转让协议》并向其转让了持有的Fairgood全部股权,其中向刘新转让了73,890股,向Fortune Ring转让了3,644,110股。Fortune Ring是一家于2009年6月16日在英属维尔京群岛设立的有限公司,其当时的股东为刘珊珊并由刘珊珊持有其100%的股权。

作为高管激励计划的一部分,刘新于2010年2月1日以每股0.1美元的价格认购了Fairgood总计1,314,656股普通股股份。

上述变更事项完成后,Fairgood以及长城天讯的股权结构如下图所示:

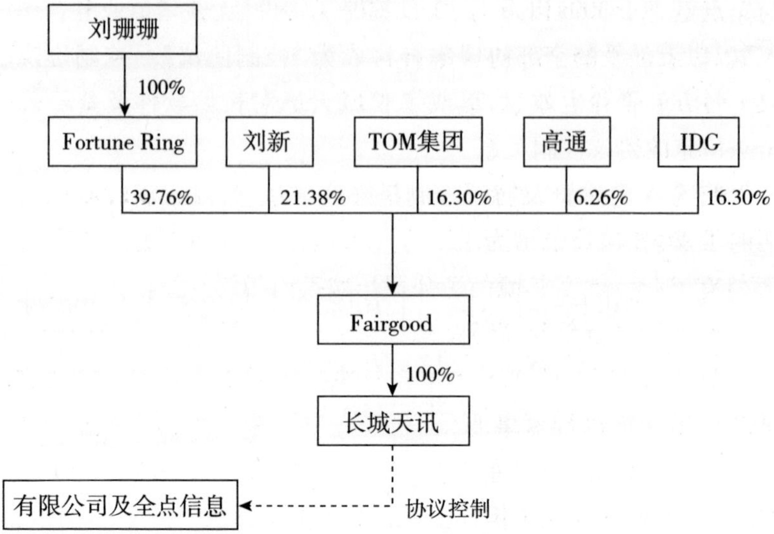

(四)红筹架构的解除

1. 优先股股东退出

2011 年 6 月 10 日,Fairgood 与优先股股东 Tom 集团、高通以及 IDG 签署协议回购所有发行在外的优先股股份。回购完成后,Tom 集团、高通以及 IDG 不拥有 Fairgood 的任何权益。

2. 控制协议解除

全点信息与长城天讯于 2011 年 8 月 1 日签署了《合作协议终止协议》,决定终止双方之间的合作安排。在该协议签署后,长城天讯不再向全点信息提供技术服务或者内容服务,全点信息不再向长城天讯支付任何费用。有限公司与长城天讯于 2011 年 10 月 1 日签署了《合作协议终止协议》,决定终止双方之间的合作安排。在该协议签署后,长城天讯不再向有限公司提供技术服务或者内容服务,有限公司不再向长城天讯支付任何费用。相关控制协议终止后,长城天讯与长城软件及其子公司之间不存在协议控制安排。目前公司股东所持有的股权不存在代持情况,未设置任何抵押,股东就其持有的股权与任何第三方不存在任何与协议控制相关的合同或者安排。

3. 转让 Fairgood 以及 Fortune Ring 股权

2010 年 6 月 25 日，刘珊珊向高江峡转让了其所持有的全部 Fortune Ring 股份。本次转让完成后，刘珊珊不再持有 Fortune Ring 的任何权益。

2013 年 4 月 1 日，刘新向朱婷转让了其持有的全部 1,960,546 股普通股股份，转让价格为 150 万元人民币。该项转让完成后，刘新不持有 Fairgood 及其境内子公司长城天讯任何权益。

4. 长城天讯董事及高管变更

2013 年 5 月 21 日，Fairgood 出具执行董事任免书，决定免去刘新先生长城天讯执行董事职务，并任命朱婷为长城天讯的执行董事。同日，长城天讯执行董事决定免去刘珊珊总经理及法定代表人职务，任命符开庆先生担任长城天讯总经理及法定代表人，同意公司名称由四川长城天讯数码技术有限公司变更为成都维新互动科技有限公司。

2013 年 6 月，长城天讯向成都市工商行政管理局提交工商变更登记申请材料，对其法定代表人、董事以及总经理进行了变更。变更完成后，刘珊珊和刘新不在长城天讯担任任何职务。

5. 红筹架构解除后长城天讯股权结构

公司股东和实际控制人刘新先生已出具了《关于红筹结构设立和解除的承诺函》，承诺在上述境外特殊目的公司和返程投资架构的设立及解除过程中涉及的股权转让等全部事项均符合当地法律规定，股权转让手续已全部办理完毕，不存在潜在的纠纷和争议；如果因上述事项产生纠纷导致公司利益遭受损失，该等损失由其承担。

在红筹结构解除后，长城软件、长城软件股东、长城天讯、Fairgood 以及 Fairgood 的股东不存在任何股权关系或者控制关系。长城天讯的股权结构如下图所示：

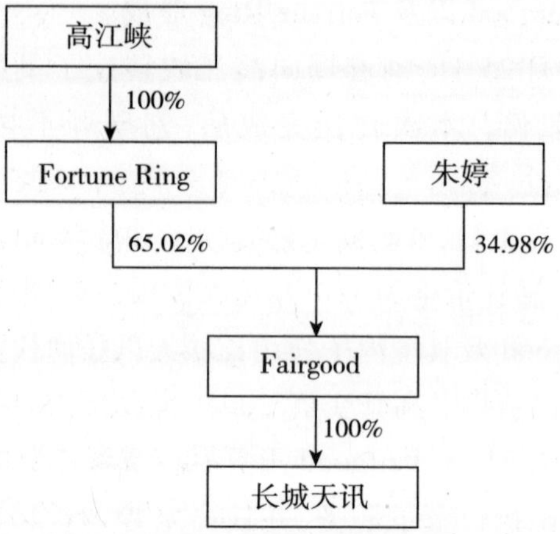

二、中搜网络(430339)

境外红筹架构及其解散情况如下:

陈沛、陈波以及相应投资机构为实现搜索业务境外上市而在开曼群岛设立了特殊目的公司 China Search Inc.(CSI)。CSI 的境外红筹架构主要是以 CSI 控股国内的中外合资企业中搜软件,并通过中搜软件协议控制中搜有限和中搜信息(目前系公司的全资子公司)以实现境外上市的目的;其中中国网 2009 年时持有中搜软件 7.53% 的股权。

2009 年下半年,陈沛、陈波与 CSI 的其他股东以及中国网协商一致,决定放弃境外上市计划并回归国内 A 股创业板上市,因此决定解散红筹架构,并将中搜有限确定为国内 A 股上市主体,同意享有 CSI 红筹架构权益的各主体(包括当时 CSI 的股东及其指定主体、中国网、当时中搜软件和陈沛个人的债权人)可以增资或股权转让的方式持有境内上市主体中搜有限的股权。经核查,CSI 红筹架构已解散,中搜软件正在办理注销手续;根据公司的说明与承诺,CSI 也将在中搜软件注销完毕后启动注销程序。

在本次增资中,盈克嘉投资、肯瑞投资和联想投资为 CSI 的部分股东在境内选定的投资人。何其聪、殷保红、马建军、陆明良均为当时中搜软件的债权人,其在中搜软件经营过程中分别向中搜软件提供了借款；陈雯、陆明良为陈沛的债权人，其曾分别向陈沛提供借款用于陈沛向中搜信息增资，其中，何其聪、殷保红、马建军、陆明良对中搜软件的借款以及陆明良对陈沛的借款中存在代其他自然人向中搜软件、陈沛提供借款的情况，因此何其聪、殷保红、马建军、陆明良所持有的中搜有限的股权存在代他人持有的情况，截至本公开转让说明书出具日，相关股权代持已全部解除。

2009 年 12 月 25 日，北京市工商局海淀分局核准了上述变更，并换发了《企业法人营业执照》，中搜有限的注册资本和实收资本变更为 3600 万元；公司类型为有限责任公司（自然人投资或控股）。

第十三章　新三板国有股挂牌注意事项及解决方案

【基本理论】

新三板挂牌时不限制企业性质和类型的，随着新三板市场持续的发展，目前，国有控股企业也“不甘寂寞”挂牌新三板的越来越多。

国有企业挂牌新三板本身并没有明显的特殊性规定或者“额外”的要求，挂牌新三板并不必然要增发新股，因而国有企业新三板挂牌也不一定需要像 IPO 那样取得国有资产管理部门的同意。尽管如此，国有企业挂牌新三板有以下一些问题需要关注：

1. 整体变更需要主管部门批复。根据相关规定，国有企业整体变更为股份公司的时候，需要取得主管部门对股权设置情况的批复同意。至于是哪一级别的主管部门来批复，实践中有很多种处理方式，小兵认为如果整体变更没有涉及股权比例或者股东的变化，那么只需企业的直接上一级部门批复就可以了。

2. 国有股权转让的程序是否合规。根据相关规定，国有股权转让是否需要履行评估、竞价、批复等诸多程序？如果程序不合规是不是就会构成企业挂牌的实质性障碍，尤其是当国有股权转让给民营资本甚至是自然人时？如果国有股权的转让经过了主管部门的同意、足额支付了对价、定价公允合理、不存在明显的国有资产流失的情形的话，那么一般情况下不会构成实质性障碍。在这种情况下并不一定需要取得主管部门的同意确认文件,不过在尽职调查和信息披露方面要做足相关工作,交代清楚事情的来龙去脉,同时要告诉投资者可能导致的后果和风险。

3. 国有企业的同业竞争和关联交易问题。国有企业一般都是资产规模较大的大家伙,那么挂牌新三板的企业很有可能只是国有资本里面非常小的一块业务,那么就可能导致国有资本控制的其他企业跟挂牌企业存在同业竞争或者金额较大的关联交易,这也是国企挂牌新三板需要特别关注的问题。

【审核重点】

一、内部决议程序

(一)国有独资企业、国有独资公司

根据《企业国有资产法》的相关规定,国有独资企业、国有独资公司有本法第30条所列事项的(合并、分立、改制、上市,增加或者减少注册资本,发行债券,进行重大投资,为他人提供大额担保,转让重大财产,进行大额捐赠,分配利润以及解散、申请破产等重大事项),除了合并、分立,增加或者减少注册资本,发行债券,分配利润以及解散、申请破产应由履行出资人职责的机构决定外,其他事项(包括进行重大投资)应由国有独资企业由企业负责人集体讨论决定,国有独资公司由董事会决定。

重要的国有独资企业、国有独资公司的合并、分立、解散、申请破产以及法律、行政法规和本级人民政府规定应当由履行出资人职责的机构报经本级人民政府批准的重大事项,履行出资人职责的机构在作出决定或者向其委派参加国有资本控股公司股东会会议、股东大会会议的股东代表作出指示前,应当报请本级人民政府批准。

《企业国有资产监督管理暂行条例》规定,国有资产监督管理机构可以对所出资企业中具备条件的国有独资企业、国有独资公司进行国有资产授权经营。被授权的国有独资企业、国有独资公司对其全资、控股、参股企业中国家投资形成的国有资产依法进行经营、管理和监督。由上可知,对于国有独资企业、国有独资公司,由于国家为唯一出资人,因此,重大事项应由履行出资人职责的机构决定。

(二)国有资本控股公司、国有资本参股公司

国有资本控股公司、国有资本参股公司有所列事项的(合并、分立、改制、上市,增加或者减少注册资本,发行债券,进行重大投资,为他人提供大额担保,转让重大财产,进行大额捐赠,分配利润以及解散、申请破产等重大事项),由公司股东会、股东大会或者董事会决定;由股东会、股东大会决定的,履行出资人职责的机构委派的股东代表依法行使权利。

重要的国有资本控股公司的合并、分立、解散、申请破产以及法律、行政法规和本级人民政府规定应当由履行出资人职责的机构报经本级人民政府批准的重大事项,履行出资人职责的机构在向其委派参加国有资本控股公司股东会会议、股东大会会议的股东代表作出指示前,应当报请本级人民政府批准。

因此,对于普通的国有控股、参股企业,应按照《公司法》的相关规定,通过股东会、股东大会或者董事会行使职权。只要股东会、股东大会或者董事会通过决议,即应认定有效。

二、产权转让程序

(一)审批权限

国有资产转让由履行出资人职责的机构决定。履行出资人职责的机构决定转让全部国有资产的,或者转让部分国有资产致使国家对该企业不再具有控股地位的,应当报请本级人民政府批准。除按照国家规定可以直接协议转让的以外,国有资产转让应当在依法设立的产权交易场所公开进行。转让方应当如实披露有关信息,征集受让方;征集产生的受让方为两个以上的,转让应当采用公开竞价的交易方式。(《企业国有资产法》)

1. 国有资产监督管理机构决定所出资企业的国有产权转让。

其中,转让企业国有产权致使国家不再拥有控股地位的,应当报本级人民政府批准。

2. 所出资企业决定其子企业的国有产权转让。其中,重要子企业的重大国有产权转让事项,应当报同级国有资产监督管理机构会签财政部门后批准。其中,涉及政府社会公共管理审批事项的,需预先报经政府有关部门审批。

3. 转让企业国有产权涉及上市公司国有股性质变化或者实际控制权转移的,应当同时遵守国家法律、行政法规和相关监管部门的规定。对非上市股份有限公司国有股权转让管理,国家另有规定的,从其规定。

4. 对于国民经济关键行业、领域中对受让方有特殊要求的,企业实施资产重组中将企业国有产权转让给所属控股企业的国有产权转让,经省级以上国有资产监督管理机构批准后,可以采取协议转让方式转让国有产权。(《企业国有产权转让管理暂行办法》)

(二)清产核资

1. 企业国有产权转让事项经批准或者决定后,转让方应当组织转让标的企业按照有关规定开展清产核资,根据清产核资结果编制资产负债表和资产移交清册,并委托会计师事务所实施全面审计。

2. 转让所出资企业国有产权导致转让方不再拥有控股地位的,由同级国有资产监督管理机构组织进行清产核资,并委托社会中介机构开展相关业务。

(二)资产评估

根据《国有资产评估管理办法》《国有资产评估管理若干问题的规定》等相关规定,以下行为需要进行资产评估:

1. 相关国有企业产权变动涉及的经济行为:(1)整体或部分改建为有限责任公司、股份有限公司、中外合资企业、中外合作企业;(2)合并、分立、清算;(3)非同比例增资、减资;(4)企业产权转让;(5)企业整体租赁或托管给非国有单位。

2. 涉及非货币资产处置的经济行为:(1)资产出资;(2)资产转让、置换、拍卖;(3)资产租赁给非国有单位;(4)以非货币资产偿还债务;(5)确定涉诉资产价值。

3. 相关非国有资产进行评估的经济行为:(1)国有企业接受非国有单位以非货币资产出资;(2)国有企业收购非国有资产或产权;(3)国有企业与非国有单位置换资产或企业产权;(4)国有企业接受非国有单位以非货币资产抵债。

国有资产转让应当以依法评估的、经履行出资人职责的机构认可或者由履行出资人职责的机构报经本级人民政府核准的价格为依据,合理确定最低转让价格。委托单位收到资产评估机构的资产评估结果报告书后,应当报其主管部门审查;主管部门审查同意后,报同级国有资产管理行政主管部门确认资产评估结果。经国有资产管理行政主管部门授权或者委托,占有单位的主管部门可以确认资产评估结果。

在产权交易过程中,当交易价格低于评估结果的90%时,应当暂停交易,在获得相关产权转让批准机构同意后方可继续进行。

(四)转让方式

1. 企业国有产权转让应当在依法设立的产权交易机构中公开进行,不受地区、行业、出资或者隶属关系的限制。

2. 企业国有产权转让可以采取拍卖、招投标、协议转让以及国家法律、行政法规规定的其他方式进行。

(五)转让公告

1. 转让方应当将产权转让公告委托产权交易机构刊登在省级以上公开发行的经济或者金融类报刊和产权交易机构的网站上,公开披露有关企业国有产权转让信息,广泛征集受让方,产权转让公告期为20个工作日。

2. 在征集受让方时,转让方可以对受让方的资质、商业信誉、经营情况、财务状况、管理能力、资产规模等提出必要的受让条件。

(六)成交协议

1. 公开征集产生两个以上受让方时,转让方应当与产权交易机构协商,根据转让标的的具体情况采取拍卖或者招投标方式组织实施产权交易。

2. 经公开征集只产生一个受让方或者按照有关规定经国有资

产监督管理机构批准的，可以采取协议转让的方式。

3. 对于国民经济关键行业、领域中对受让方有特殊要求的，企业实施资产重组中将企业国有产权转让给所属控股企业的国有产权转让，经省级以上国有资产监督管理机构批准后，可以采取协议转让方式转让国有产权。

4. 转让企业国有产权导致转让方不再拥有控股地位的，在签订产权转让合同时，转让方应当与受让方协商提出企业重组方案，包括在同等条件下对转让标的企业职工的优先安置方案、经债权金融机构书面同意的相关债权债务协议、职工代表大会审议职工安置方案的决议等。

（七）价款支付

1. 转让价款原则上应当一次性付清。

2. 采取分期付款方式的，受让方首期付款不得低于总价款的30%，并在合同生效之日起5个工作日内支付；其余款项应当提供合法的担保，并应当按同期银行贷款利率向转让方支付延期付款期间利息，付款期限不得超过1年。

（八）产权登记

1. 县级以上各级人民政府国有资产管理部门按照产权归属关系办理产权登记。国有资产管理部门根据工作需要，可以按照产权归属关系委托政府有关部门或者机构办理产权登记。

2. 产权变动的，应当自变动之日起30日内办理变动产权登记：(1)企业名称、住所或者法定代表人改变的；(2)国有资本占企业实收资本比例发生变化的；(3)企业分立、合并或者改变经营形式的。

小贴士：主要参考的规则有：《企业国有资产法》[主席令第5号(2008)]、《企业国有资产产权登记管理办法》[国务院令第192号]、《企业国有资产监督管理暂行条例》[国务院令第378号(2003)]、《国有资产评估管理办法》[国务院令第91号(1991)]、《企业国有产权转让管理暂行办法》[财政部令第3号(2003)]、《国有资产评估管理若干问题的规定》[财政部令第14号(2001)]。

【实践案例】

一、格纳斯(430619):国有股权转让未履行国有资产转让的立项、审计、评估、挂牌转让等程序,而直接以协议方式转让

解决方案:(1)访谈原国有股东,并取得确认声明。由于国有股权转让应当由转让方履行立项、审计、评估、挂牌转让等程序,因此,首要措施应为由转让方对历史上的国有股权转让行为进行确认。(2)未能取得省国资监管部门追认,如实披露,公司大股东承诺承担责任。

格纳斯在有限公司时期存有两个国有法人股东,其中,嘉阳集团原为四川省乐山市国资委下属国有独资公司,2005 年 11 月,四川省乐山市国资委将嘉阳集团股权无偿划转至四川省投资集团有限责任公司(国有独资);成都创投原为成都市科技风险开发事业中心(成都市科技局下属事业单位)主导设立的国有控股公司。

嘉阳集团 2003 年 1 月召开董事会,出资参股四川省格纳斯光电科技有限公司,出资额为 200 万元,根据嘉阳集团《公司章程》第 27 条第 2 项的规定,嘉阳集团董事会有权决定集团公司的经营计划和投资方案。嘉阳集团在参股川格有限期间,2004 年 5 月、6 月两次转让所持的川格有限股权,嘉阳集团未通过董事会作出决议,但嘉阳集团与股权受让方成都创投、博创风投均已分别签署了股权转让协议并办理了工商变更登记。嘉阳集团于 2004 年 11 月召开董事会作出《关于转让格纳斯光电科技有限公司股份的决议》,嘉阳集团与股权受让方王斌签署了股权转让协议并依法办理了工商变更登记。由于上述股权转让发生时,《企业国有资产监督管理暂行条例》《企业国有产权转让管理暂行办法》等制度刚开始实施,相关转让、受让方对这些制度还不够了解,故所转让的川格有限股权未均未履行国有资产转让的立项、审计、评估、挂牌转让等程序,而直接以协议方式转让存在程序瑕疵。经走访嘉阳集团,与当时

经办股权转让人员确认了相关股权转让事项，并且嘉阳集团就国有股权转让程序出具了声明，认可其参股及股权转让行为的真实性，声明按照当时的公司章程，嘉阳集团出资200万元参股格纳斯已履行相关的内部决议程序，嘉阳集团退出时的股权转让协议是其真实意思表示。

根据四川华信出具的《关于四川省格纳斯光电科技有限公司整体变更股份有限公司前注册资本实收情况的专项复核报告》（川华信专〔2013〕272号）和2005年1月31日嘉阳集团与王斌签订的《股权转让协议书》，嘉阳集团2004年5月、6月转让股权的价款均支付至有限公司账户，用于弥补有限公司设立时未到位的实物出资；嘉阳集团2005年2月全部退出有限公司时，由王斌参照有限公司2004年12月31日经审计确认的200万元人民币出资对应的公司净资产值协商后确定支付股权转让价款180万元人民币，其中，用货币资金转给有限公司后支付给嘉阳集团人民币140万元，王斌用私车抵股权转让款人民币40万元。

2004年5月，成都创投决定出资参股四川省格纳斯光电科技有限公司，出资额为100万元；2004年6月成都创投转让所持的川格有限股权，与股权受让方博创风投已签署了股权转让协议并依法办理了工商变更登记。成都创投于2006年2月召开第一届董事会第六次会议，退出四川省格纳斯光电科技有限公司，成都创投与股权受让方王斌签署了股权转让协议并依法办理了工商变更登记。由于上述股权转让发生时，《企业国有资产监督管理暂行条例》《企业国有产权转让管理暂行办法》等制度刚开始实施，相关转让方、受让方对这些制度还不够了解，故所转让的川格有限股权均未履行国有资产转让的立项、审计、评估、挂牌转让等程序，而直接以协议方式转让存在程序瑕疵。经核查，成都创投的工商登记资料，2006年11月成都创投国有股东成都市科技风险开发事业中心通过公开挂牌转让了其持有成都创投35%的股权，成都创投由国有控股公司变更为国有参股企业；2008年1月成都创投国有股东蚌埠市建设投资有限公司通过公开挂牌转让了其持有成都创投35%的股权，成都创投由国有参股企业变更为有限责任公司（法人独资)；成都创投于 2011 年变更为自然人投资的有限责任公司。故成都创投现已不再受国有资产监督管理部门的监督管理。

根据四川华信出具的《关于四川省格纳斯光电科技有限公司整体变更股份有限公司前注册资本实收情况的专项复核报告》(川华信专〔2013〕272 号)，成都创投 2004 年 6 月转让股权的价款支付至有限公司账户，用于弥补有限公司设立时未到位的实物出资；成都创投 2006 年 7 月全部退出有限公司时，股权转让双方参照有限公司 2005 年 12 月 31 日经审计确认的 100 万元人民币出资对应的公司净资产值协商后作价。该股权转让价款由王斌将货币资金转给有限公司再通过有限公司账户支付给成都创投。

基于嘉阳集团和成都创投转让所持有的川格有限股权存在未履行《企业国有资产监督管理暂行条例》《企业国有产权转让管理暂行办法》《企业国有资产评估管理办法》规定的国有资产转让的立项、审计、评估、挂牌转让等程序方面的瑕疵，现股份公司控股股东、实际控制人王斌与律所律师走访了四川省国有资产监督管理委员会，希望国资监管部门就嘉阳集团、成都创投转让川格有限股权事项出具追认文件，但相关工作人员答复按照国务院国有资产监督管理委员会的会议精神原则上不再对既往国有资产转让相关事宜进行追认。

为最大程度降低嘉阳集团和成都创投转让所持川格有限股权的程序瑕疵所带来的潜在风险，减轻对本次公司新三板挂牌的影响，当时的股权受让方暨股份公司现控股股东、实际控制人王斌于 2013 年 11 月 12 日作出《承诺书》明确承担其相应的责任，具体内容如下:“本人作为四川格纳斯光电科技股份有限公司的控股股东、实际控制人，承诺:2003 年 2 月至 2005 年 2 月之间涉及四川嘉阳集团有限责任公司、2004 年 5 月至 2006 年 7 月之间涉及成都创业投资有限公司的国有法人股权转让，由此产生的一切法律后果，均由本人承担，与公司无关。”

综上认为，嘉阳集团投资参股川格有限并无法律、行政法规就国有资产对外投资应履行的程序进行明确规定，嘉阳集团严格按照其公司章程的规定召开了董事会通过相关投资决议，嘉阳集团在参股川格有限期间两次转让所持有的川格有限股权虽未通过董事会作出决议,但均与股权受让方签署了股权转让协议并已完成工商变更登记手续。虽未收集到成都创投在参股川格有限时及参股期间转让所持川格有限股权的相关内部决议文件,但成都创投该次投资入股已支付股权转让价款并完成了工商变更登记手续,在参股川格有限期间转让所持有的川格有限股权均与股权受让方签署了股权转让协议并已完成工商变更登记手续。并且嘉阳集团和成都创投退出川格有限的股权转让作价均参照了经审计确认的有限公司上年年末净资产值且已结算支付,嘉阳集团出具的书面声明文件和现股份公司控股股东、实际控制人王斌出具的书面承诺书均是其真实意思表示,内容合法有效。故而公司涉及的国有股权转让不规范事项不构成本次公司新三板挂牌的实质性障碍。

二、苏大明世(430388):国有股权转让没有在产权交易机构公开进行

解决方案:股权转让没有在产权交易机构公开进行,但经评估且价格合理,事后取得主管部门确认。

2004 年 6 月 8 日,苏州工业园区创业投资有限公司(以下简称园区创投)与李俊签订股权转让协议,园区创投将其合法持有的明世有限 33.33% 的股权转让给李俊,转让价格为 294 万元。

2004 年 6 月 2 日,园区创投委托江苏华星会计师事务所有限公司以 2004 年 2 月 29 日为评估基准日对上述转让股份的价值进行评估,根据华星会评报字〔2004〕第 015 号资产评估报告,上述对应明世有限 33.33% 股份的净资产价值为 294 万元。

同月,有限公司召开股东会并作出决议,全体股东一致同意园区创投将其合法持有的明世有限 33.33% 的股权作价人民币 294 万元全部转让给李俊。李俊成为持有明世有限 33.33% 的股权的合法股东,其他股东放弃优先购买权。

2006 年 4 月 8 日,有限公司再次召开股东会作出确认,全体股东一致同意,园区创投将其合法持有的有限公司 33.33% 的股权作价 294 万元全部转让给李俊,上述股权转让直至 2006 年才完成工

商变更登记的主要原因为：据苏州工业园区管委会国有资产管理的要求，正在办理解散清算公司注销等事宜，所以园区创投将其持有的明世有限的股份转让给李俊后，园区创投当时没有相关人员负责配合完成股权转让工商变更。截至2006年苏州工业园区工商局对该次股权转让进行登记备案，上述股权转让行为真实、合法。

园区创投为国有控股的企业，本次股权转让没有在产权交易机构公开进行，在程序上存在一定的瑕疵。但是本次转让履行了评估程序，转让价格合理，受让方李俊也已经按约定支付全额股权转让价款。就上述情况，2013年11月5日，苏州工业园区国有资产监督管理办公室出具《关于苏州苏大明世光学股份有限公司历史沿革中苏州工业园区创业投资有限公司投资及退出问题的批复》，该批复对2002年园区创投投资设立明世有限及2004年以评估价协议转让方式退出明世有限的结果予以确认，同时确认相关股权不存在争议。

三、行悦股份（430357）：因增资导致国有股权比例下降未履行国有资产评估备案程序

解决方案：增资未经评估且未经国有资产管理部门备案，事后取得主管部门确认。

2007年11月22日，有限公司召开股东会作出决议，同意增加注册资本2169万元，有限公司注册资本由原来的570万元增加至2739万元。新增注册资本由上海慧谷创业投资管理有限公司（以下简称上海慧谷）以货币投入200万元，交大科技园以货币投入300万元，祝建民以货币投入208万元，徐恩麒以货币投入242万元，徐财宝以货币投入399万元，杨凯瑜以货币投入330万元，徐恩麒、祝建民以其共同拥有的三种非专利技术（即“酒店互动系统”、“多节目源播放系统”、“数字多媒体系统”）作价490万元投入有限公司，其中祝建民占245万元，徐恩麒占245万元。

上述新增注册资本分二期缴足，其中首次新增出资人民币1519万元，第二期新增出资人民币650万元。

(一)一期出资

2007 年 12 月 18 日,上海中勤万信会计师事务所有限公司出具了编号为沪勤内验字〔2007〕第 00868 号《验资报告》,对有限公司新增的 1519 万元注册资本进行审验,确认截至 2007 年12月13日,上述第一期新增注册资本已足额缴纳。

本次实收资本变更合法合规,且工商登记手续齐备,履行了必要的法律程序。本次增资第一期出资实缴完成后,公司全体股东的货币出资金额未低于有限公司注册资本的 30%。

2008 年 1 月 3 日,上海市工商行政管理局核准了上述事项,并为公司办理了变更登记。

(二)二期出资

2008 年 3 月 10 日,上海中勤万信会计师事务所有限公司出具了编号为沪勤内验字〔2008〕第 00084 号《验资报告》,对有限公司新增的 650 万元注册资本进行审验,确认截至 2008 年 3 月 4 日,上述第二期新增注册资本已足额缴纳。

本次公司股东认缴新增资本(注册资本由原来的 570 万元增加至 2739 万元)的第二期出资距公司该次新增资本的第一期出资时间未超过两年。本次实收资本变更合法合规,且工商登记手续齐备,履行了必要的法律程序。2008 年 3 月 17 日,上海市工商行政管理局核准了上述事项,并为公司办理了变更登记。

本次增资,因交大科技园放弃同比例增资的权利,其持有公司的股权比例相应减少。本次增资完成后,交大科技园持有公司的股权比例由 18.25% 变更为 16.67%,上海慧谷持有公司的股权比例由 7.30% 变更为 6.67%。

公司 2009 年年检报告书显示:截至 2009 年 12 月 31 日,公司账面资产总额为 29,706,813.16 元,负债总额为 376,522.50 元,净资产为 29,330,290.66 元。按本次增资前 27,390,000 元的实收资本计算,其每元出资额对应的净资产为 1.07 元(未审计)。本次增资完成后,交大科技园所持公司的股权比例由 18.25% 降至 16.67%,上海慧谷持有公司的股权比例由 7.30% 降至为 6.67%。系因其他股东同时以 1 元/每元出资额的价格(约等于每元出资额对应的净资产值)用对公司增资2,610,000元所致。

公司增资履行了股东会审议批准、验资及工商核准变更登记程序,符合《公司法》关于有限公司增资的规定。

2010年11月15日,教育部科技发展中心下发《关于同意上海交大科技园有限公司和上海慧谷创业投资管理有限公司转让所持上海慧浦神望电子科技有限公司股权的批复》(教技发中心函〔2010〕197号),亦未对本次增资导致国有股权比例减少提出异议。

因此,虽然公司本次增资未按国有资产管理相关规定对公司股东全部权益价值进行评估并在相应的国有资产监督管理机构备案,存在程序上瑕疵,但考虑到国有股东交大科技园在股东会表决时同意本次增资的价格,本次增资未履行评估并备案程序不会对本次挂牌造成实质障碍。

四、威门药业(430369):增资未履行国有资产评估备案程序

解决方案:国有资产管理部门进行确认。

2005年7月,贵阳风投出资800万元,认购公司419万股股份,对公司增资419万元,公司注册资本及实收资本由3200万元增至3619万元。

2005年3月9日,贵阳安达会计师事务所出具了《审计报告》(〔2005〕安达(会审)字第087号),根据该报告,截至2004年12月31日,公司净资产为48,789,747.68元。

2005年4月16日,具备国有资产评估资质的中和正信会计师事务所有限公司贵州分公司出具了《贵州威门药业股份有限公司拟增资扩股资产评估报告》(中和正信评报字〔2005〕第4－015号),根据该报告,截至评估基准日2004年12月31日,公司净资产为5930.32万元。

2005年4月28日,为推动贵阳市高新技术企业发展,贵阳风投与公司签署了增资协议书,约定以2004年12月31日作为审计、评估基准日,根据经评估之净资产值,贵阳风投出资800万元,认购公司419万股股份,溢价部分381万元计入公司资本公积,并约

定贵阳风投投资5年后,其有权以法律规定的方式退出威门药业。

2005年5月25日,公司召开2005年第三次临时股东大会并形成决议,同意贵阳风投出资800万元认购公司419万股股份,对公司增资419万元;公司原所有股东放弃优先认购权。

2005年5月8日,中和正信会计师事务所有限公司贵州分公司就本次增资事宜出具了《验资报告》(中和正信〔2005〕第4-009号),确认:公司已经收到本次增资的货币资金800万元,其中419万元为注册资本,剩余381万元计入公司资本公积。

2005年7月8日,贵州省人民政府签发了《省人民政府关于贵州威门药业股份有限公司变更注册资本的批复》(黔府函〔2005〕248号),同意公司变更注册资本,新增贵阳风投为公司股东,同意贵阳风投以货币800万元入股,折合股份419万股,为国有股;贵阳风投增资完成后,公司注册资本由3200万元增至3619万元,股本由3200万股增至3619万股,其中自然人股为3200万股,国有股为419万股。

2005年7月27日,公司就本次增资事宜办理了工商变更登记手续,并获发了企业法人营业执照。

本次增资作价所依据的评估报告并没有在主管国资部门履行备案程序,存在法律瑕疵,但鉴于:

1. 此次增资已经威门药业临时股东大会审议通过,此次增资作价已取得威门药业全体股东的同意,并未损害其他股东的利益。

2. 为本次增资出具评估报告的中和正信会计师事务所有限公司贵州分公司具备国有资产评估资质。

3. 贵州省人民政府作为有权的国资部门已对此次增资行为、增资价格及增资完成后股份性质进行了总体批复。

4. 此次增资贵阳风投已按增资协议书约定缴付了出资,经中和正信会计师事务所有限公司贵州分公司验证,并办理了工商变更登记手续。

5. 2013年10月23日,贵阳市财政局出具《关于贵州威门药业股份有限公司2005年及2007年增资相关事宜的确认函》,其中记载"我局确认2005年增资已经履行了必要的内部决议、外部审批程序，未造成国有资产的任何流失，增资行为合法、有效”。

6. 截至本说明书出具之日，公司未因本次增资所依据的评估报告未履行国有资产评估备案程序而引发任何法律纠纷或争议。

主办券商认为，本次增资所依据的评估报告未履行国有资产评估备案程序不影响威门药业本次增资的有效性，对威门药业本次挂牌不构成实质性影响。

金杜所认为，此次增资未履行国有资产评估备案程序的不规范行为不影响威门药业的合法存续，对威门药业本次挂牌不会产生实质性不利影响。

五、西部泰力（430560）：国有资产出资后未获批作减资处理

解决方案：履行减资程序，国有资产管理部门进行确认。

2004 年 11 月 25 日，有限公司召开股东会，同意原股东张彪将其持有的有限公司 28% 的股权全部转让给张睿；同意有限公司注册资本由 300 万元增加至 1000 万元，增资部分由成都泰格钢结构网架厂以货币形式出资 700 万元。上述股权转让各方当事人已于同日分别签署了《股权转让协议》。

2004 年 12 月 2 日，四川宏信会计师事务所有限公司就本次增资事宜出具了编号为川宏信验字〔2004〕第 048 号《验资报告》。审验截至 2004 年 12 月 1 日，有限公司已收到成都泰格钢结构网架厂缴纳的新增注册资本合计人民币 700 万元，均为货币资金。

经核查，2004 年 11 月 30 日，成都泰格钢结构网架厂将 700 万元货币资金汇入有限公司的验资账户并经会计师验证。由于成都泰格钢结构网架厂在向其主管部门就本次增资事宜办理备案手续时未获得其主管部门的同意，2004 年 12 月 3 日，有限公司将 700 万元增资款及银行利息 420 元全部返还给成都泰格钢结构网架厂。虽然成都泰格钢结构网架厂已经收回了全部投资及利息，但有限公司并未办理工商变更登记手续，从工商登记来看，成都泰格钢结构网架厂仍登记为有限公司的股东。从实际参与经营管理角度而言，成都泰格钢结构网架厂自收回全部投资后一直未参与过有限公司的任何经营管理活动，也没有作为名义股东真正履行任

何权利和义务。

泰格因为没有履行国有资产出资程序而收回对西部泰力有限的出资及利息，没有实际完成对西部泰力有限的出资，仅作为其名义股东，对其自始不享有权益或权利。为了解决泰格的股东资格问题，泰格自愿将登记在其名下的全部股权无偿转让给西部泰力有限当时的股东。转让完成后，泰格不再持有西部泰力有限的任何股份，与西部泰力有限其他股东之间也不存在股权纠纷及其他潜在纠纷。此次无偿转让仅是为了解决工商登记与实际情况不一致的情形。因泰格已收回全部资金及利息，本次无偿转让股权，不构成国有资产的流失。但公司没有及时减少注册资本的行为导致西部泰力有限此次增资行为存在瑕疵。

为了纠正前述增资瑕疵，2013 年 5 月，西部泰力有限将此次增资的 700 万元从注册资本中减去，相关减资程序已经履行完毕。

2013 年 9 月 12 日，成都航利泰格钢结构有限责任公司（该公司系由泰格改制而来）出具《关于成都航利泰格钢结构有限责任公司增资成都西部泰力起重机有限公司有关事宜的确认意见》，对增资、收回投资及利息、未参与西部泰力有限的经营管理活动等事项进行了逐一确认。

综上，中银律师事务所及中信建投认为，虽然历史上泰格公司的增资事项存在瑕疵，但公司已经通过减资程序将相关问题解决并取得了当地工商局出具的无违法违规证明，同时泰格公司出具了相关事项的确认函，公司的股权关系清晰，对公司本次挂牌不构成实质性障碍。

六、哲达科技（430470）国有参股企业转让股权不需国资管理部门批准及挂牌交易

解决方案：国有参股公司，转让参股公司股权的行为不适用企业国有产权转让的程序。

2008 年 5 月，经哲达科技前身杭州浙大人工环境工程技术有限公司（以下简称公司或浙大人工环境）股东会决议同意，浙江浙大高新科技开发有限公司（以下简称浙大高新）将拥有的公司 20%

股权(10万元出资)转让给姚暨荣。

1. 本次股权转让履行的程序如下:

(1)2008年4月28日,公司召开股东会并作出决议,鉴于浙大高新拟转让公司股权给姚暨荣,为此各方股东同意委托浙江浩华资产评估有限公司对公司进行资产评估。2008年5月8日,浙江浩华资产评估有限公司出具浩华评字〔2008〕第008号《杭州浙大人工环境工程技术有限公司股权转让评估项目资产评估报告书》,经评估,公司于评估基准日2008年3月31日的净资产评估价值为1,437,171.11元。

(2)2008年5月16日,公司召开股东会并作出决议,同意浙大高新将拥有的公司20%股权转让给姚暨荣。

(3)2008年5月16日,出让方浙大高新与受让方姚暨荣签订《股权转让协议》,出让方将拥有的公司20%股权(10万元出资)转让给受让方。

(4)2008年5月17日,浙大高新召开股东会并经全体股东一致通过作出决议,同意将本公司拥有的浙大人工环境20%股权(10万元出资)转让给姚暨荣,股权转让的价格以浙大人工环境净资产评估价为基础,作价287,400元。

(5)2008年5月17日,出让方浙大高新与受让方姚暨荣签订《股权转让补充协议》,约定出让方将浙大人工环境20%股权(10万元出资)转让给受让方,转让价款为人民币28.74万元。受让方姚暨荣已支付了转让价款28.74万元。

(6)2008年5月20日,公司办理完毕上述股权转让工商变更登记手续。

2. 上述股权转让行为发生时,浙大高新注册资本为1080万元人民币,股权结构为:姚暨荣出资561.6万元,占注册资本的52%;浙江浙大圆正集团有限公司(国有独资公司出资518.4万元),占注册资本的48%,即浙大高新为自然人控股、国有参股的有限责任公司。浙江浙大圆正集团有限公司的唯一股东为浙江大学投资控股有限公司(2009年更名为浙江大学圆正控股集团有限公司),浙江大学投资控股有限公司的唯一股东为浙江大学。根据中华人民共和国教育部2005年9月23日出具的教技发函〔2005〕18号《教育部关于同意组建浙江大学投资控股有限公司的批复》文件，同意浙江大学组建国有独资的资产经营有限公司，即浙江大学投资控股有限公司，并由其进行国有资产授权经营。

根据《国有资产评估管理办法》（以下简称《办法》）第3条的规定，国有资产占有单位有资产拍卖、转让情形的，应当进行资产评估。根据《国有资产评估管理办法施行细则》第3条的规定，《办法》所说的国有资产是指国家依据法律取得的，国家以各种形式的投资和投资收益形成的或接受捐赠而取得的固定资产、流动资产、无形资产和其他形态的资产；根据《国有资产评估管理办法施行细则》第4条的规定，《办法》所说的国有资产占有单位包括国营企业、事业单位、各种形式的国内联营和股份经营单位、其他占有国有资产的单位等。鉴于浙大高新转让浙大人工环境20%股权行为发生时，浙大高新为国有参股的有限责任公司，根据上述相关规定，上述股权转让前，公司已委托浙江浩华资产评估有限公司对公司进行资产评估，股权转让的定价以经评估的公司净资产为依据。

律师查阅了浙大人工环境、浙大高新、浙江浙大圆正集团有限公司及浙江大学投资控股有限公司的相关工商档案及本次股权转让的其他相关文件，对于浙大高新转让其持有浙大人工环境20%股权的审批权限及决策程序事宜，律师仅在浙大高新当时适用的《公司章程》中查阅到相关规定。除此之外，律师未能查阅到其他关于浙大高新对外投资管理审批权限、决策程序的明确规定。根据浙大高新当时适用的《公司章程》的规定，由该公司股东会决定公司的经营方针和投资计划，浙大高新当时已经按照其《公司章程》规定，召开股东会并作出决议，同意将其拥有的浙大人工环境20%股权（10万元出资）转让给姚暨荣，股权转让的价格以浙大人工环境净资产评估价为基础确定，并且上述股东会决议由浙大高新当时的全体股东浙江浙大圆正集团有限公司与姚暨荣一致同意通过。浙大高新转让浙大人工环境20%股权的行为依法履行了内部决策程序，转让行为合法有效。

鉴于上述股权转让时，浙大高新的股东之一为浙江浙大圆正集团有限公司,浙江浙大圆正集团有限公司的股东为浙江大学投资控股有限公司,浙江大学投资控股有限公司的股东为浙江大学,而浙江大学是教育部直属高等学校。参照2012年颁布的《教育部直属高等学校国有资产管理暂行办法》第35条的规定,高校直接持有出资企业国有股权转让,按照《企业国有产权转让管理暂行办法》(国资委财政部令第3号)、《财政部关于企业国有资产办理无偿划转手续的规定》(财管字〔1999〕301号)和《企业国有产权无偿划转管理暂行办法》(国资发产权〔2005〕239号)等规定执行。浙大高新为浙江大学下属公司间接参股的企业,其转让浙大人工环境股权不适用《企业国有产权转让管理暂行办法》的相关规定。

此外,根据《企业国有产权转让管理暂行办法》第2条的规定,本办法所称企业国有产权是指国家对企业以各种形式投入形成的权益、国有及国有控股企业各种投资所形成的应享有的权益,以及依法认定为国家所有的其他权益。企业国有产权转让依法应当通过产权交易机构挂牌转让,并经国有资产管理机构批准。浙大高新为国有参股公司,其转让浙大人工环境20%股权的行为不适用企业国有产权转让的程序。

公司实际控制人沈新荣已作出承诺:如因浙大高新将其持有的浙大人工环境20%股权转让给姚暨荣的行为存在违反程序或国有资产管理规定的情况而给杭州哲达科技股份有限公司造成损失的,由其承担全部补偿责任。本次股权转让的受让方姚暨荣已作出承诺:如因浙大高新将其持有的浙大人工环境20%股权转让给姚暨荣的行为存在违反程序或国有资产管理规定的情况而给国有资产造成损失的,由其承担全部补偿责任。

3. 经核查,律师认为,浙大高新将拥有的浙大人工环境20%股权(10万元出资)转让给姚暨荣的行为,依照《国有资产评估管理办法》的规定进行了评估,并按照评估结果确定转让价格,依法履行了决策程序,办理了工商变更登记手续;虽然本次股权转让未报国有资产管理部门审批或备案,但因浙大高新属于国有参股公司,其转让浙大人工环境股权的行为不适用企业国有产权转让的程序,本次股权转让行为合法有效,不会对哲达科技本次挂牌构成法律障碍。

七、欧丽信大(430528):国有股权出资存在瑕疵

解决方案:(1)如实披露;(2)说明国有股权出资未导致国有资产流失;(3)期后补足相关国有股权转让的程序,并获取省国资委的批复。

关于"有限公司的第一次增资和第一次股权转让"以及国有股权确认等有关事项的说明,2004 年 9 月 29 日,欧丽集团分别与付强先生、沈红印先生、汤清龙先生、葛益平先生、张建峰先生订立《出资转让协议》和《收付款项证明》,进行了股权转让。欧丽集团持有欧丽信大的股份为国有法人股。本次欧丽集团转让国有股权未经过资产评估,而是以审计结果作为股权转让的价格依据,未履行在产权交易所公开交易程序而以协议转让的方式进行。该次转让发生时,欧丽集团的股权结构是:中国华融资产管理公司 11,428 万元,占注册资本的 86.65%;郑州市国有资产管理局 1395 万元,占注册资本的 10.58%;工会股 365 万元,占注册资本的 2.77%。

该次股权转让时审计报告显示:有限公司 2003 年、2004 年经营持续亏损,欧丽集团将 50 万元出资额等价转让给受让方作为实际出资额登记为注册资本,未使公司利益和国有资产受到损失。目前公司净资产已由欧丽集团转让 50 万元股权时的 224 万元,增长至 2013 年 6 月 30 日经审计的 7351 万元,欧丽集团在公司所持有的净资产也由原来的 74 万元增长至 2450 万元,实现国有资产保值增值。

2005 年 9 月 1 日,郑州市国有资产监督管理委员会为欧丽集团持有的 200 万元国有法人股办理《企业国有资产产权登记证》,注册号:4101011110259。2010 年 3 月 30 日进行了企业国有资产产权变动登记,欧丽集团持有的公司股份变更为 668 万股,注册号:410000100052835。

2010 年 1 月 27 日,华融资产管理公司郑州办事处出具了《关于郑州欧丽信大电子信息股份有限公司国有股权管理有关问题的

函》,确认郑州欧丽集团持有公司33.33%的国有股权。《中国华融资产管理公司对债转股企业重大事项的内部决策程序》(编号:00－02004－30版号:B)规定,“5.重大事项管理权限”之“5.1.2公司所持股权2亿元以下(不含2亿元)的债转股企业提交股东会、董事会、监事会审议的以下事项……4)对外投资、部分重组、合资等事项,涉及企业账面总资产20%以上(含20%)金额的……除5.1所规定的由总部审批的债转股企业重大事项之外按照属地化管理的原则,由办事处负责审批”。

因此,由华融资产管理公司郑州办事处出具《关于郑州欧丽信大电子信息份有限公司国有股权管理有关问题的函》,确认欧丽集团持有欧丽信大电子信息股份有限公司33.33%的国有股权的行为,在郑州办事处权限范围之内,合法有效。

2013年2月6日,河南省国有资产监督管理委员会出具了“豫国资产权〔2013〕9号”《关于郑州欧丽信大电子信息股份有限公司国有股权确认的批复》,确认郑州欧丽电子(集团)股份有限公司持有欧丽信大电子信息股份有限公司33.33%的国有股权。

八、红星药业(832045):历史上国有股权转让未评估未审批

2003年3月25日,红星有限召开股东会,同意上海莘庄将持有红星有限40%的股权转让给柳国杞。

2003年3月27日,上海莘庄和柳国杞签订《股权转让合同》,上海莘庄将持有的红星有限40%的股权转让给柳国杞,转让价格以上海莘庄收购红星有限股权的实际价格为准,不增加任何附加条件。2003年3月28日,红星有限股东修订了公司章程。2003年4月2日,红星有限就本次股权转让事宜在泾县工商局办理了工商变更备案登记手续。本次股权转让时未履行国有资产管理机构的审批、备案程序。

2014年9月25日,柳国杞就上述股权转让未履行国有资产评估手续事宜出具《情况说明》:上海莘庄在受让红星药业股权后,考虑到合资经营存在难度,决定将持有的红星药业40%股权转让给柳国杞。因本次转让股权与前次受让股权间隔时间较短且未实现

盈利，因此本次股权转让仍以受让股权时的价格进行转让。

上述股权转让虽未经过评估，但因本次股权转让与上海莘庄前次受让股权间隔时间较短且前次受让股权时已经过资产评估，上海莘庄以前次受让股权的价格向柳国杞转让股权的行为不影响本次股权转让的效力。

九、恒锐科技(430453)：国资转让确认存在审批风险

大连海事大学为公司设立时在工商部门登记的股东，2007 年其将持有的恒锐科技股权全部转让后退出。根据大连海事大学确认，其在登记为恒锐科技股东期间，从未向恒锐科技实际出资，其所持恒锐科技股权实际为代王发海持有，因此其持有、转让公司股权无须履行国资审批程序。

基于谨慎性原则，我公司认为，鉴于大连海事大学未向恒锐科技实际出资并未得到国资部门的确认，大连海事大学原持有的恒锐科技股权仍可能涉及国有资产，并因未履行国资审批程序而存在潜在纠纷风险。目前公司正在与大连海事大学积极沟通，争取通过向相关政府部门走访、函证等各种可能的方式，确认大连海事大学并未向恒锐科技实际出资的事实，但具体结果、时间存在较大的不确定性。

第十四章 新三板挂牌的行业问题

【基本理论】

一、新三板挂牌对行业的要求

对于交易所上市的企业,某些行业是目前无法登陆交易所的,也就是说,企业交易所上市对某些行业有着一定的限制。那么,新三板挂牌是否对行业也有所限制,或者是划了一个范围,规定哪些行业是可以的,哪些行业是不可以的?

从规则上来讲,新三板对挂牌企业是没有任何行业限制的,并且很多交易所无法上市的行业在新三板已经实现了突破。从小兵个人观点来看,也不希望对新三板挂牌企业的行业做出审核限制,新三板就是一个平台,欢迎任何行业的企业挂牌。

但是,作为中介机构,要有自己专业的对于行业的判断能力,某些行业可能并不是明确不能新三板挂牌,但是我们在判断问题时还是要审慎,要付出比别的行业或者企业更多的心血和精力。

(一)新三板挂牌的行业禁区

对于新三板挂牌行业的理解,首先我们要明确:新三板市场欢迎有创新、有发展前景或潜力的公司,而不是已经看不到前途的企业。因此,小兵对这个问题如此理解:

1. 某些敏感行业或者与政策不符的行业,目前来看,暂时还不适宜新三板挂牌，如房地产行业、殡葬行业等。

2. 某些发改委列为限制类或淘汰类的行业，国家明文要淘汰落后产能的行业，如水泥、钢铁业等。

3. 某些明显处于行业发展周期低谷且短期内很难迅速扭转行业发展趋势的行业，如光伏、风电业等。

4. 某些行业存在“野蛮”生长的问题，存在诸多资质或者环保问题，如矿业、城镇银行业等。

除此之外，只要这个行业是投资者能够理解并接受的，并且这个行业可以孕育和发展很多优秀企业的，那么我们就鼓励和欢迎这些行业的企业来挂牌。

(二)新三板挂牌行业的几个误区

小兵提醒以下几个可能存在的认识误区：

1. 只有不好的行业，没有不好的企业。除了上述提到的某些行业可能本身就不符合新三板要求之外，我们不能单纯因为行业存在的一些问题而否定全部企业，如农业、餐饮业等，这些行业可能存在诸多问题，但是我们不能忽视这些行业中也有优秀的企业，也有管理规范的企业，这些企业同样是新三板欢迎的。

2. 新三板欢迎创新型企业，但是不能说传统行业就没有创新企业，更不能狭隘地认为只有互联网高科技的企业才是创新企业。例如，生产机床甚至服装的企业，只要有自己的创新意识和成果，同样都是创新企业，如对某种产品的改进，对某个流程的优化等。

3. 同样是一个行业，可能会存在天壤之别的企业，这可能体现在企业家素质、管理思路、商业模式、员工团队、供应商客户等各个方面，而这些具体的企业有的可能适合新三板，而有一些不一定适合。

对于参与新三板的中介机构而言，对于这个企业是不是适合新三板的可能行业的判断是一个前置性的判断，同时也是很考验功力的一个判断，希望经过更多项目的磨炼，每一个参与者都可以对这个问题有更加清醒和理智的认识，并且保证这样的认识是经得起考验和检验的。

二、充分认知行业分类的价值

(一)行业分类的价值所在

关于行业分类的必要性以及存在的价值,其发展以及在实践中真正实施并发挥重要作用是一个渐进的过程。

最早认知的是投资机构,前些年做得出色的投资机构基本都是在某几个或者某一个领域有着自己独特的理解和水平;有的关注环保、医疗;有的关注互联网、信息化;有的关注现代农业、大消费。后来以券商为代表的中介机构也逐渐在行业分类方面做出尝试,比如我们常见的券商的投资银行部都设立了专门的行业群组,如TMT、医疗、环保等。

那么,监管机构要不要在行业分类方面也做出一些探索,小兵个人觉得还是很有必要的。我们先说投资机构和中介机构进行行业分类的必要性和价值主要体现在以下几点:

1. 理论基础:每个人的精力是有限的,所谓术业有专攻,与其在大海里全面撒网,不如找到属于自己的一片蓝海精耕细作。

2. 大的背景:中国的经济体量是足够大的,就算是不考虑其他因素,国内任意一个行业领域的业务机会都足够满足我们。

3. 政策趋势:国家鼓励某个行业做大做强,鼓励进行某个行业横向和纵向的产业升级和资源整合。

4. 核心价值:对某个行业越是了解,就越能够对某个行业的价值以及发展方向做出明确的判断,也就能提供更加精准、具体和价值最大化的服务。投资机构对某个行业越了解,投资就会越低风险,回报也会更高;中介机构对某个行业更了解,那么就会发现更多的业务机会并创造价值,比如对某个上市公司的估值更加准确,同时能够根据行业发展变化提供更多的基于业务整合的并购服务。

(二)行业分类的审核尝试

新三板挂牌企业越来越多,一年新增挂牌企业的数量甚至就可以媲美一个交易所二十多年发展的上市公司的存量。在规模和样本已经到了足够大的数量时,行业分类也就成为一种必要。

股转系统一直以创新的姿态走在前沿，并且也是在很多方面发出了自己的声音，同时做出了表率，那么小兵认为在行业分类方面也可以做出一些尝试：

1. 建立更加符合实际甚至脱离现有标准而具有更加实践指导意义的行业分类标准，如整合难度、上下游产业链等。

2. 针对不同的行业出具不同的审核以及信息披露的指引，尽管股转系统对于新三板挂牌的门槛是开放的也是统一的，但是不同的行业之间可能会在运作模式、发展前景、财务规范等各个细节方面存在很大的差异甚至是矛盾不共荣的情况。

3. 归纳总结不同行业的发展趋势、竞争优势以及行业风险，从一种更高的层次指引中介机构的行为，并且推动整个行业的发展。

其实，股转系统在新三板挂牌企业转让说明书的信息披露中已经明确表达了这样的意思，比如要求披露每个行业的发展趋势、每个企业特有的商业模式和盈利模式等，只是股转系统并没有表达一个明确的行业分类监管的信号，同时中介机构也是偷懒，把这些对行业分类有价值的信息给写成了千篇一律的东西。

从这个意义上讲，行业分类前进的道路，需要监管机构更加明确的信息，同时需要中介机构更加尽心尽力的思考和执行。试问，很多券商每年要推荐如此众多的企业，又有多少券商的新三板部门已经有了行业分类的行动或者是念头？

【农业企业挂牌审核关注】

截至 2015 年 4 月末，所属中国证监会《上市公司行业分类指引》(2012 年修订)农林牧渔业行业的新三板挂牌公司(以下简称农业企业)共 52 家。本书主要针对农业企业挂牌新三板中常见问题予以汇总。

一、租赁土地瑕疵问题

土地是农业企业开展生产经营最重要的生产资料，如何合法取得土地使用权是农业企业合法生产经营的重要考量因素，也是全国股转系统审核农业企业重点关注的问题。

目前，我国《土地管理法》及实施条例、《农村土地承包法》《农村土地承包经营权流转管理办法》《基本农田保护条例》等法律及地方性法规、规章或政策，对我国农村集体建设用地使用权、农村集体农用地使用权及农村集体未利用地（指荒山、荒沟、荒滩、荒坡等"四荒"土地）使用权的流转原则、流转方式、流转期限、审批程序予以明确规定。同时，对于其他地表资源（如草原使用权、林地使用权、海域使用权、滩涂使用权及水面养殖权）等也有相应的《草原法》《森林法》《海域管理法》《渔业法》等法律法规予以明确规定。

根据挂牌公司反馈答复，全国股转系统在审核时重点关注以下几个问题：(1)挂牌公司所使用的土地的性质和用途；(2)挂牌公司土地承包、租赁关系的合法性、有效性，包括但不限于主体是否适格，是否涉及改变土地用途，是否需要并已经履行相关村民决策，以及政府部门的审批、登记手续；(3)是否存在承包、租赁事项无效的风险，是否存在无法转为国有土地和取得新的使用权证的风险，是否存在公司集体土地被收回的风险，对挂牌公司持续经营是否会产生重大不利影响，以及公司针对风险的具体应对措施。

挂牌公司在根据全国股转系统要求逐一反馈答复的同时，当地主管土地资源管理部门会对挂牌公司在报告期内使用土地情况或者某一特别土地使用情况出具合法合规证明或者无重大违法违规证明。

相关答复可参考绿健神农（831851）、壹加壹（831609）、安信种苗（831492）、中喜生态（831439）、远泉股份（831453）等挂牌公司。

二、个人客户和供应商问题

新三板挂牌农业企业受其发展规模、所处地理位置、交易习惯等因素影响，一般存在个人客户和供应商情形。与单位客户和供应商相比，个人客户和供应商在采购/供应能力、经营规模、规范经营情况等方面存在一定的不足，一方面可能产生大量现金交易问题，另一方面可能无法确保挂牌公司收入真实性、准确性和完整性。

根据挂牌公司反馈答复，全国股转系统在审核时重点关注以下几个问题：

（一）针对个人客户

需关注：(1)挂牌公司结合业务特点及客户特点向个人客户销售的必要性，报告期内公司向个人客户销售收入总金额及占比；(2)挂牌公司针对个人客户的合同签订、发票开具与取得、结算方式等，挂牌公司销售循环相关的内控制度及执行的有效性；(3)主办券商及会计师需核查与挂牌公司销售循环相关的内控制度的有效性及挂牌公司执行情况，若存在现金收款的，需核查入账的及时性及完整性；(4)挂牌公司和客户的合作模式，公司是否对个人客户存在较大依赖；(5)主办券商及会计师针对挂牌公司销售的真实性及完整性执行的具体尽调及审计程序，确认的金额占总金额的比重，以及取得的相关的内外部证据；(6)主办券商及会计师需针对挂牌公司销售的真实性、完整性、准确性，是否存在资金体外循环的情形发表专业意见。

（二）针对个人供应商

需关注：(1)挂牌公司结合采购内容、个人及单位供应商的采购价格对比分析说明挂牌公司从个人供应商采购的必要性；(2)挂牌公司向个人采购的金额及占比以及现金付款的金额及占比；(3)挂牌公司与个人供应商的合同签订情况以及与采购循环相关的内控制度；(4)挂牌公司和主要供应商的合作模式，是否对个人供应商存在较大依赖；(5)主办券商及会计师需核查与挂牌公司采购循环相关的内控制度的有效性及公司执行情况，针对挂牌公司采购的真实性及完整性执行的具体尽调及审计程序、确认的金额占总金额的比重，及取得的相关的内外部证据；(6)主办券商及会计师需针对公司采购的真实性、完整性、准确性，是否存在资金体外循环的情形发表专业意见。

相关答复可参考吉成园林（832329）、绿健神农（831851）、垦丰种业（831888）、壹加壹（831609）、白水农夫（831436）等挂牌公司。

三、现金收付问题

现金收付问题是挂牌企业存在大量个人客户和供应商时难以

避免的一个问题，也是必须予以规范的一个问题。一方面大量现金交易可能无法确保挂牌公司收入真实性、准确性和完整性；另一方面存在使用现金交易而未开具发票可能导致的税收缴纳问题。

根据挂牌公司反馈答复，全国股转系统在审核时重点关注以下几个问题：(1)挂牌公司现金交易的具体情况、金额及其占总收入(采购)金额的比重情况；(2)存在坐支(如有)的具体情况、原因、合法合规性及其解决措施；(3)合同签订、发票开具与取得、款项结算方式等销售流程、相关流转税及所得税的计提与缴纳情况等，如何保证收入(采购)的真实性和完整性，税收缴纳的合法合规性，以及内部控制措施的有效性，如何规范现金交易及其措施。

相关答复可参考吉成园林(832329)、欣绿茶花(832191)、垦丰种业(831888)、民正农牧(832132)、恒丰科技(831233)等挂牌公司。

四、员工个人卡问题

员工个人卡问题，是和挂牌公司存在个人客户和供应商、现金收付情形伴随的问题，也是必须予以规范的一个问题。一方面存在员工个人卡可能无法确保挂牌公司收入真实性、准确性和完整性；另一方面存在资金被挪用或侵吞的风险。

根据挂牌公司反馈答复，全国股转系统在审核时重点关注以下几个问题：(1)挂牌公司由关联方或业务员等代公司收款的具体情况、原因及其合理性，是否影响公司资金的独立性和完整性；(2)结合针对资金被挪用或侵吞的相关制度，分析如何保证收款入账的及时性、完整性以及解决措施。

相关答复可参考垦丰种业(831888)、民正农牧(832132)、玉如意(831760)等挂牌公司。

五、临时用工问题

受农业企业生产季节性特点、部分劳动环节技术含量低等因素影响，部分挂牌公司报告期内存在雇佣临时工情形。如挂牌公司临时用工比例较大，则存在人员流动性较高以及可能产生劳动争议的风险。

根据挂牌公司反馈答复,全国股转系统在审核时重点关注以下几个问题:(1)公司与临时工签订的合同类型及内容,该等用工形式是否符合《劳动合同法》《关于非全日制用工若干问题的意见》等相关法律法规的规定,公司是否符合“合法规范经营”的挂牌条件;(2)相关人员是否依法合规地缴纳社保或新农保;(3)是否存在主管部门处罚的风险及用工合同的纠纷;(4)规范劳动用工制度的解决措施及可执行性。

相关答复可参考吉成园林(832329)、欣绿茶花(832191)、安信种苗(831492)、白水农夫(831436)、恒丰科技(831233)等挂牌公司。

六、社保和公积金问题

不同于A股同行业上市公司,农业企业未为全部员工缴纳社保和公积金的情况较为突出,存在不完全符合国家关于劳动和社会保障相关法律法规的风险。

根据挂牌公司反馈答复,全国股转系统在审核时重点关注以下几个问题:(1)挂牌公司社保及公积金缴纳情况;(2)缴纳情况是否符合相关法律法规,挂牌公司是否符合“合法规范经营”的挂牌条件。

在具体分析公司社保及公积金缴纳情况的基础上,相关监管部分均出具了挂牌公司合法合规说明,同时公司控股股东及实际控制人均出具相应承诺。

相关答复可参考吉成园林(832329)、民止农牧(832132)、川娇农牧(831915)等挂牌公司。

七、委托外协生产问题

不同农业企业所处产业链条位置不同,部分农业企业存在将加工环节委托外协生产情形。委托外协生产,虽可提高生产效率,但也面临着潜在关联交易、形成重大依赖、定价不公允、质量不符合标准等风险。

根据挂牌公司反馈答复,全国股转系统在审核时重点关注以下几个问题:(1)报告期内主要的外协厂商名称、选择标准及与挂牌公司合作情况;(2)挂牌公司外协生产占挂牌公司生产成本的比例,与外协厂商的定价机制,挂牌公司是否对外协厂商存在依赖;(3)挂牌公司如何对外协产品实施质量检验控制;(4)挂牌公司控股股东、实际控制人及公司董事、监事、高级管理人员与外协厂商是否存在关联关系。

相关答复可参考石大科技(832299)、沃田农业(832139)、神元生物(831808)、玉如意(831760)、佰蒂生物(831363)等挂牌公司。

八、生产经营许可证问题

取得主营业务所需的全部资质是公司合法合规经营和持续经营的必备条件。对于种子农业企业而言,需根据《农作物种子生产经营许可管理办法》的相关规定依法取得农作物种子的生产许可证和经营许可证,并符合《种子法》《主要农作物审定办法》及《植物新品种保护条例》中关于品种权和植物新品种保护制度的相关规定。此外,对于存在种子进出口业务的挂牌公司,还需要办理《海关进出口货物收发货人报关注册登记证书》《对外贸易经营者备案登记表》《自理报检企业备案登记证明书》等证书。

根据挂牌公司反馈答复,全国股转系统在审核时重点关注以下几个问题:(1)是否具有经营业务所需的全部资质、许可、认证、特许经营权;(2)是否存在超越资质、范围经营的情况,是否存在相应的法律风险,公司的风险控制和规范措施,是否构成重大违法行为;(3)是否存在无法续期的风险,对公司持续经营的影响。一般情况下,农业企业均取得生产经营所需的必要资质、许可、认证、特许经营权。

相关答复可参考垦丰种业(831888)、中棉种业(832019)、冬虫夏草(831898)等挂牌公司。

九、过分依赖非经常性损益(政府补贴)问题

受国家产业政策影响,大部分挂牌公司报告期内均获得一定的政府补贴。在盈利状况不佳的情况下,挂牌公司对政府补贴形

成的非经常性损益产生重大依赖，并引发挂牌公司能否持续经营的质疑。

根据挂牌公司反馈答复，全国股转系统在审核时重点关注以下几个问题：(1)如挂牌公司盈利对非经常性损益产生依赖，需为重大事项提示补充披露；(2)主办券商及会计师需结合政府补助的具体内容核查公司政府补助的会计核算是否符合企业会计准则的要求，是否存在将需要资本化的政府补助计入当期损益的情形；(3)主办券商需针对公司非经常性损益占公司净利润的比重较高是否影响公司持续经营能力发表专业意见。

相关答复可参考远泉股份(831453)、安信种苗(831492)、佰蒂生物(831363)等挂牌公司。

十、生物资产问题

一般情况下，按照《企业会计准则第 5 号——生物资产》，农业企业农产品根据其生产经营特点在财务报表中可划分为消耗性生物资产和生产性生物资产。划分依据是否恰当，是否完全符合会计准则要求，对投资者了解公司存货情况、产能情况具有重要影响。

根据挂牌公司反馈答复，全国股转系统在审核时重点关注以下几个问题：(1)生物资产的划分依据；(2)生产性生物资产的分类成新率及平均成新率；(3)生物资产初始入账价值如何确定、后续计量方法、营业成本的结转方法等，并结合业务特点、经营规模、生产流程等说明期末生产性生物资产期末余额的合理性；(4)挂牌公司存货增长与各期产量、收入增长是否匹配，针对生物资产的盘点方法、程序和分类结果等，生物资产跌价准备或减值准备的计提方法和结果；(5)主办券商及会计师需结合采购循环中合同签订、入库单、发票开具、款项支付等关键点核查生物资产采购的真实性；(6)主办券商及会计师需说明针对生物资产的存在、计价与分摊所执行的尽职调查及审计程序，并说明生物资产的确认与计量是否符合《企业会计准则》的相关规定。

相关答复可参考壹加壹(831609)、绿健神农(831851)、川娇农牧(831915)、远泉股份(831453)、晓鸣农牧(831243)等挂牌公司。

【担保公司挂牌审核关注】

根据中国证监会《关于证券经营机构参与全国股转系统相关业务有关问题的通知》(2014 年 12 月 26 日发布),“支持证券公司、基金管理公司、期货公司、证券投资咨询机构等证券期货经营机构在全国股转系统挂牌”。金融行业作为资本密集型行业,公司资本规模的大小在一定程度上决定了公司的发展规模。

在国家政策大力支持下,金融行业内越来越多的公司选择挂牌新三板,以期通过新三板快捷、便利的融资制度发展壮大。目前,股份制银行、证券公司、期货公司、证券投资咨询机构、融资租赁、保险中介、担保公司、小贷公司、农村信用社、私募机构等金融细分行业内已有一家或多家企业挂牌新三板。

截至 2015 年 5 月末,共有五家担保公司挂牌新三板,分别为均信担保(430558)、山东再担(831899)、香塘担保(831959)、广信担保(832228)和亿盛担保(832413)。上述五家挂牌企业,均以融资性担保业务为主。本章主要针对上述五家融资性担保公司挂牌新三板常见问题予以汇总。

一、行业监管问题

(一)行业监管体系

根据 2009 年 2 月 3 日国务院办公厅发布的《关于进一步明确融资性担保业务监管职责的通知》(国发办〔2009〕7 号)、2009 年 4 月 20 日国务院发布的《国务院关于同意建立融资性担保业务监管部际联席会议制度的批复》(国函〔2009〕50 号)、2010 年 3 月 8 日颁布的《融资性担保公司管理暂行办法》(以下简称《管理办法》),我国融资性担保行业最高管理部门为由银监会牵头的融资性担保业务监管部际联席会议,各个地区监管部门为省、自治区、直辖市人民政府确定的负责监督管理本辖区融资性担保公司的部门。

据此,我国融资性担保公司所处地区不同,面临的行业监管体系也会有一定差异。根据挂牌公司反馈答复，全国股转系统在审核时重点关注以下几个问题：(1)公司的监管层级安排；(2)如监管政策变化，公司可能会面临的政策风险；(3)公司日常监管是否到位、有效。

相关答复可参考广信担保(832228)等挂牌公司。

(二)挂牌后股权转让方式审批问题

根据《管理办法》，融资性担保公司变更持有5%以上股权的股东，需事先经过监管部门审查批准。而部分地方监管部门制定的行业规定，如《四川省融资性担保公司管理暂行办法》中又明确持有5%以下股权的股东变更须经市(州)政府监管部门审批并报省金融办备案。

目前，我国新三板主要采取协议转让、做市转让方式，并且在申请挂牌时必须明确转让方式。如融资性担保公司所属地区制定的管理办法做出类似于四川省上述规定，则必将对挂牌公司公开转让形成一定障碍，影响交易效率。因此，全国股转系统在审核时，也重点关注公司挂牌时是否应取得或已经取得监管部门的意见。

挂牌公司中，根据香塘担保(831959)取得的江苏省经济和信息化委员会出具的《关于"新三板"挂牌融资性担保公司股份转让有关问题的批复》，"融资性担保公司在全国中小企业股份转让系统挂牌后，在实际控制人不变、没有新进持股5%以上股东的情况下，通过股转系统转让股份，无须经融资性担保机构监管部门审批。其他股份变更事项，须按相关规定报经我委审查批准"。根据广信担保(832228)取得的四川省金融办出具的《关于广元市广信农业融资担保股份有限公司"新三板"挂牌有关事项的函》，同意广信担保在全国股转系统挂牌后，5%以下的股权转让变更事项由审批调整为事后报备。

二、开展业务合法合规性问题

融资性担保公司开展业务时，除遵守《管理办法》的相关规定外，还需符合《融资性担保机构经营许可证管理指引》《融资性担保公司董事、监事、高级管理人员任职资格管理暂行办法》《融资性担保公司公司治理指引》《融资性担保公司信息披露指引》《融资性担保公司内部控制指引》(以上简称配套指引)等配套指引的规定。《管理办法》及其配套指引对融资性担保公司的股权变更及董监高变更、对外投资、关联担保、委托贷款、信息披露等予以详细规定。

同时,融资性担保公司开展业务时,还需符合《融资性担保业务监管部际联席会议关于规范融资性担保机构客户担保保证金管理的通知》(融资担保发〔2012〕1 号)中关于客户保证金管理的相关规定,并且不存在《关于清理规范非融资性担保公司的通知》、《关于融资性担保机构违规关联担保有关风险的提示函》(融资担保办函〔2014〕42 号)中列示的不规范情形。关于全国股转系统对该三个规定的审核要求及相关反馈答复,可参考山东再担(831899)、香塘担保(831959)、广信担保(832228)等挂牌公司。

下面主要就《管理办法》及其配套指引中相关规定,分别阐述:

(一)股权变更及董监高变更

根据《管理办法》,融资性担保公司变更持有 5% 以上股权的股东、变更董监高均需经监管部门审查批准。同时,《融资性担保公司公司治理指引》《融资性担保公司董事、监事、高级管理人员任职资格管理暂行办法》对股东资格、董监高资格予以明确规定。

挂牌公司股东、董监高是否符合上述规定及变更是否经过必要批准是全国股转系统审核重点。同时,对于国有股东和外资股东,还需取得国有管理部门和商务部门相关批复。

相关答复可参考山东再担(831899)、广信担保(832228)等挂牌公司。

(二)对外投资

根据《管理办法》,"融资性担保公司以自有资金进行投资,限于国债、金融债券及大型企业债务融资工具等信用等级较高的固定收益类金融产品,以及不存在利益冲突且总额不高于净资产 20% 的其他投资"。根据该规定,如挂牌公司以自有资金对外进行股权投资或者债权投资,相应会形成交易性金融资产、持有至到期投资、可供出售金融资产等会计科目,且投资收益情况有可能对公司利润影响较大。

根据挂牌公司反馈答复,全国股转系统在审核时重点关注以下几个问题:(1)公司报告期内存在交易性金融资产、持有至到期投资的,需说明并披露上述投资的时间、原因、金额(发生额、余额)、履行的决策程序、会计核算方法及投资收益情况;(2)公司报告期内存在可供出售金融资产的,需披露可供出售权益工具的具体内容、投资期限、初始投资额、期末投资额及会计核算方法;(3)公司购买理财产品(银行、信托)的,需说明并披露投资理财的时间、原因、金额(发生额、余额)、风险级别、履行的决策程序以及会计核算方法,及投资理财对公司流动性及主营业务的影响;(4)申报会计师需就上述投资的核算是否合规发表意见;(5)主办券商需核查上述投资的投资方式和内容是否合规,是否符合《融资性担保公司管理暂行办法》等相关规定,投资产生的风险是否可能对公司持续经营产生不利影响,如有必要,需做充分的风险揭示和重大事项提示。

相关答复可参考山东再担(831899)、香塘担保(831959)等挂牌公司。

(三)关联担保

根据《管理办法》,“融资性担保公司不得为其母公司或子公司提供融资性担保”。同时根据《关于融资性担保机构违规关联担保有关风险的提示函》(融资担保办函〔2014〕42号),要重点关注融资性担保公司的实际控制人、股东、员工及关联方设立或控制财富管理公司、投资公司及P2P平台等理财关联公司的情况,以避免融资性担保公司为理财关联公司成立的产品承诺的高额回报及本金提供担保,并将上述资金通过关联公司或直接从事民间借贷等活动。

根据挂牌公司反馈答复,全国股转系统在审核时重点关注以下几个问题:(1)主办券商需核查并说明公司是否符合关联担保情形,并就报告期内经常性关联交易的合规性核查并发表意见;(2)公司报告期内存在关联方占款(或公司为关联方担保)的情形的,需披露报告期内关联方资金占用的产生原因、还款方式、是否签订协议并约定利息、对关联方资金占用的规范情况、针对关联方占款的内控制度,主办券商及会计师需核查关联方资金占用的规范措施是否有效、期后是否仍发生关联方占款,并对公司与关联方资金独立性发表专业意见；(3)如公司报告期内将P2P借贷担保业务作为担保品种或者开始与从事P2P业务的平台公司展开合作，主办券商和律师需就该业务是否符合监管要求进一步核查并发表明确意见。

相关答复可参考均信担保(430558)、广信担保(832228)和亿盛担保(832413)等挂牌公司。

(四)委托贷款

根据《管理办法》，融资性担保公司不得从事吸收存款、发放贷款、受托发放贷款、受托投资等活动。同时根据《关于清理规范非融资性担保公司的通知》，对从事非法吸收存款、非法集资、非法理财、高利放贷等违法违规活动或违规经营融资性担保业务的，要坚决依法查处和取缔。

对于存在委托贷款业务的，全国股转系统在审核时重点关注以下几个问题：(1)委托贷款业务的账务处理；(2)委托贷款是否符合监管规定、是否符合《管理办法》相关规定。

相关答复可参考山东再担(831899)、香塘担保(831959)、广信担保(832228)等挂牌公司。

(五)信息披露

根据银监会制定的《融资性担保公司信息披露指引》(银监发〔2010〕100号)，对融资性担保公司信息披露的原则、内容和管理方式予以明确规定。

据此，和其他行业申报全国股转系统时披露的《公开转让说明书》内容相比，融资性担保公司需在《公开转让说明书》中增加“风险管理与内部控制”章节。

全国股转系统审核时亦关注拟挂牌公司的信息披露的完整性和准确性。

相关答复可参考山东再担(831899)、香塘担保(831959)等挂牌公司。

三、其他问题

(一)适用会计准则问题

根据《企业会计准则解释第4号》(财政部财会〔2010〕15号)

规定，融资性担保公司应当执行企业会计准则，并按照《企业会计准则——应用指南》有关保险公司财务报表格式规定，结合公司实际情况，编制财务报表并对外披露相关信息，不再执行《担保企业会计核算办法》（财会〔2005〕17号）。融资性担保公司发生的担保业务，应当按照《企业会计准则第25号——原保险合同》《企业会计准则第26号——再保险合同》《保险合同相关会计处理规定》（财会〔2009〕15号）等有关保险合同的相关规定进行会计处理。

同时，在《公开转让说明书》中亦需披露行业特殊会计数据与财务指标，如担保业务放大倍数、担保代偿率、拨备覆盖率、累计担保代偿率、担保损失率、代偿回收率等。

全国股转系统审核时主要关注拟挂牌公司财务报表的编制是否符合《企业会计准则》等相关规定、会计数据和财务指标的准确性。

相关答复可参考山东再担（831899）、亿盛担保（832413）等挂牌公司。

（二）风险准备金

根据《管理办法》，"融资性担保公司应当按照当年担保费收入的50%提取未到期责任准备金，并按不低于当年年末担保责任余额1%的比例提取担保赔偿准备金。担保赔偿准备金累计达到当年担保责任余额10%的，实行差额提取"。同时，根据《金融企业财务规则——实施指南》（财金〔2007〕23号），主营担保业务的企业，应按本年实现净利润的10%提取一般风险准备金，用于弥补亏损，不得用于分红、转增资本。此外，《关于中小企业信用担保机构有关准备金企业所得税税前扣除政策的通知》（财税〔2012〕25号）对融资性担保公司提取风险准备金也做了相关规定。

全国股转系统审核时主要关注拟挂牌公司风险准备金（包括未到期责任准备金、担保赔偿准备金、一般风险准备金）提取比例是否符合相关规定。

相关答复可参考山东再担（831899）、香塘担保（831959）、广信担保（832228）和亿盛担保（832413）等挂牌公司。

（三）税收问题

根据《关于中小企业信用担保机构有关准备金企业所得税税

前扣除政策的通知》(财税〔2012〕25 号文件)规定,符合条件的中小企业信用担保机构按照不超过当年担保费收入 50% 的比例计提的未到期责任准备,允许在企业所得税税前扣除,同时将上年度计提的未到期责任准备余额转为当期收入;符合条件的中小企业信用担保机构按照不超过当年年末担保责任余额 1% 的比例计提的担保赔偿准备,允许在企业所得税税前扣除,同时将上年度计提的担保赔偿准备余额转为当期收入。

根据《关于中小企业信用担保机构免征营业税有关问题的通知》(工信部联企业〔2009〕114 号),经担保公司申请,省级中小企业管理部门和省级地方税务部门审核推荐,工业和信息化部和国家税务总局审核批准,符合条件的担保公司从事中小企业信用担保取得的收入三年内免征营业税。

全国股转系统审核时主要关注以下几个问题:(1)应交税费金额合理性与公司业务匹配性;(2)如报告期内公司的应交税费金额变动较大,需核查应交税费是否存在异常变动、原因是否合理;(3)如公司享受三年免征营业税政策到期后,如果政策出现变化导致不能通过的情形,或因为申请及审批过程所耗费的时间较长导致免税期间不连续,需披露相关风险。

相关答复可参考山东再担(831899)、香塘担保(831959)等挂牌公司。

(四)特别风险提示

和其他行业相比,融资性担保行业特别风险有:5% 以上股东变动需要事先审批、监管政策变动风险、风险管理体系可能失效的风险、流动性风险、客户信用风险、货币政策变动风险、贷款机构提高合作门槛风险、会计政策变动风险、税收政策变动风险、业务区域相对集中的风险等。

小贴士:这只是引子而已,将来我们要将对某个具体行业的研究报告、挂牌审核要点、投资价值分析要点等内容单独进行分析整理,这会是未来我们研究新三板另外的一个核心方向。

第十五章　国有控股公司挂牌新三板审核关注

【基本理论】

从规则和审核实践来讲,国有控股(包括参股公司)在新三板挂牌并没有特别关注之处,但是由于涉及国有资产会比较敏感审慎,那么这些企业在挂牌时要重点关注国有股权以及其他资产变动时是否履行了完备的手续并支付了对应的价格,从而论证是否存在国有资产流失的情形。

如果国有资产的管理或者处置存在瑕疵,那么一般都要采取相关措施进行补救,对于新三板挂牌的理念来讲,补救的措施主要就是:进行详尽的调查还原历史真相,中介机构进行专业判断并且充分提示风险,对相关当事人进行访谈并且出具承诺。至于是否还需要主管部门进行事后确认,小兵的观点是:如果主管部门配合程度较好且成本较低的情况下可以采取,如果取得证明文件可行性较小或者成本较高,那么是否取得证明文件应该不是企业是否挂牌的一个实质判断标准。

【实践案例】

一、新广联(832539)

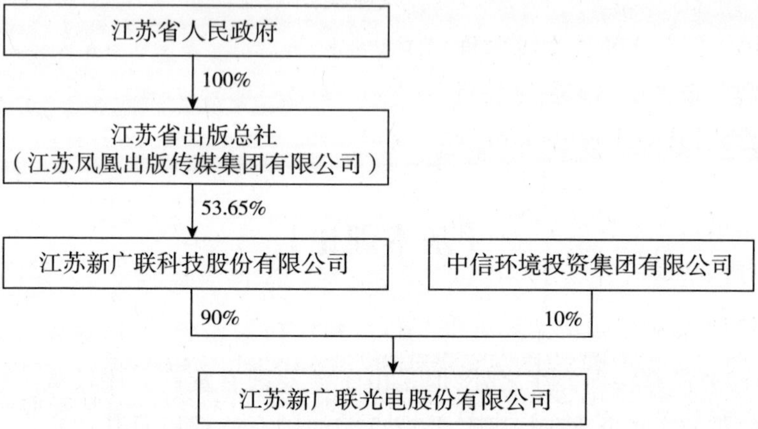

注:截至本公开转让说明书签署之日,公司未投资设立子公司及分公司。

1.请公司补充说明并披露公司历次增资和股权转让涉及国有股权比例变动所履行的审批、评估等程序。请主办券商和律师就前述事项作进一步补充核查,并就公司历次增资和股权转让涉及国有股权比例变动所履行的程序是否合法、合规,发表明确意见。

(1)《企业国有资产法》第30条规定:国家出资企业合并、分立、改制、上市,增加或者减少注册资本,发行债券,进行重大投资,为他人提供大额担保,转让重大财产,进行大额捐赠,分配利润,以及解散、申请破产等重大事项,应当遵守法律、行政法规以及企业章程的规定,不得损害出资人和债权人的权益。第33条规定:国有资本控股公司、国有资本参股公司有本法第30条所列事项的,依照法律、行政法规以及公司章程的规定,由公司股东会、股东大会或者董事会决定。绿色照明的《公司章程》规定:股东会对公司增加或减少注册资本作出决议。因此,2013年增资事项经绿色照明股东会审议通过,符合规定。

(2)《企业国有产权转让管理暂行办法》(国务院国有资产监督管理委员会、财政部令第3号)第26条规定:所出资企业决定其子企业的国有产权转让。其中,重要子企业的重大国有产权转让事项,应当报同级国有资产监督管理机构会签财政部门后批准。其中,涉及政府社会公共管理审批事项的,需预先报经政府有关部门审批。2013年12月27日,凤凰集团印发《江苏凤凰出版传媒集团有限公司重大事项管理实施细则》(苏凤版〔2013〕113号),该细则公布了江苏省委宣传部、江苏省财政厅确定的集团所属重要子企业,其中并未包括新广联传媒。

(3)根据《国有资产评估管理若干问题的规定》(中华人民共和国财政部令第14号)第3条的规定:占有单位对除上市公司以外的整体或者部分产权(股权)转让的,应当对相关国有资产进行评估。

(4)新广联传媒将所持绿色照明股权转让的原因如下:新广联传媒成立于2012年11月23日,注册资本为600万元,其股东为科技股份和中信环保,分别持股70%和30%,定位于广告发布和LED应用产品的生产、销售。新广联传媒于2012年12月成立绿色照明专门从事LED应用产品的生产销售,而新广联传媒成立以来广告业务开展缓慢,存在母子公司经营相同业务的情形。为减少股权控制层级,提高决策效率,同时降低运营管理成本,新广联传媒决定将所持绿色照明股权转让给科技股份和中信环保。中信环保和科技股份通过该次股权转让,将原通过新广联传媒间接持有的绿色照明股权转为直接持有,中信环保和科技股份实际拥有的绿色照明的股权比例并未发生变化,因此不需要对所转让的股权进行评估。

(5)2014年4月11日,江苏省人民政府国有资产监督管理委员会向凤凰集团核发"苏国资复〔2014〕41号"《关于江苏新广联光电股份有限公司国有股权管理有关事项的批复》,同意新广联国有股权管理方案,新广联股本总额为1800万股,其中科技股份(国有控股股东)持有1620万股,占总股本的90%;中信环保持有180万股,占总股本的10%。

综上，主办券商认为，公司历次增资及股权转让涉及国有股权比例变动均未违反国家禁止性法律规定，未造成国有资产流失，对本次挂牌不构成实质性障碍。

2. 针对股东为国有企业的，请主办券商、律师补充核查以下事项并发表明确意见：(1)股东的性质；(2)股东投资公司程序的合法合规性；(3)公司是否需要取得国有股权设置批复文件及相关依据。

(1)股东性质。公司目前股东为科技股份和中信环保，简要情况如下：

①科技股份。科技股份是国有控股的股份有限公司，其中江苏省出版总社持有其53.65%的股份，中信投资控股有限公司持有其41.22%的股份。江苏省出版总社系依据《事业单位登记管理条例》在江苏省事业单位登记管理局登记注册的事业法人，由江苏省人民政府举办。中信投资控股有限公司系国有独资公司中国中信集团有限公司下属的全资子公司。

②中信环保。中信环保系国有控股的股份有限公司，中信投资控股有限公司、中信兴业投资集团有限公司各持有中信环保50%股权。中信投资控股有限公司、中信兴业投资集团有限公司均系国有独资公司中国中信集团有限公司下属的全资子公司。

(2)股东投资公司程序的合法合规性：

①2012年12月，绿色照明设立时的出资绿色照明是由新广联传媒2012年12月独资设立的，本次出资，新广联传媒已履行了公司内部必要的内部决议程序，并依法办理了绿色照明的企业名称预先核准、验资、设立登记等手续。

②2014年1月，新广联传媒对绿色照明第一次增资时的出资。本次出资，新广联传媒已履行了必要的内部决策程序；绿色照明召开了股东会，并办理了验资及工商变更登记手续。

③2014年1月，科技股份对绿色照明第一次增资时的出资。本次出资，科技股份已履行了必要的内部决策程序，而绿色照明就本次增资，召开了股东会，并办理了资产评估、验资及工商变更登记手续。

④2014 年 1 月,科技股份、中信环保受让新广联传媒 420 万元、180 万元出资本次股权转让,科技股份、中信环保均就本次股权受让履行了各自必要的内部决策程序,绿色照明就本次股权转让召开了股东会,办理了工商变更登记程序。

⑤2014 年 5 月,绿色照明改制为股份公司时,科技股份和中信环保的出资就本次绿色照明整体变更设立为股份公司,科技股份和中信环保绿色照明已取得了国有股权设置批复文件,绿色照明召开了股东会,并聘请审计机构对公司财务报表进行审计,聘请评估机构对其资产、负债及股东全部权益进行评估并报国有资产主管部门备案,全体发起人签订了发起人协议,股份公司召开了创立大会暨第一次股东大会,并办理了验资及工商变更登记手续。

⑥2014 年 11 月,科技股份和中信环保对股份公司增资时的出资就本次增资,科技股份和中信环保已履行了必要的内部决策程序,股份公司召开了股东大会,并办理了验资及工商变更登记手续。

⑦公司是否需要取得国有股权设置批复文件及相关依据科技股份和中信环保均为国有控股公司,根据《财政部关于股份有限公司国有股权管理工作有关问题的通知》(财管字〔2000〕200 号)的规定,国有资产占用单位设立公司和发行 A 股股票涉及地方和中央单位共同持股的,按第一大股东归属确定管理权限,科技股份和中信环保需要取得江苏省有权机关关于国有股权设置的批复文件。

2014 年 4 月 11 日,江苏省人民政府国有资产监督管理委员会核发“苏国资复〔2014〕41 号”《关于江苏新广联光电股份有限公司国有股权管理有关事项的批复》,同意新广联国有股权管理方案,新广联股本总额为 1800 万股,其中科技股份(国有控股股东)持有 1620 万股,占总股本的 90%;中信环保持有 180 万股,占总股本的 10%。2014 年 4 月 11 日,江苏省财政厅向凤凰集团核发《关于江苏新广联绿色照明工程有限公司整体变更设立股份有限公司国有股权管理方案的函》,同意绿色照明整体变更设立为股份有限公司。

综上,主办券商认为:公司股东均为国有法人股东;股东投资于公司的程序合法合规;公司整体变更为股份公司时已取得有权国有资产管理部门出具的国有股权设置批复文件。

二、珠海港信(832493)

1	珠海港控股	41,310,000 股	81%	国有法人股东	无质押、冻结或其他争议情况
2	港晟投资	2,550,000 股	5%	社会法人股东	无质押、冻结或其他争议情况
3	珠海港远洋	2,040,000 股	4%	国有法人股东	无质押、冻结或其他争议情况
4	钟振洋	2,040,000 股	4%	自然人股东	无质押、冻结或其他争议情况
5	郭岩锋	1,530,000 股	3%	自然人股东	无质押、冻结或其他争议情况
6	宋锴林	1,530,000 股	3%	自然人股东	无质押、冻结或其他争议情况

注:截至本公开转让说明书签署之日,珠海港控股持有珠海港远洋 100%股权,其他股东之间无关联关系。

公司为国有控股公司,请主办券商及律师核查国有股东向公司出资、涉及国有股权转让或比例变更、股份制改造时是否取得国资监管机构的批复文件、是否履行国有股权管理(出资、股改、转让、比例变更)方面的相关程序,并就国有股权历次变化是否合法合规、是否存在国有资产流失的情况发表明确意见。

1. 设立出资。2009 年 9 月 4 日,珠海国资委下发《关于成立珠海港信息技术有限公司的核准意见》(珠国资〔2009〕323 号),同意珠海港集团出资设立全资子公司“珠海港信息技术有限公司”,注册资本为人民币 5000 万元。2009 年 9 月 21 日,珠海工商局核准信息公司成立。

2. 增加注册资本。2014 年 3 月 6 日,珠海国资委下发《关于珠海港集团对珠海港信息技术有限公司增加投资的意见》(珠国资〔2014〕60 号),同意珠海港集团对信息公司增加投资 500 万元,其中增加注册资本100万元，增加资本公积400万元，注册资本增加至5100万元。2014年3月14日，金湾工商局核准信息公司注册资本变更为人民币5100万元。

3. 股权划转。2014年3月14日，珠海国资委下发《关于无偿划转珠海港信息技术有限公司4%股权的处理意见》（珠国资〔2014〕68号），同意珠海港集团将其持有的信息公司出资人民币204万元（占信息公司注册资本的4%）无偿划转给远洋运输。2014年3月26日，金湾工商局核准信息公司股东变更为珠海港集团和远洋运输。

4. 股权转让。2014年5月27日，珠海国资委下发《关于公开转让珠海港信息技术有限公司15%股权的处理意见》（珠国资〔2014〕164号），同意珠海港集团通过珠海产权交易中心公开挂牌转让所持信息公司出资765万元（占信息公司注册资本的15%）。2014年8月14日，珠海国资委下发《关于珠海港信息技术有限公司15%股权公开挂牌转让实施方案的备案意见》（珠国资〔2014〕267号），同意珠海港集团通过珠海产权交易中心公开挂牌转让所持信息公司出资765万元（占信息公司注册资本的15%），挂牌底价为人民币801.6万元。2014年9月19日，珠海港集团通过珠海产权交易中心公开挂牌转让所持信息公司出资765万元（占信息公司注册资本的15%）国有股权，港晟投资、钟振洋、郭岩锋、宋锴林合计竞得信息公司出资765万元（占信息公司注册资本的15%）；2014年9月19日，珠海产权交易中心有限责任公司发出《中标通知书》；2014年9月20日，珠海港集团与港晟投资、钟振洋、宋锴林、郭岩锋组成的联合体签署《产权交易合同》；2014年9月26日，金湾工商局核准信息公司股东变更为珠海港集团、港晟投资、钟振洋、宋锴林、郭岩锋。

5. 信息公司整体变更为股份公司。2014年11月6日，珠海港集团召开2014年第十四次会议，审议通过广东中联羊城资产评估有限公司出具的中联羊城评字〔2014〕XHGPB0268号《评估报告》。同日，珠海市国资委下发《关于股份公司股份改制的处理意见》（珠国资〔2014〕376号），同意信息公司由有限公司变更为股份公司。2014年

12月8日,珠海工商局核准信息公司变更为股份公司。

综上,主办券商和项目律师认为,国有股东向公司出资、涉及国有股权转让或比例变更、股份制改造均取得国资监管机构的批复文件、已履行国有股权管理(出资、股改、转让、比例变更)方面的相关程序,公司国有股权历次变化合法合规,不存在国有资产流失的情况。

三、淮河化工(832263)

控股股东、前十名股东及持有5%以上股份股东情况

序号	股东姓名	持有股数(股)	持股比例(%)	股东性质	是否存在质押或其他争议事项
1	淮南矿业	10,179,445	31.00	国有法人	无
2	张晓玲	2,876,000	8.76	自然人	无
3	郭富强	2,876,000	8.76	自然人	无
4	吴长庚	2,260,000	6.88	自然人	无
5	邓成刚	2,260,000	6.88	自然人	无
6	王雪礼	2,260,000	6.88	自然人	无
7	李少冰	983,475	3.00	自然人	无
8	孙先德	411,000	1.25	自然人	无
9	刘长春	411,000	1.25	自然人	无
10	江以德	411,000	1.25	自然人	无
合计		24,927,920	75.91	—	—

2004年11月合成公司整体改制为股份公司时,矿业集团股份由100%降至31%,新增自然人股东11位,其中,6名自然人股东代持485名员工股权;各股东以净资产出资439.70万元,货币出资1000.54万元,其他资产出资1843.45万元。

(一)淮河化工改制设立前主体的法律性质,政府和国资委等机构批准或批复文件的主要内容,各股东的出资额和出资方式

1. 根据淮河化工以及淮南矿业的工商登记资料,合成公司系淮南矿业独资设立的有限责任公司,淮南矿业2004年时系国有独资的有限责任公司,因此合成公司改制为淮河化工时系国有独资公司的全资子公司。

2. 根据安徽省国资委《关于对淮南矿业集团合成材料有限责

任公司资产评估项目予以核准的批复》(皖国资产权函〔2004〕290号),该批复的主要内容为:本项目评估报告格式和内容基本符合规定要求。评估基准日为2004年8月31日,评估报告所揭求的评估结论仅对该公司改制项目有效,自2005年8月31日起失效。

根据安徽省国资委《关于设立安徽淮河化工股份有限公司的批复》(皖国资改革函〔2004〕299号),该批复的主要内容为:同意合成公司依法整体变更为淮河化工;公司注册资本为3283.69万元,股本总额为3283.69万股,其中:淮南矿业出资1017.94万元,比例为31%,股权性质为国有法人股;陈鸿等11位自然人共计出资2265.75万元,比例为69%,股权性质为个人股。合成公司整体变更为淮河化工后,原合成公司的债权债务由淮河化工承继。

根据安徽省人民政府颁发的《安徽省股份有限公司批准证书》(皖政股〔2004〕第38号),该批准证书记载的主要内容为:淮河化工主要发起人为淮南矿业(集团)有限责任公司、陈鸿、邓成刚、郭富强、金锐、孙先德、唐君、陶传义、王雪礼、吴长庚、张晓玲、张学凯;股本3283.69万股,其中国有股1017.94万股,占比31%,个人股2265.75万股,占比69%。

3. 根据公司2004年11月2日、30日的记账凭证、合成公司员工身份置换补偿金明细表、淮河化工员工股股本金明细表、各股东的《股权证》、淮南矿业2004年10月22日缴款的银行进账单、合成公司于2004年10月18日至21日期间向实际自然人股东出具的收据以及向银行缴存现金股金的银行现金交款单,淮河化工设立时,工商登记的各股东出资额和出资方式如下表所示:

序号	股东名称或姓名	出资方式			出资额(元)
		净资产出资(元)	身份置换金(元)	现金出资(元)	
1	淮南矿业	4,397,020.96	—	5,782,424.33	10,179,445.00
2	孙先德	—	5,030,288.00	2,283,000.00	7,313,288.00
3	张学凯	—	2,808,421.00	270,000.00	3,078,421.00
4	唐　君	—	2,642,758.00	250,000.00	2,892,758.00

续表

序号	股东名称或姓名	出资方式			出资额(元)
		净资产出资(元)	身份置换金(元)	现金出资(元)	
5	金　锐	—	2,624,906.00	240,000.00	2,864,906.00
6	陈　鸿	—	2,322,709.00	340,000.00	2,662,709.00
7	陶传义	—	2,416,268.00	200,000.00	2,616,268.00
8	郭富强	—	146,103.00	140,000.00	286,103.00
9	张晓玲	—	136,677.00	140,000.00	276,677.00
10	邓成刚	—	122,538.00	120,000.00	242,538.00
11	吴长庚	—	94,260.00	120,000.00	214,260.00
12	王雪礼	—	89,547.00	120,000.00	209,547.00

综上,主办券商、律师认为,合成公司改制设立淮河化工业经有权机关批准,股东出资方式符合法律、法规的规定。公司已在公开转让说明书"第一章基本情况"之"四、股权结构"之"(四)公司设立以来股本的形成及其变化和重大资产重组情况"之"(2)2004年11月整体改制设立股份公司"中补充披露如下:

2004年10月29日,安徽省国资委下发《关于对淮南矿业集团合成材料有限责任公司资产评估项目予以核准的批复》(皖国资产权函〔2004〕290号),对安徽华普会计师事务所金海分所出具的《资产评估报告书》予以核准。该批复的主要内容为:本项目评估报告格式和内容基本符合规定要求。评估基准日为2004年8月31日,评估报告所揭求的评估结论仅对该公司改制项目有效,自2005年8月31日起失效。

2004年11月4日,安徽省国资委下发《关于设立安徽淮河化工股份有限公司的批复》(皖国资改革函〔2004〕299号),该批复的主要内容为:同意合成公司依法整体变更为淮河化工;公司注册资本为3283.69万元,股本总额为3283.69万股,其中:矿业集团出资1017.94万元,比例为31%,股权性质为国有法人股;陈鸿等11位自然人共计出资2265.75万元,比例为69%,股权性质为个人股。合成公司整体变更为淮河化工后,原合成公司的债权债务由淮河化工承继。

2004年11月4日,安徽省人民政府向淮河化工核发了《安徽省股份有限公司批准证书》(皖政股〔2004〕第38号),该批准证书记载的主要内容为:淮河化工主要发起人为淮南矿业、陈鸿、邓成刚、郭富强、金锐、孙先德、唐君、陶传义、王雪礼、吴长庚、张晓玲、张学凯;批准的淮河化工股本总额为3283.69万股,其中:国有股1017.94万股,占比为31%;个人股为2265.75万股,占比为69%。

2004年11月5日,安徽华普会计师事务所出具了《验资报告》(华普验字〔2004〕第0713号),审验确认:截至2004年10月30日,淮河化工(筹)已收到全体股东缴纳的注册资本合计人民币32,836,920元。各股东具体出资额、出资方式如下表所示:

序号	股东名称或姓名	出资方式			出资额(元)
		净资产出资(元)	身份置换金(元)	现金出资(元)	
1	淮南矿业	4,397,020.96		5,782,424.33	10,179,445.00
2	孙先德		5,030,288.00	2,283,000.00	7,313,288.00
3	张学凯		2,808,421.00	270,000.00	3,078,421.00
4	唐君		2,642,758.00	250,000.00	2,892,758.00
5	金锐		2,624,906.00	240,000.00	2,864,906.00
6	陈鸿		2,322,709.00	340,000.00	2,662,709.00
7	陶传义		2,416,268.00	200,000.00	2,616,268.00
8	郭富强		146,103.00	140,000.00	286,103.00
9	张晓玲		136,677.00	140,000.00	276,677.00
10	邓成刚		122,538.00	120,000.00	242,538.00
11	吴长庚		94,260.00	120,000.00	214,260.00
12	王雪礼		89,547.00	120,000.00	209,547.00
合计		4,397,020.96	18,434,475.00	10,005,424.33	32,836,920.00

注:淮南矿业合计缴纳了10,179,445.29元,其中10,179,445元计入实收资本,剩余0.29元作为负债处理。

(二)合成公司改制设立淮河化工履行的内外部程序、各股东出资方式、出资比例、评估程序等、转让、受让主体的合法合规性,以及批复或备案机构的适格性

根据淮河化工的工商登记资料、有关《审计报告》《评估报告》、职工代表大会决议、淮南矿业及安徽省国资委批复等资料,并经主

办券商、律师查阅当时有效的《公司法》《国有资产评估管理办法》《国有资产评估项目核准管理办法》《关于国有大中型企业主辅分离辅业改制分流安置富余人员的实施办法》《国务院办公厅转发国务院国有资产监督管理委员会关于规范国有企业改制工作的意见》等法律法规和规范性文件，合成公司本次改制过程合法合规，具体理由如下：

1. 根据《公司法》《国务院办公厅转发国务院国有资产监督管理委员会关于规范国有企业改制工作的意见》《关于国有大中型企业主辅分离辅业改制分流安置富余人员的实施办法》《国有资产评估管理办法》《国有资产评估项目核准管理办法》等当时有效法律法规的规定，合成公司本次改制需取得股东、国有资产监督管理部门的同意，经公司职工代表大会审议改制有关方案，对资产进行审计、评估、就评估结果取得国有资产监督管理部门的核准并就设立股份公司事宜取得省级人民政府批准。

经核查淮南矿业《关于合成公司改制有关问题的批复》（煤企〔2004〕476 号）、《关于合成材料有限责任公司资产处置的批复》（董发〔2004〕12 号），合成公司 2004 年 10 月 8 日召开的职工代表大会决议，《审计报告》（华普金海分审字〔2004〕第 206 号），《资产评估报告书》（华普金海分评报字〔2004〕第 016 号），安徽省国资委《关于对淮南矿业集团合成材料有限责任公司资产评估项目予以核准的批复》（皖国资产权函〔2004〕290 号），安徽省国资委《关于设立安徽淮河化工股份有限公司的批复》（皖国资改革函〔2004〕299 号）以及《安徽省股份有限公司批准证书》（皖政股〔2004〕第 38 号）等文件，合成公司本次改制已经按照《公司法》等当时有效法律法规的规定履行了必要的内外部程序。

2. 根据当时有效的《公司法》规定，股份有限公司注册资本的最低限额为人民币一千万元，发起人可以用货币出资，也可以用实物、工业产权、非专利技术、土地使用权作价出资。对作为出资的实物、工业产权、非专利技术或者土地使用权，必须进行评估作价，核实财产，并折合为股份。发起人以工业产权、非专利技术作价出资的金额不得超过股份有限公司注册资本的 20%。《关于国有大中型企业主辅分离辅业改制分流安置富余人员的实施办法》规定，改制企业的国有净资产按规定进行各项支付的不足部分，应由原主体企业予以补足；剩余部分可向改制企业的员工或外部投资者出售，也可采取租赁、入股或转为债权等方式留在改制企业。

经核查安徽华普会计师事务所出具的《验资报告》（华普验字〔2004〕第0713号）、淮河化工记账凭证、银行进账单、收据等资料，淮河化工设立时，各股东合计以合成公司经评估的净资产及身份置换金出资22,831,495.96元，以货币出资10,005,424.33元，出资方式和出资比例符合前述有关法律法规的规定。

3.根据《国务院办公厅转发国务院国有资产监督管理委员会关于规范国有企业改制工作的意见》《关于国有大中型企业主辅分离辅业改制分流安置富余人员的实施办法》《国有资产评估管理办法》《国有资产评估项目核准管理办法》的规定，合成公司本次改制应当进行审计和资产评估，并由省级国有资产管理部门负责资产评估项目核准。

经核查本次改制涉及的《审计报告》（华普金海分审字〔2004〕第206号）、《资产评估报告书》（华普金海分评报字〔2004〕第016号）、《安徽省国资委关于对淮南矿业集团合成材料有限责任公司资产评估项目予以核准的批复》（皖国资产权函〔2004〕290号）等文件，合成公司本次改制进行的审计、评估符合前述有关法律法规的规定。

4.《国务院办公厅转发国务院国有资产监督管理委员会关于规范国有企业改制工作的意见》规定，国有企业改制方案需按照《企业国有资产监督管理暂行条例》和国资委的有关规定履行决定或批准程序，评估结果由依照有关规定批准国有企业改制和转让国有产权的单位核准；《企业国有资产监督管理暂行条例》规定，国有资产监督管理机构负责指导国有及国有控股企业建立现代企业制度，审核批准其所出资企业中的国有独资企业、国有独资公司的重组、股份制改造方案和所出资企业中的国有独资公司的章程。鉴于合成公司系淮南矿业的全资子公司，淮南矿业股东为安徽省国资委，合成公司本次改制及资产评估结果由安徽省国资委批准，主体适格。

（三）合成公司改制设立淮河化工是否存在国有资产流失的情形

经主办券商、律师核查，合成公司改制设立淮河化工履行了审计、评估、评估结果核准、职工代表大会审议通过、安徽省国资委批复同意、验资、安徽省人民政府颁发批准证书及工商登记等手续，具体详见《法律意见书》之“四、淮河化工的设立”。主办券商、律师认为，改制所涉国有资产已履行相应的评估程序，改制行为也已取得政府相关职能部门的批准，符合当时法律法规规定，不存在国有资产流失情形。

综上，主办券商、律师认为，合成公司本次改制设立淮河化工行为合法合规，符合“股权明晰，股票发行和转让行为合法合规”的挂牌条件。公司已在公开转让说明书“第一章基本情况”之“四、股权结构”之“（四）公司设立以来股本的形成及其变化和重大资产重组情况”中补充披露如下：

本次改制新增自然人股东均为合成公司员工，其以身份置换金及货币出资持有改制后淮河化工股份，不违反有关法律法规的规定；改制设立过程中不存在改制职工安置遗留问题；改制所涉国有资产已履行相应的评估程序，改制行为也已取得政府相关职能部门的批准，符合当时法律法规规定，不存在国有资产流失情形。

第十六章　区域性股权交易中心托管后新三板挂牌

【基本理论】

截至目前，据不完全统计，除了西藏等几个特别的区域之外，各个省级区域应该都拥有了自己的地方区域股权交易市场。这些市场绝大部分都是在2014年新三板扩容并快速扩展之后发展起来的，当然也有一些是历史悠久的老牌区域交易所，如齐鲁股权交易所、天津交易所等。地方区域股权交易所我们也常称为"四板"。

关于四板市场，市场上有很多的界定和争论，小兵这里不想做太多的论述，只是想简单说明一点，那就是企业家和参与者在面对四板市场的时候需要更加理性、审慎并且坚守自己的职业操守。四板市场是场外市场，自然会有更多的诱惑或纷扰，只有认真呵护才有可能真正实现为小微企业服务的基本目标。

关于四板到新三板挂牌的问题，首先从规则上没有任何的障碍，这里小兵只是简单提醒几点：

1. 四板转新三板并没有明确的"绿色通道"，也没有专门的审核规则和人员，关于这方面的论述更多是四板的一种自我宣传。

2. 企业在挂牌四板之前一定要审慎，四板的中介机构素质和执业能力差距较大需要自信甄别，不然四板不能帮助企业更好地发展甚至还有可能造成更多不必要的麻烦。

3. 四板并不是企业挂牌新三板的前置程序，四板和新三板是不同的交易市场，不同的企业可以根据自己的情况作出自己的选择。

4. 从审核实践来看，新三板挂牌的审核对于曾经挂牌四板的问题并没有过多关注，主要关注是否符合相关规则以及在挂牌期间是否存在股权转让以及其合规性。

【实践案例】

一、安运科技（430562）：区域性股权交易中心托管后转新三板的处理

解决方案：（1）详细披露托管期间股票发行、转让、质押等情况；（2）律师出具法律意见证明合法合规性。

2012年3月17日，有限公司召开股东会，决议同意有限公司变更为股份公司后，将股份公司的股份在重庆股份转让中心托管并挂牌转让。重庆股份转让中心于2012年4月24日出具《重庆安运科技股份有限公司挂牌备案确认函》（渝股转备函〔2012〕02号），确认公司具备股份报价转让企业资格。重庆股份转让中心于2012年4月26日出具《重庆股份转让中心股份登记托管确认书》渝股登：2012027），确认公司完成在重庆股份转让中心的股份登记托管。

经核查，2012年12月，重庆股份转让中心顺利通过了国务院清理整顿各类交易场所部际联席会议的检查验收，并取得了部际联席会议下发的检查验收合格的复函。

安运科技在重庆股份转让中心挂牌期间，符合国务院《关于清理整顿各类交易所切实防范金融风险的决定》（2011年第38号）的有关要求，不存在将任何权益拆分为均等份额公开发行，不存在采取集中竞价、做市商等集中交易方式进行交易；不存在将权益按照标准化交易单位持续挂牌交易，任何投资者买入后卖出或卖出

后买入同一交易品种的时间间隔不存在少于5个交易日；权益持有人累计不存在超过200人的情况。

截至本说明书出具之日，公司取得了重庆股份转让中心出具的关于安运科技股份托管期间的股票发行、转让行为合法、合规的相关证明。主办券商和律师查阅了重庆股份转让中心有限责任公司出具的成交凭证、股东持股清册等材料，一致认为安运科技公司股份托管期间的股票发行、转让行为合法、合规。安运科技目前不存在正在质押的股份，也不存在股份冻结的事项，且不存在股权纠纷或者潜在纠纷的情况。

2013年10月22日，公司已经正式向重庆股份转让中心有限责任公司申请停牌，2013年10月22日，重庆股份转让中心有限责任公司批准安运科技停牌。

根据重庆股份转让中心的相关规定，在安运科技取得《全国股份转让系统公司出具的同意挂牌函》之后，就可以完成重庆股份转让中心的摘牌工作。

律师认为，公司股份托管期间的股票发行、历次转让、质押等均履行了法律、行政法规、规范性文件及《公司章程》规定的必要程序，前述行为均合法合规。

二、大禹电气(430386)：挂牌前需暂停在股权托管中心的登记或交易

解决方案：与湖北省股权托管中心签订股权托管终止《协议书》。

公司股东发生的股权转让，均是通过协议转让的方式进行；公司在与湖北省股权托管中心(孝感办事处)签订《股权登记托管协议》后，股东间股权转让在转让方和受让方签订《股份转让协议》后，到湖北省股权托管中心(孝感办事处)办理股份登记手续，上述行为并非在湖北省股权托管中心(孝感办事处)进行股权转让交易。

根据公司与湖北省股权托管中心(孝感办事处)签订的《股权登记托管协议》、湖北省人民政府办公厅颁布的《省人民政府办公

厅转发省政府金融办省国资委省工商局省发改委关于规范开展企业股权集中登记托管工作意见的通知》(鄂政办发〔2012〕31号)。公司与湖北省股权托管中心(孝感办事处)在《股权登记托管协议》明确约定,公司委托湖北省股权托管中心(孝感办事处)作为股权托管服务机构,湖北省股权托管中心(孝感办事处)负责为公司进行股权登记及托管资料的管理并向公司提供股权查询、股权证明等服务。根据《省人民政府办公厅转发省政府金融办省国资委省工商局省发改委关于规范开展企业股权集中登记托管工作意见的通知》的规定:“凡在湖北省范围内依法设立的非上市股份有限公司的国家股、国有法人股、社会法人股、集体股、内部职工股和社会个人股等各类股权,已入围及拟申请入围全省上市后备企业资源库的有限责任公司,均应在股权登记托管机构集中登记托管。”“湖北省股权托管中心是经省人民政府批准设立的非营利性事业法人,为全省开展非上市公司股权集中登记托管服务的省级指定托管机构。”“股权登记业务包括办理初始登记、股权变更登记、注销托管登记、退出托管登记、发放股权证等。”因此,湖北省股权托管中心非为区域性股权转让市场,公司在湖北省股权托管中心(孝感办事处)办理股权登记的行为合法有效。

2013年11月8日,公司与湖北省股权托管中心(孝感办事处)签订股权托管终止《协议书》,双方达成如下协议:“双方同意解除《股权登记托管协议》,股权登记托管关系终止。”

第十七章　新三板持续督导关注的核心问题

一、违规交易

因频繁、大量进行反向交易，多次以大幅偏离行情揭示的最近成交价的价格进行下单，以及以大幅偏离行情揭示的最近成交价的价格成交，造成市场价格异常，严重干扰市场正常的交易秩序和正常的价格形成机制，全国股转公司决定对“中山市广安居企业投资管理有限公司”、“中山市八通街商务服务有限公司”、“中山市三宝股权投资管理有限公司”账户、“谭均豪”等4个账户采取限制证券账户交易（3个月）的监管措施。同时，全国股转公司将对相关主办券商进行约谈，敦促其履行客户交易行为的管理职责。

自证监会启动“证监法网”行动以来，截至目前，已有包括华泰集团、中科招商、现代农装在内的不少于11家公司，遭到了证监会的调查。证监会新闻发言人邓舸22日表示，证监会集中部署“2015证监法网”第三批案件，此次部署的案件为12起异常交易类案件，针对六类新型市场操纵行为，包括：以内容虚假、夸大、不确定信息影响股价的；多个主体机构联合操纵股价的；以市值管理为名内外联手操纵股价的；在公募私募等不同资管产品通过价格操纵输送不当利益的；利用天价标杆股影响市场估值、联合操纵多只或一类股票的；市场操纵与其他违法违规行为并行交织的。

证监会和全国股转系统对违法违规的交易行为的态度坚决、

明确，即坚持“零容忍”，坚决处理、绝不手软。下一步，全国股转公司继续密切监控市场价格的异常波动情形，严厉打击各种违法违规的交易行为，以维护市场正常交易秩序，保障市场的公平、公正，维护投资者合法权益，促进市场健康稳定发展。

二、违规信息披露

（一）临时公告和定期报告存在问题：可博来（430134）

可来博2013年度股东大会结束后未进行信息披露、2014年5月12日发布的临时公告未加盖董事会公章，可来博2013年度报告中所披露的审计报告为会计师事务所提供的审计报告初稿，欠缺注册会计师签字、会计师事务所盖章，且落款日期与会计师事务所正式出具的版本不一致。全国股转系统做出以下决定：对可来博及其董事长、董事会秘书、财务负责人一并采取通报批评的纪律处分措施；对可来博其他7名董事、监事采取出具警示函的监管措施；对可来博的主办券商东方花旗采取约见谈话的监管措施。

（二）定期报告披露违规：中航新材（430056）、中控智联（430122）

全国股转系统在对挂牌公司2013年年报进行审查的过程中发现，中航新材、中控智联两挂牌公司的年报披露存在违规问题，违反了《全国中小企业股份转让系统挂牌公司年度报告内容与格式指引（试行）》等相关文件的要求。中航新材的主要问题为年报披露形式规范性较差，多个章节出现遗漏应披露信息的现象；而中控智联的主要问题为2012年年报披露的财务数据与审计报告审定数据不一致，且未及时更正。

全国股转系统对两公司采取了约见谈话、出具警示函的监管措施，另对中航新材信息披露负责人余罗、主办券商中信建投证券采取了约见谈话的监管措施；对中控智联采取了约见谈话、要求提交书面承诺的监管措施，另对中控智联董事会秘书闫晓华、主办券商中原证券采取了约见谈话的监管措施。

（三）关联方和关联交易披露不完整：蓝天环保（430263）

蓝天环保总经理潘忠为公司控股股东，在蓝天环保申请挂牌时,同时担任金大地新能源(天津)集团有限公司(以下简称金大地)总裁,由于其没有如实提供个人兼职信息,导致金大地未被认定为蓝天环保关联方,且挂牌后蓝天环保与金大地发生委托采购、资金借款事宜,上述交易没有经过公司内部有效决策程序,且未披露。

全国股转系统对蓝天环保采取要求提交书面承诺的自律监管措施;对蓝天环保总经理潘忠采取约见谈话、要求提交书面承诺的自律监管措施,并记入行为记录档案。

三、公司治理和股票发行违规:中试电力(430291)

中试电力 2013 年 11 月 28 日公告了股票发行方案,2013 年 12 月 26 日完成验资,于 2014 年 6 月 12 日向我司提交备案材料,验资完成至进行备案时隔近半年;审议股票发行的股东大会通知时间距股东大会召开日不满 15 日;中试电力在 2013 年年报中披露,公司向 2 名非关联方个人提供借款共计 864.44 万元,占中试电力净资产的 24.5%。经主办券商核查,该交易程序未履行审议程序,违反了公司法与业务规则的相关规定;中试电力于 2013 年 11 月与借款人武汉东湖新技术开发区生产力促进中心,贷款人国家开发银行股份有限公司签订流动资金借款合同,借款金额为 1800 万元。该借款事项未按照公司章程的规定提交股东大会审议,且未在发生时及时履行信息披露义务;中试电力与汉口银行股份有限公司和天津国恒铁路控股股份有限公司之间存在票据追索权纠纷。汉口银行向武汉市中级人民法院提起诉讼,武汉市中级人民法院于 2013 年 10 月 14 日受理本案,并于 2014 年 2 月 27 日对此案件进行开庭审理。该项诉讼的涉案金额为 1650 万元,属于《信息披露细则》规定的重大事件,而中试电力于 2014 年 3 月 20 日才披露涉诉公告,对该项诉讼的披露不及时。

鉴于中试电力及相关当事人的上述违规事实和情节,全国股份转让系统作出如下决定:对中试电力公司给予通报批评的纪律处分,并记入证券期货市场诚信档案数据库;对中试电力控股股东、实际控制人、董事长兼总经理操立军给予通报批评的纪律处分,并记入证券期货市场诚信档案数据库。

四、违规资金占用：泰谷生物（430523）

湖南泰谷生物科技股份有限公司控股股东、实际控制人、董事长兼总经理曹典军，于2013年12月向公司借款1031.63万元，构成控股股东违规占用公司资金。公司在2014年4月28日前未履行信息披露义务。经主办券商督促，曹典军于2014年5月21日偿还全部资金和利息。

泰谷生物控股股东、实际控制人、董事长兼总经理曹典军于2013年12月被检察机关要求协助调查，2014年1月27日曹典军因涉嫌滥用职权罪、行贿罪被检察机关采取逮捕强制措施。自上述事件发生至2014年4月16日期间，公司未履行信息披露义务。2014年4月25日曹典军被取保候审。同时，曹典军违规占用公司资金，自资金占用行为发生至2014年4月28日期间，公司未履行信息披露义务。

全国股转系统对泰谷生物控股股东、实际控制人、董事长兼总经理曹典军给予了通报批评的纪律处分措施，并记入诚信档案。

五、财务造假：现代农装（430010）

现代农装早在2006年就在新三板挂牌，之后业绩表现一直不俗，营业收入从2006年的4.57亿元增长到2012年的20.33亿元；净利润从2007年的3826万元增长到2012年的4802万元，增长25%，其中2010年和2011年净利润均超过7400万元。2014年1月23日公司发布第三轮股票发行方案，计划定向发行股份4000万股，募集资金3.24亿元，而几个月后公司披露2014年度报告，公司收入降为17.41亿元，利润由2012年4802万元变为亏损6896万元，2014年更是亏损一个多亿元。参与第三次股票发行的机构屡次维权未果，最终向证监会举报，而2015年5月14日，公司终于等来了证监会的立案调查通知。

挂牌公司及相关信息披露义务人应当及时、公平地披露所有对公司股票及其他证券品种转让价格可能产生较大影响的信息，并保证信息披露内容的真实、准确、完整，不存在虚假记载、误导性陈述或重大遗漏。主办券商应当指导和督促所推荐挂牌公司规范履行信息披露义务，对其信息披露文件进行事前审查。发现拟披露的信息或已披露信息存在任何错误、遗漏或者误导的，或者发现存在应当披露而未披露事项的，主办券商应当要求挂牌公司进行更正或补充。挂牌公司拒不更正或补充的，主办券商应当在两个转让日内发布风险揭示公告并向全国股份转让系统公司报告。会计师事务所等证券服务机构在全国股转系统从事相关业务，应严格履行法定职责，遵守行业规范，勤勉尽责，诚实守信，并对出具文件的真实性、准确性、完整性负责。对于信息披露违规行为，全国股转公司将视情节轻重，实施自律监管措施和纪律处分；违反证券市场相关法律、法规和监管规定的，将依法移送中国证监会处理。

第十八章 损益表及其他基本分析

我们聊过了资产负债表的相关情况，那么从现在开始再简单聊聊损益表的相关情况。如果说资产负债表是时点数，代表了企业持续经营到现在累积下来的家业的话，那么损益表就是期间数，说明了企业在一段时间的经营成果。在实践中，对于企业管理者来说，可能更愿意关注损益表以及现金流量表，对资产负债表的科目以及代表的一些问题并没有那么引起重视。

一、营业收入

营业收入就是说明了企业销售产品或者提供劳务辛辛苦苦干了一段时间实现的收益。怎样才算是企业实现的收益真正属于自己挣来的呢？那么会计准则上收入确认的标准有五个，这个只要是了解会计准则人都知道，跟自己的老家以及姓氏一样了解。那么在实践中，我们关注收入确认主要关注的是风险和报酬转移的时点。

如果商品所有权的主要风险和报酬都移交给购买方，且购买方也没有什么异议了，企业在会计上就称为取得了“收款的权利”，这个时候就可以确认收入了。收入确认的时点，实践中一般有以下几种情形：

1. 发货确认收入。也就是说，只要是我把产品交给客户就确认收入，这一般存在于不需要安装的产品，产品“一经销售概不退还”或者产品历史上退换货率非常低可以预计的情形下。

2. 客户确认之后确认收入。这种情况下，一般是销售方将产品运送至客户指定位置，进行安装调试确定可以正常使用，然后客户签署确认单之后确认收入。目前，除了我们常见的吃的喝的一些快消品之外，工业领域定制化和非标产品越来越多，那么采用客户验收确认收入的情形也就更加普遍。

3. 报关确认收入或者越过船舷确认收入。这种情况一般存在于需要报关出口的情形，在出口的情况下，由于国际贸易条款比较丰富复杂，那么具体的收入确认的标准也会比较复杂，不管怎样，只要是能找到一个明确的依据并且这个依据能够得到客户的认可就可以确认收入。

前面提到的都是关于销售商品的收入确认的一般标准，除此之外还有一种重要的实现收入的形式，那就是提供劳务。提供劳务，如果时间很短（如打扫卫生、演讲培训）等，一般就是在提供劳务结束时确认收入。

此外，还有一种情况那就是建造合同如何确认收入。建造合同一般情况下存在金额大、周期长（一般都跨期）、手续复杂烦琐等特点，这就对收入确认怎么保证真实准确提出了很大的挑战。建造合同一般情况下要采取完工百分比法的方式来确认收入，那么这个完工百分比的比例确定标准是什么怎么选择标准怎么确定标准就是一个实践中既重要又复杂的问题。在实践中，有工作量、工时等各种考量因素可以帮助确定完工的比例，这里就不再详细论述了。

最后，关于收入确认的问题还有两个问题需要强调一下：

1. 建造合同就是要适用建造合同的会计准则进行处理。在某些人看来，建造合同以最终完工验收的时点一次性确认收入是最安全谨慎的，这样的观点是错误的。什么样的经营模式采取什么样的会计准则，才能保证财务会计信息的真实、准确、完整，也同时是最好地践行了会计的审慎性原则。

2. 现在很多人（尤其是小微企业的企业家）在收入确认上还是收付实现制的概念——账上来了多少现金就证明实现了多少收

入,这种观念一定是要改变的。至于收付实现制有哪些弊端,权责发生制又是怎样更好地弥补了相关漏洞,这里就不再详细论述了,只是给大家提个醒。

二、营业成本

这个科目应该是非常好理解的,说白了就是企业为了挣钱而要付出的成本,这里的成本包括原材料成本、人工成本、生产设备的损耗成本、水电煤气成本等,只要是为了生产这个产品或者提供这个劳务而需要付出的成本都是营业成本。

营业成本这个概念很好理解,但是在实践中要想把这个科目很细致地核算清楚倒不是那么容易的事情了,尤其是在当下公司的产品种类丰富,提供的劳务都需要很多附加功能的时候。这个时候,企业每年的整体成本应该是比较能够核算清楚的,那如果具体到每个月,或者说成本要具体到每个产品或者每个项目,那么这个工作就是一件非常难做的事情。

一般情况下,企业的营业成本各种因素的构成比例基本上都是保持稳定的,如果企业营业成本中某个因素的比例发生了异常的波动,那么一定是企业的某种生产环节发生了重大的变化(如不烧煤改烧气、机器人代替人工等),这个在企业财务审计的过程中是要仔细核查清楚的。

当然,还有一个非常重要的事情,那就是营业收入和营业成本两个科目确定了,那么也就确定了代表企业生产经营和市场竞争力的一个非常重要的指标,那就是毛利率。如果企业的毛利率比同行业其他企业高,那么就说明企业的竞争力由于行业平均水平,反之亦然。当然,在商业实践中企业可能面对的环境和挑战千差万别,毛利率水平也不是一刀切地简单下一个结论,具体的分析小兵在其他地方已经论述,这里不再赘述。

三、销售费用/管理费用

说完收入和成本,就应该来说说“三费”了,这里的“三费”就是销售费用、管理费用和财务费用,财务费用基本上跟生产经营没有什么关系，一般情况下就是存款的利息或者贷款的利息，这里就不再专门来说了。

关于销售费用，说白了就是为了产品销售或者业务推广而发生的费用，如销售员出差的差旅费、住宿费、餐费，等等。当然，这里还有一个很重要的销售费用需要注意，那就是运输费用，这对于许多需要远途运输的企业来讲，也是一笔不菲的费用。

关于管理费用，说白了就是企业管理人员支出的费用，这些人既不能生产产品，又不能销售产品，但是一个企业又不能缺了这些人，因为这些人支撑着整个企业的管理和运营，这里的管理人员小到前台打字员，大到管理层大 Boss。

有时候，我们在考察一个企业的经营和利润情况的时候，往往就是看收入减成本的毛利，以及毛利减去费用的营业利润率。由于销售费用和管理费用都是“费用”，有时候大家为了方便就混在一起看，有时候分得并不是那么清楚。这样处理在某种意义上讲也不会影响企业的财务真实性，但是却无法反映企业生产、管理各个部门的运营情况和效率。企业可能都知道一年花了 5000 万元费用，但是这些费用到底有多少是管理部门花的，花这些钱花的多还是少，都是怎么花的，有没有改进的空间以及改进的方向是什么……如果真要回答这些细致的问题，那么就需要对费用进行仔细的区分和核查了，不仅是管理费用和销售销售费用大框架的区分，甚至要包括每个费用下每个明细科目的核查和区分。

四、营业外收支

营业外收支，就是企业正常生产经营之外的一些收入或支出，就是不是因为销售商品或者提供劳务而实现的收益（这叫营业收入），或者不是因为要生产商品或提供劳务而付出的代价（这叫营业成本）。

营业外收入比较常见的情况就是企业处理废旧的生产设备、公司盘点的时候发现了账上没有的财富、公司因为项目而从政府部门拿到的奖励或者补贴，等等。营业外收支同样是这样的概念，对应的企业本来账上还值 100 万元的设备当做破烂卖只卖了 50 万元、司机因为超速被罚款等。

营业外收支的余额我们一般就叫作非经常性损益，这个叫法也是非常形象，这里都不用解释了。由于这些收益都不是企业正常的生产经营得来的，也就不能正常地反映企业的生产经营情况，从而在判断企业是否符合上市或挂牌标准时，是需要将这些损益扣除的。由于非常性损益有可能是正数也可能是负数，从而我们才规定了两者"孰低"的标准。

最后，还有一点需要说明，那就是营业外收支除了典型的与生产经营无关这一标志外，还有一个重要特征就是偶然性。如果某些收入是持续性的并且是有着明确标准的，那么这样的补助是有可能计入经常性损益的，如我们常见的税收优惠。此外，比如处理多少废水就可以有多少补助、拆解多少废旧塑料就可以拿多少奖励，如果企业的生产经营也与此相关，那么也是计入经常性损益的。

五、净利润

净利润，就是企业挣得全部的钱扣除需要缴纳的税费之后剩下的，这也是利润表的最后一行。这里提到"全部的钱"，包括上面刚刚提到的营业外收支，也就是说，企业获得的营业外收入也是要正常缴税的。

六、经营活动现金流量

当"现金为王"的理念在当下日益萧条的背景下越来越成为共识并得到重视，那么，现在财务会计领域基本形成一个核心观点：那就是资产负债表有时候是不可信的，利润表有时候更是不可信的，而现金流量表是最有价值的，也是水分最少的。

曾几何时，我们判断一个企业主要看资产有多少，或者是收入有多少利润有多少；而现在，我们更应该看企业流入和支出的现金是什么情况，公司现金的发生额与公司收入成本等科目是否匹配，公司现金期末结转额与公司利润以及资产相关科目是否匹配。

为什么我们更看重现金流量表，那是因为现金流量表更值得信任,原因如下:(1)现金流量表是根据函证的银行对账单通过简单计算方法“倒推”计算出来的,银行配合做手脚的概率很低。(2)现金的流转每一步都是留痕的,如果企业要通过现金做手脚,不留下痕迹和证据的可能性几乎为零。(3)就算是做手脚或者造假,那么动用大规模资金的成本远比制造一份假合同要高得多。

当然,我们并不否认:存货、应收账款科目对于公司收入成本的影响,收入成本科目的结转对公司生产经营真实性反映的影响,只是我们更应该通过一些会计科目的现象看到更多的本质,看到企业生产经营更深层次的东西。我们在实践中遇到典型的现金流的问题,需要重点关注一下:

1. 公司经营现金流的流入和流出,与公司收入和成本的发生额明显不匹配,这或许存在不同的商业模式、收入确认甚至是结算方式不同而导致的,但是,如果发生这种情况,必须要有一个明确、合理的解释。

2. 公司现金流的科目分类是否准确,是否存在混同或者可以混同的情形。

3. 公司经营现金流中“其他类”科目金额较大,必要时需要企业列举明细,同时说明合理性。因为在实践中,投资类和筹资类的现金流都特别明显,谁都不会傻到在这两个科目中动什么手脚,但是如果投资和筹资本身有问题,就有可能在经营现金流里进行“倒挤”,这就可能导致经营现金流量表的失真,如最典型的出资不实的问题。

在实践中,很多情况下还是过于关注资产负债表以及利润表的相关数据,某些情况下现金流量表可能是我们发现问题的一双慧眼。

第十九章 新三板挂牌财务审核要点

一、重要会计政策和会计估计

1. 合并报表的编报范围及其变化情况。重点关注是否符合实质重于形式原则的要求，不能仅看持股比例。对于报告期内新增的子公司，要披露合并日或者购买日。

2. 应收款项，按单项金额重大计提的标准，各年限计提比例是否符合稳健性原则要求。单项金额不重大但按信用风险特征组合后该组合的风险较大的应收款项坏账准备的确定依据、计提方法。

3. 固定资产折旧年限、无形资产摊销年限是否符合税法相关要求，特别是公司土地使用权为租赁取得时折旧年限是否正确，无形资产摊销年限是否超过法定年限或者剩余使用年限。

4. 存货、固定资产、无形资产、生物资产等资产分类情况与附注中报表项目注释是否一致，生物资产郁闭期的确定；各项资产减值准备计提方法是否披露。

5. 重点关注收入确认方法是否与公司业务模式相匹配，是否符合会计准则的要求，是否披露公司具体业务收入的确认方法。

6. 报告期内公司会计政策的选择和运用、会计估计的运用是否存在重大变化，如有变化需说明；报告期内是否存在重大会计差错。

二、报表项目注释

（一）资产类

1. 货币资金

关注企业货币资金余额是否异常偏高或者偏低，货币资金中是否有外币和其他货币资金，其他货币资金是否有不能随时用于变现（如被冻结的资金），如有编制现金流量表时是否剔除，进而关注货币资金的余额，期初、期末变动情况与现金流量表中相关项目是否一致。

2. 应收账款

关注应收账款是否按会计政策分类列示、按账龄列示，坏账准备计提是否充分，计算复核各期计提金额是否与会计政策一致；应收账款账龄钩稽关系是否正确（如本期期末3～4年的应收账款是否高于上期期末2～3年的应收账款）。

关注应收账款各期前五名披露情况，应收账款前五名是否与公司前五大客户情况矛盾，是否与公司披露的重大业务合同矛盾；应收账款中是否包含应收关联方款项。

关注应收账款与收入事项情况的配比关系，应收账款周转率是否存在异常波动；应收账款与现金流量表中对应项目的匹配关系。

关注应收账款、其他应收款中账龄较长的对应方是否存在，是否合理，是否存在关联方非关联化情况（应收账款各期前五名至少要纳入企业信用信息系统逐　排查，核查是否存在潜在关联方，核查对应交易的真实性，例如某拟挂牌公司的客户，2013年成立，注册资本10万元，2014年从拟挂牌公司购买了1000多万元的存货，其真实性存在重大疑虑）。

3. 预付账款

关注预付账款列示情况，是否按照账龄列示，是否披露前五名情况；预付前五名是否与公司前五大客户情况、重大业务合同情况矛盾；预付账款中是否包含应收关联方款项。

重点关注账龄超过1年的预付账款，是否披露到期未结算原因等情况。对于各期期末预付账款前五名、账龄较长的大额预付账款,均纳入企业信用信息系统逐一排查。

4. 其他应收款

关注应收账款是否按要求分类列示、按账龄列示,坏账准备计提是否充分,是否与会计政策一致;应收账款账龄钩稽关系是否正确。

关注其他应收款各期前五名披露情况,是否披露发生的性质和原因;其他应收款中是否包含应收关联方款项。重点关注其他应收款中应收关联方款项,是否存在股东、关联方占用公司资金情况;结合其他应收款的期末余额核查其发生额、现金流量情况,是否存在大额、频繁的资金往来,发生的原因及合理性。

关注应收账款、其他应收款中账龄较长的对应方是否存在,可从企业信用信息系统逐一排查。

5. 存货

关注存货是否分类列示,列示金额是否存在异常波动,存货余额与公司业务模式是否匹配,与收入情况是否匹配,存货周转率是否存在异常波动。

关注存货增减变动情况与报告期内采购情况、前五大供应商情况、现金流量情况是否匹配(重点关注,极易出错),获取或重新编制成本倒扎表,核查存货采购和成本列示是否准确。

关注公司所处行业或客户需求是否面临重大不利变化,是否导致公司存货出现减值迹象(如化工、棉种、IC 卡等行业的行业政策和客户需求均有重大不利变化,对应存货减值计提是否充分)。

6. 固定资产

固定资产是否分类列示,固定资产及折旧在报告期内的增减变动情况,固定资产折旧计提金额是否合理、正确。

关注固定资产与公开转让说明书、法律意见书中披露的固定资产类别、金额、成新率等数据是否一致。

关注固定资产与在建工程、现金流量表相关项目的钩稽关系(如在建工程减少数与固定资产对应项目增加数是否一致),并重点关注存在抵押、担保的固定资产是否披露完整,是否存在闲置或者持有待售的固定资产。

对照固定资产期末余额和增减变动，核查固定资产对应的采购合同/施工合同/、发票、结算书、归集和分配表，核查是否存在费用资本化情况；结合公司经营计划分析大额固定资产增加的合理性（如某种子企业在现金流短缺、市场需求发生重大不利变化的情况下，固定资产报告期内大额异常增加）。

7. 在建工程

此项目和固定资产都应当重点关注，企业财务造假水平越来越高，固定资产和在建工程的大窟窿比其他应收款更加隐晦。在建工程核查同固定资产。

8. 生物资产

结合企业内部控制情况，核查与生物资产核算相关的原始单据（特别是第三方单据如合同、发票、运输单、银行流水等）是否齐全，重点关注企业是否存在现金收付款。结合公司土地租赁合同、单位面积产能产量，并实地查看企业生物资产是否真实存在、是否高估；获取企业生物资产成本归集和分配表，复核其计算是否准确。对企业生产人员或者合作农户进行现场走访或者访谈，核查企业生物资产的真实性和收入的真实性。

扩大生物资产销售和客户的核查范围，获取会计师应收款项询证函回函率、函证比例，获取项目组的相关底稿计算复核。有如下案例：

案例1：某企业报告期内生物资产大幅增加，但是对应土地租赁合同面积并无重大变化，企业也不让现场盘点，风险太高不予承接。

案例2：某水果种植企业报告期内的第一大客户均为某房地产公司，销售金额畸高，该房地产公司报告期内并无新开发或者新开盘楼盘，其销售真实性和合理性无法解释，风险太高不予承接。

9. 长期股权投资

结合企业和被投资企业历次出资、股权转让、股东资金来源情况，核查是否投资企业和被投资企业属于同一控制，所持股权比例、委派董事和高管人员情况，依据实质重于形式原则，确认企业长期股权投资后续核算选择成本法/权益法是否合理。

除关注长期股权投资核算外,重点关注企业股权结构是否存在特殊利益安排,是否涉嫌利益输送。例如,A公司与B公司投资设立C公司,A和B分别持股60%和40%,C生产的产品全部向B销售,这种股权结构最终因特殊利益安排被劝退。

(二)负债类

1.短期借款

关注短期借款余额与公司经营规模是否匹配(进而核查是否存在内外账),关注短期借款账龄划分是否准确(对照现金流量表),是否需要重分类。

关注短期借款中担保、抵押、保证情况,是否存在互保、联保等情况,进而核查关联方及关联交易是否披露完整。

2.应付账款

关注应付账款账龄列示是否准确,钩稽关系是否合理。

关注应付账款各期前五名披露情况,应付账款前五名是否与公司前五大供应商情况矛盾;应收账款中是否包含应收关联方款项。

关注应付账款与成本事项、存货情况的配比关系,应付账款与现金流量表中对应项目的匹配关系。

3.预收账款

重点关注预收账款账龄列示是否准确,钩稽关系是否合理。

关注预收账款各期前五名披露情况,预收账款前五名是否与公司前五大供应商情况矛盾;预收账款中是否包含应收关联方款项。

关注预收账款与成本事项、存货情况的配比关系,预收账款与现金流量表中对应项目的匹配关系。

重点关注账龄超过1年的预收账款,分析其到期未结算的原因。

4.应付职工薪酬

对比应付职工薪酬增减变动情况,并与管理费用、销售费用明细表中工资情况、说明书和法律意见书中人员结构情况进行比对,计算平均工资，与当地平均水平比对，分析其合理性。

对比应付职工薪酬增减变动情况与现金流量表中相关项目钩稽关系；应付职工薪酬增减变动与收入增减变动的关系是否合理。

分析应付职工薪酬中各科目增减变动情况，判断公司是否为员工缴纳社保等。

5. 应交税费

关注应交税费是否与销售、采购情况相匹配，各项税费的期末余额是否合理。

6. 其他应付款

重点关注期末余额合理性，披露完整性（是否披露发生的性质和原因，前五名情况及其占比情况，占比计算是否准确等）；对照发生额核查是否存在大额、异常的资金往来；核查是否存在关联往来非关联化、是否存在使用股东、员工或关联方账户资金收款情况，分析公司对关联方和非关联方资金是否存在重大依赖。

重点关注其他应付款中应付关联方款项，发生额是否频繁、异常。

（三）利润表项目

1. 营业收入

重点关注营业收入确认方法是否和公司业务模式一致，实现情况公司实际情况是否一致，是否存在提前或者滞后确认收入的情况，收入确认原则是否稳健；收入的波动情况与公司所处的行业环境等是否一致。

重点关注营业收入是否按产品、地区等分类列示，各产品各报告期的毛利率是否存在重大异常波动情况。

是否披露前五大客户情况，前五大占比情况，是否存在对关联方的重大依赖，进而判断公司独立性，对前五大客户均纳入企业信息系统排查，核查其销售的真实性、合理性、是否存在关联交易非关联化和其他利益安排。

对于部分行业，可追查经销商或客户的产品最终销售或者消费情况，并分析其销售的真实性和合理性（可参见应收账款部分案例）。

重点关注收入与应收账款、存货、现金流量表相关项目匹配性。

2. 营业外收入

重点关注营业外收入的真实性，公司取得税收优惠和政府补助的相关政策文件，是否存在补缴税款风险。

是否披露政府补助明细，是否对关联方构成重大依赖。

第三篇

价值 | 发现路径

第一章　新三板定向增发等融资制度解析

根据《非上市公众公司监督管理办法》(2013 年 12 月 26 日修订)(以下简称《管理办法》)第 5 条的规定,“公众公司可以依法进行股权融资、债权融资、资产重组等。公众公司发行优先股等证券品种,应当遵守法律、行政法规和中国证券监督管理委员会(以下简称中国证监会)的相关规定”。

新三板企业挂牌的目的,说直白些,就是融资;但与首次公开发行并上市不同,新三板企业属于非上市公众公司,实行的是存量挂牌制度,股权融资目前主要以非公开(定向)发行为主。虽然股转系统对新三板企业融资放得很宽,如可以发行可转债、私募债、公司债、企业债、优先股(即主板市场可以做的品种,除公开发行外,都对新三板市场放开),但以目前情况看,真正具备应用上述融资工具条件的挂牌企业并不多。

【股权融资:定向增发】

目前,挂牌公司股权融资主要采取定向发行方式,暂未推出配股、公开发行股票融资制度。根据《管理办法》《全国中小企业股份转让系统业务规则(试行)》(以下简称《业务规则》)、相关信息披露规则和业务指引等,下面就定向发行中需关注事项分别阐述。

一、定向增发主要考量因素

（一）时间成本

从企业与投资方谈判的角度分析，股改前进行融资的时间成本较高，主要因公司尚处于非公开阶段，投资方需要的包括财务数据、法律风险、经营风险等方面资料尚未披露，除特别看好和了解企业的投资方外，在进行初步尽职调查及投资审批内部程序后，基本需要较长时间；且从投资方角度，发起人股东的股份一年内不得对外转让，也有一定的限制。

除非确有需要（如考虑解决无法改制的问题，包括单一股东、净资产低于注册资本、员工激励平台等），或者投资者前期对企业了解程度较高，能够快速达成投资意向及出资，不建议企业在改制前引入投资者。

（二）企业整体估值（稀释数量）

目前企业整体估值主要从几个方面考虑，一方面考虑可比挂牌企业估值；另一方面考虑未来现金流量折现。这与二级市场及新三板市场所处的市场阶段与市场环境密切相关，但从融资角度分析，可参考意义并非太大，如目前同行业在创业板上市的企业，往往无法进行市值的对比分析（炒作因素及市场流动性溢价因素）。

所以，从融资时点分析，股改前企业挂牌与否具有一定的不确定因素，企业在对外报价的同时应考虑到市场流动性溢价，并需要考虑给予投资者适当的投资回报，整体估值最低；挂牌同时非公开发行，由于已有明确的挂牌预期，可以以适当高于股改前的整体估值进行定价。挂牌后，随着企业交易开始活跃，由于近期新三板处于风口，相应整体估值可以进一步提升。

（三）融资对象是否具有战略意义

融资对象对企业未来成长帮助也是企业融资必须考虑的问题，当然，这与首发上市企业寻求战略投资者并无二致，就仅提醒做市商这一较为特殊的企业投资方在现阶段对企业的积极意义。

目前仅各家券商拥有做市资格（今后应会放开做市及推荐资

格),且从已挂牌的2000多家企业来看,做市企业占比较低。就企业融资角度分析,如果有其他的投资机构出资高于券商做市部门,似乎不应该以较低价格给予券商做市,但从流动性角度分析,做市可以带来公司知名度、流动性的大幅提升,结合转板上市企业未来可能的标准(如股权分布等),企业不要过多纠结于价格因素,毕竟做市所稀释的原股东权益相当有限(挂牌后每家做市商仅需要取得10万股即可)。

(四)融资与资金需求是否匹配

目前企业融资有过度的倾向。当然,可能考虑到趁着新三板处于风口阶段进行融资可以增加融资规模,减少融资稀释股权比例,融资便利性更大。但从实际接触企业来看,部分企业融资后并未有很好的募集资金投向,甚至于被用来购买理财产品。

对于企业而言,建议综合考虑。如果由于市场因素,导致投资方对未来收益及企业业绩要求较低,可以考虑趁着市场环境好转,适量多募集资金以备不时之需;如果投资方在入股过程中,提出了较多收益及回报要求,则可以考虑按照企业需求进行资金募集(少量多次)。

(五)是否配合转让控股股东股权

其实这一问题与企业融资关系不大,但在企业融资过程中控股股东总会有所考虑,一般而言,不建议企业控股股东转让股权。毕竟该项转让资金并未投入企业生产、经营。但如果企业存在如内部人占款情形需要予以规范时,在无法以其他方式归还的情形下,可以在征求投资方同意后,采取部分转让老股,部分增发形式进行。

二、股东人数超过200人和股东人数未超过200人适用规则的不同

根据《管理办法》第45条的规定,"股东人数未超过200人的公司申请其股票公开转让,中国证监会豁免核准,由全国中小企业股份转让系统进行审查"。

《业务规则》中规定,"4.3.3 按照《管理办法》应申请核准的股

票发行，挂牌公司在取得中国证监会核准文件后，按照全国股份转让系统公司的规定办理股票发行新增股份的挂牌手续。4.3.4 按照《管理办法》豁免申请核准的股票发行，主办券商应履行持续督导职责并发表意见，挂牌公司在发行验资完毕后填报备案登记表，办理新增股份的登记及挂牌手续”。据此，股东人数定向发行后累计超过200人或者股东人数超过200人挂牌公司（以下简称股东人数超过200人挂牌公司）定向发行应先向中国证监会申请核准，股东人数定向发行后未超过200人挂牌公司发行后应直接向全国股转系统申请备案。

在适用规则上：

（一）股东人数超过200人挂牌公司

应根据《非上市公众公司信息披露内容与格式准则第3号——定向发行说明书和发行情况报告书》（中国证监会公告〔2013〕52号）及《非上市公众公司信息披露内容与格式准则第4号——定向发行申请文件》（中国证监会公告〔2013〕53号）等规定向中国证监会申请核准。

（二）股东人数未超过200人挂牌公司

应根据《全国中小企业股份转让系统股票发行业务细则（试行）》（以下简称《业务细则》）、《全国中小企业股份转让系统股票发行业务指引第1号——备案文件的内容与格式（试行）》《全国中小企业股份转让系统股票发行业务指引第2号——股票发行方案及发行情况报告书的内容与格式（试行）》《全国中小企业股份转让系统股票发行业务指引第3号——主办券商关于股票发行合法合规性意见的内容与格式（试行）》《全国中小企业股份转让系统股票发行业务指引第4号——法律意见书的内容与格式（试行）》等规定向全国股转系统申请备案。

三、定向发行时点

（一）挂牌的同时可以进行定向发行

《全国中小企业股份转让系统业务规则（实行）》第4.3.5条规定，“申请挂牌公司申请股票在全国股份转让系统挂牌的同时定向发行的,应在公开转让说明书中披露”,该条明确了企业在新三板挂牌的同时可以进行定向融资。

允许挂牌企业在挂牌时进行定向股权融资,凸显了新三板的融资功能,缩小了与主板、创业板融资功能的差距;同时,由于增加了挂牌时的股份供给,可以解决未来做市商库存股份来源问题。另外,挂牌的同时可以进行定向发行,并不是一个强制要求,拟挂牌企业可以根据自身对资金的需求来决定是否进行股权融资,避免了股份大比例稀释的情况出现。

(二)储架发行(挂牌后增发)

储架发行是相对于传统发行的概念而言的,一般是指证券发行实行注册制的基础上,发行人一次注册,多次发行的机制。

《非上市公众公司监督管理办法》第41条规定:“公司申请定向发行股票,可申请一次核准,分期发行。自中国证监会予以核准之日起,公司应当在3个月内首期发行,剩余数量应当在12个月内发行完毕。超过核准文件限定的有效期未发行的,需重新经中国证监会核准后方可发行,首期发行数量应当不少于总发行数量的50%,剩余各期发行的数量由公司自行确定,每期发行后5个工作日内将发行情况报中国证监会备案。”

储架发行可在一次核准的情况下为挂牌公司一年内的融资留出空间。例如,挂牌公司在与投资者商定好500万元的增资额度时,可申请1000万元的发行额度,先完成500万元的发行,后续500万元的额度可与投资者根据实际经营情况再行商议发行或者不发行,并可重新商议增发价格。该制度除了能为挂牌公司节约大量的时间和成本外,还可以避免挂牌公司一次融资额度过大,造成股权过度稀释或资金使用效率低下。

四、定向发行对象及其锁定期

(一)定向发行对象

定向发行对象除现有股东外,合计不得超过35人。认购对象包括:公司股东;公司的董事、监事、高级管理人员、核心员工;符合投资者适当性管理规定的自然人投资者、法人投资者及其他经济组织。核心员工的认定，应当由公司董事会提名，并向全体员工公示和征求意见，由监事会发表明确意见后，经股东大会审议批准。投资者适当性管理规定由中国证监会另行制定。

根据中国证监会《关于加强参与全国股转系统业务的私募投资基金备案管理的监管问答函》(2015 年 3 月 20 日发布)，申请挂牌同时发行股票的，请主办券商和律师核查公司股票认购对象中是否存在私募投资基金管理人或私募投资基金，是否按照《证券投资基金法》《私募投资基金监督管理暂行办法》及《私募投资基金管理人登记和基金备案办法(试行)》等相关规定履行登记备案程序，并请分别在《推荐报告》《法律意见书》或其他关于股票发行的专项意见中说明核查对象、核查方式、核查结果并发表意见。自本监管问答函发布之日起，挂牌公司报送的股票发行融资备案材料中，主办券商和律师应当分别核查挂牌公司股票认购对象和挂牌公司现有股东中是否存在私募投资基金管理人或私募投资基金，其是否按照《证券投资基金法》《私募投资基金监督管理暂行办法》及《私募投资基金管理人登记和基金备案办法(试行)》等相关规定履行了登记备案程序，并分别在《主办券商关于股票发行合法合规性意见》和《股票发行法律意见书》中对核查对象、核查方式、核查结果进行专门说明。

值得说明的是，如果挂牌公司原有股东、董事、监事、高级管理人及核心员工参与本公司定向发行，是不需要适用《全国中小企业股份转让系统投资者适当性管理细则(试行)》中关于机构投资者或者自然人投资者要求的。但如果不符合上述要求，亦不可以参与其他挂牌公司定向发行及公开转让。

(二)定向发行对象锁定期

《业务规则》放松了对挂牌公司股东的限售要求，仅对控股股东及实际控制人有“两年三批”的要求：新三板挂牌公司控股股东及实际控制人在挂牌前直接或间接持有的股票分三批解除转让限制，每批解除转让限制的数量均为其挂牌前所持股票的 1/3，解除转让限制的时间分别为挂牌之日、挂牌期满一年和两年。

但新三板并未突破《公司法》中对股份限售的要求，股东的限售必须遵照《公司法》的要求执行，即发起人持有的本公司股份，自公司成立之日起一年内不得转让。公司董事、监事、高级管理人员应当向公司申报持有的本公司的股份及其变动情况，在任职期间每年转让的股份不得超过其所持有公司股份总数的25%。上述人员离职后半年内，不得转让其所持有的本公司的股份。

由于新三板无公开发行股份，因此，在新三板挂牌交易的股票不受《公司法》“公司公开发行股份前已发行的股份，自公司股票在证券交易所上市交易之日起一年内不得转让”的限制。根据《非公办法》，在公众公司收购中，收购人持有的被收购公司的股份，在收购完后12个月内不得转让。

此外，挂牌公司可以在《股票发行方案》或者《认购公告》中对（拟）认购对象所持新增股份设置一定的锁定期。

五、原股东优先认购权

挂牌公司股票发行以现金认购的，公司现有股东在同等条件下对发行的股票有权优先认购。召开董事会审议定向发行方案时，应明确现有股东优先认购安排。现有股东可以参与认购，也可以放弃参与认购。同时，认购办法中应当明确现有股东放弃优先认购股票份额的认购安排。现有股东优先认购的，在相同认购价格下应优先满足现有股东的认购需求。

需要说明的是，优先认购是公司现有股东的权利，而非义务，因此股东可以自愿放弃优先认购。股东自愿放弃优先认购的，签订书面承诺或声明是方式之一，但并非唯一方式。出于尊重公司自治的原则，相关规则允许通过修改公司章程，直接排除优先认购的适用。此外，公司也可以在发行方案、认购办法等信息披露文件中说明，现有股东在缴纳期限内未缴款的，视为放弃优先认购权。

六、发行价格

根据《管理办法》《业务规则》及《业务细则》，挂牌公司可以采取定价发行或者询价发行方式，发行价格没有法律要求。如采取定价发行方式，发行价格多为挂牌公司和投资者沟通协商确定而成。

2012年以来的63起实施或公布预案的定向发行挂牌公司中，有59起在发行方案中披露了定价依据，几乎所有的公司都众口一词披露：定价为参考公司所处行业、成长性、每股净资产、市盈率等因素，并与投资者沟通后确定。只有宣爱智能和尚水股份等少数几家公司明确以每股净资产作为定向发行价格，这几家公司的共同点是都仅对原股东与核心员工进行定向发行，没有外部投资者是参与。

七、发行数量

目前，《管理办法》《业务规则》及《业务细则》等法规对挂牌公司可发行数量均未有法律要求。挂牌公司可根据资金需求量、发行价格、发行后持股比例等合理确定发行数量。同时，根据上述监管规则，挂牌公司定向发行没有次数限制，各定向发行方案之间没有时间间隔限制。

八、通过定向发行变更控股股东和实际控制人应注意事项（借壳）

如挂牌公司通过定向发行变更控股股东和实际控制人，则：

1. 发行对象（即收购方）应不存在《非上市公众公司收购管理办法》（以下简称《收购管理办法》）第6条关于不得收购公众公司的情形及其他法律法规规定禁止收购公众公司的情形，具备收购公众公司的主体资格。

2. 挂牌公司定向发行后，发行对象成为挂牌公司第一大股东或者实际控制人的，在收购完成后12个月内不得转让。

3. 在按照《管理办法》《业务细则》等法规规定办理信息披露、股份备案、股份登记等事宜的同时，也应该按照《非上市公众公司信息披露内容与格式准则第5号——权益变动报告书、收购报告书、要约收购报告书》进行信息披露。

九、做市商参与定向发行应注意事项

根据《全国中小企业股份转让系统股票转让方式确定及变更

指引(试行)》第5条和第10条的规定:

1. 如股票挂牌时拟采取做市转让方式的,需:(1)2家以上做市商同意为申请挂牌公司股票提供做市报价服务,且其中一家做市商为推荐该股票挂牌的主办券商或该主办券商的母(子)公司;(2)做市商合计取得不低于申请挂牌公司总股本5%或100万股(以孰低为准),且每家做市商不低于10万股的做市库存股票;(3)全国股转系统规定的其他条件。

2. 如挂牌后挂牌公司拟申请股票交易方式变更为做市转让方式的,需:(1)2家以上做市商同意为该股票提供做市报价服务,并且每家做市商已取得不低于10万股的做市库存股票;(2)全国股份转让系统公司规定的其他条件。此种情况下,做市商不要求为主办券商或主办券商的母(子)公司。

十、非现金资产参与定向发行应注意事项

根据《全国中小企业股份转让系统票发行业务指引第1号——备案文件的内容与格式》及《全国中小企业股份转让系统票发行业务指引第2号——股票发行方案及发行情况报告书的内容与格式(试行)》等业务指引:

(一)以非股权资产认购需注意的事项

1. 应当提供资产评估事务所出具的评估报告,评估基准日距审议该交易事项的股东大会召开日不得超过1年。

2. 所注入资产权属是否清晰,是否存在权利受限、权属争议或者妨碍权属转移的情形;是否取得必要的业务许可资格、主管部门批准、债权人同意转移的证明或与此相关的解决方案。

3. 相关资产独立运营和核算的,应披露最近一年及一期(如有)经具有证券、期货相关业务资格的会计师事务所审计的财务报表及审计意见,被出具非标准审计意见的应当披露涉及事项及其影响。

4. 资产交易根据评估结果定价的,在机构出具资产评估报告后,公司董事会应当对评估机构的独立性、评估假设前提和评估结论的合理性、评估方法的适用性、主要参数的合理性、未来收益预

测的谨慎性等问题发表意见，并说明定价的合理性，资产定价是否存在损害公司和股东合法权益的情形。

5. 相关资产注入是否导致公司债务或者或有负债的增加，是否导致新增关联交易或同业竞争。

6. 向全国股转系统备案时，如尚未完成相关资产权属过户或相关资产存在重大法律瑕疵，全国股转系统不予出具股份登记函。

（二）以股权资产认购时需注意的事项

1. 应当提供具有证券、期货相关业务资格的会计师事务所出具的标的资产最近一年及一期（如有）的审计报告，审计截止日距审议该交易事项的股东大会召开日不得超过 6 个月；被出具非标准审计意见的应当披露涉及事项及其影响。

2. 所注入资产权属是否清晰，是否存在权利受限、权属争议或者妨碍权属转移的情形；是否取得必要的业务许可资格、主管部门批准、股权资产其他股东同意或者已放弃优先认购权（股权资产为有限责任公司情形下）。

3. 资产交易价格已经审计的账面值为依据的，公司董事会应当对定价合理性予以说明。

4. 相关资产注入是否导致公司债务或者或有负债的增加，是否导致新增关联交易或同业竞争。

5. 向全国股转系统备案时，如尚未完成相关资产权属过户或相关资产存在重大法律瑕疵，全国股转系统不予出具股份登记函。

十一、适用股份支付的情形

根据《全国中小企业股份转让系统业务规则（试行）》第 4.2.1 条的规定，挂牌公司应当按照《企业会计准则》的要求编制财务报告，全国股份转让系统公司另有规定的除外。因此，在全国股转系统挂牌的公司在股票发行业务中符合《企业会计准则第 11 号——股份支付》规定情形的，均应适用股份支付的会计准则并相应进行账务处理。

根据全国股转系统发布的《挂牌公司股票发行常见问题解答——股份支付》，在股票发行中，如果符合以下情形的，挂牌公司

的主办券商一般应按照《企业会计准则第 11 号——股份支付》的规定，就本次股票发行是否适用股份支付进行说明：(1)向公司高管、核心员工、员工持股平台或者其他投资者发行股票的价格明显低于市场价格或者低于公司股票公允价值的；(2)股票发行价格低于每股净资产的；(3)发行股票进行股权激励的；(4)全国股转系统认为需要进行股份支付说明的其他情形。

同时，主办券商应当结合股票企业股票发行的对象、发行的目的、股票的公允价值和发行的价格，判断是否需要适用股份支付并说明具体的账务处理方法。

【债权融资】

目前，中国证监会及全国股转系统暂未出台债权融资相关文件。根据现有挂牌公司债权融资情况，主要有以下几种方式：

一、发行中小企业私募债券

对于符合《关于印发中小企业划型标准规定的通知》(工信部联企业〔2011〕300 号)中关于中小微型企业划分标准的挂牌公司，可根据《上海证券交易所中小企业私募债券业务试点办法》、《深圳证券交易所中小企业私募债券业务试点办法》及其业务规则发行中小企业私募债。

二、发行公司债

根据中国证监会于 2015 年 1 月 15 日发布的《公司债券发行与交易管理办法》(中国证监会令第 113 号)，挂牌公司可以公开发行或者非公开发行公司债券，并可根据发行方式选择证券交易所、全国股转系统、机构间私募产品报价与服务系统、证券公司柜台等场所交易或转让。

【优先股】

根据《国务院关于开展优先股试点的指导意见》(国发〔2013〕46号)和中国证监会《优先股试点管理办法》(证监会令第97号),新三板挂牌公司可以向合格投资者非公开发行优先股,每次发行对象不得超过200人。

根据《非上市公众公司信息披露内容与格式准则第7号——定向发行优先股说明书和发行情况报告书》第2条的规定,"申请人定向发行优先股,应按照本准则编制定向发行优先股说明书并披露。发行后普通股与优先股股东人数合并累计超过200人的非上市公众公司定向发行优先股,应当向中国证券监督管理委员会(以下简称中国证监会)申请核准;发行后普通股与优先股股东人数合并累计不超过200人的非上市公众公司定向发行优先股,中国证监会豁免核准,由全国中小企业股份转让系统(以下简称全国股份转让系统)自律管理"。

据此:(1)如挂牌公司发行后普通股与优先股股东人数合并累计超过200人,则应当向中国证监会申请核准,并按照《非上市公众公司信息披露内容与格式准则第8号——定向发行优先股申请文件》要求编制申请文件;(2)如挂牌公司发行后普通股与优先股股东人数合并累计未超过200人,则由全国股转系统负责审核,并按《非上市公众公司信息披露内容与格式准则第7号——定向发行优先股说明书和发行情况报告书》要求编制相关文件。

第二章　新三板挂牌企业实施股权激励计划解析

为促进公司建立健全激励与约束机制，A股上市公司开展股权激励已是较为常规和成熟的做法。同时，《上市公司股权激励管理办法（试行）》《国有控股上市公司（境内）实施股权激励试行办法》及股权激励有关备忘录1～3号等法律法规均为上市公司设计和实施股权激励提供了相应的法律指引。

《全国中小企业股份转让系统业务规则（试行）》（以下简称《业务规则》）第4.1.6条规定，“挂牌公司可以实施股权激励，具体办法另行规定”。虽然截至目前全国股转系统暂未有具体的股权激励管理办法出台，但已有30家左右（不完全统计）的挂牌企业拟实施或正在实施股权激励计划。

一、相关规则

根据《业务规则》第2.6条的规定，“申请挂牌公司在其股票挂牌前实施限制性股票或股票期权等股权激励计划且尚未行权完毕的，应当在公开转让说明书中披露股权激励计划等情况”。

根据全国股转系统《常见问题解答》之“24.股权激励是否可以开展?”，“挂牌公司可以通过定向发行向公司员工进行股权激励。挂牌公司的董事、监事、高级管理人员和核心员工可以参与认购本公司定向发行的股票，也可以转让所持有的本公司股票。挂牌公司向特定对象发行股票，股东人数累计可以超过200人，但每次定向发行除公司股东之外的其他投资者合计不得超过35人。因此，挂牌公司通过定向发行进行股权激励应当符合上述规定。需要说明的是，按照规则全国股份转让系统允许存在股权激励未行权完毕的公司申请挂牌”。

根据《非上市公众公司监督管理办法》第39条的规定，公司可以向除原股东之外的董事、监事、高级管理人员、核心员工及符合投资者适当性管理规定的其他投资者等合计不超过35名对象发行股份。

二、开展情况

据不完全统计，目前在挂牌前实施股权激励计划且已成功挂牌的仅为仁会生物（830931）一家。仁会生物于2014年1月完成整体变更、2014年2月股东大会审议通过股权激励计划方案、2014年8月正式挂牌交易。在《公开转让说明书》中，仁会生物详细阐述了股权激励计划。

目前，挂牌后实施股权激励计划的新三板企业约30家，其中部分企业是通过定向发行方式直接实施，部分企业是参照A股上市公司股权激励相关法规制订具体方案。下面，根据上述不同情况分别予以分析。

（一）直接通过定向发行方式实施

直接通过定向发行方式，意即挂牌企业直接向公司董事、监事、高级管理人员及其他核心员工等不超过35人或上述人员成立的合伙企业直接发行股份，在经过董事会决议通过、股东大会决议通过、股转公司备案、登记结算公司登记等程序后即算完成。盛世大联（831566）、博广热能（831507）、云南文化（831239）等均采取定向发行方式。

从严格意义上说，采取定向发行方式实施股权激励仅是一个常规的定向发行过程，方案设计简单、完成时间较短，但在发行价格方面可能具有一定的折扣。如盛世大联2015年4月公告的《股权激励股票发行方案》中发行价格为2元/股，而其在2015年3月完成的定向发行中发行价格为10元/股。

（二）参照A股上市公司股权激励相关法规制订具体方案

参照A股上市公司股权激励相关法规制订具体方案，意即通过限制性股票、股票期权等方式实施，并设置了相对完整的实施条款，以期达到长期激励的目的。

下表结合A股上市公司股权激励方案设计中的常见要素，简单汇总挂牌企业实施情况：

实施要素	A股上市公司	挂牌企业	备注
实施方式	限制性股票、股票期权、股票增值权	以股票期权为主，限制性股票和股票增值权较少	如：夏阳检测(831228)、百华悦邦（831008）同时采取限制性股票和股票期权
激励对象	董事、高级管理人员、核心技术人员和其他员工，上市公司监事不得成为股权激励对象	董事、高级管理人员、监事、核心技术人员和其他员工	挂牌企业监事无限制性要求
	激励对象不能同时参加两个或以上上市公司的股权激励计划	个别挂牌企业予以明确限制	如：金易通（430170）等
	持股5%以上的主要股东或实际控制人原则上不得成为激励对象。除非经股东大会表决通过，且股东大会对该事项进行投票表决时，关联股东须回避表决。 持股5%以上的主要股东或实际控制人的配偶及直系近亲属若符合成为激励对象的条件，可以成为激励对象，但其所获授权益应关注是否与其所任职务相匹配。同时股东大会对该事项进行投票表决时，关联股东须回避表决	个别挂牌企业予以明确限制	如：金易通（430170）等
	下列人员不得成为激励对象： (1)最近3年内被证券交易所公开谴责或宣布为不适当人选的； (2)最近3年内因重大违法违规行为被中国证监会予以行政处罚的； (3)具有《中华人民共和国公司法》规定的不得担任公司董事、监事、高级管理人员情形的	大部分挂牌企业设置了类似限制性条款	如：壹加壹（831609）、凯立德（430618）、金易通（430170）等

续表

实施要素	A股上市公司	挂牌企业	备注
股票来源	(1)向激励对象发行股份;(2)回购本公司股份;(3)法律、行政法规允许的其他方式	以发行股份为主	如:壹加壹(831609)、凯立德(430618)、金易通(430170)等
股票来源	股东不得直接向激励对象赠与(或转让)股份。股东拟提供股份的,应当先将股份赠与(或转让)上市公司,并视为上市公司以零价格(或特定价格)向这部分股东定向回购股份	部分挂牌企业股东直接向激励对象转让股份	如:财安金融(430656)、新宁股份(831220)等
限制性股票特别规定	如果标的股票的来源是存量,即从二级市场购入股票,则按照《公司法》关于回购股票的相关规定执行;如果标的股票的来源是增量,即通过定向增发方式取得股票,其实质属于定向发行,则参照现行《上市公司证券发行管理办法》中有关定向增发的定价原则和锁定期要求确定价格和锁定期,同时考虑股权激励的激励效应。 (1)发行价格不低于定价基准日前20个交易日公司股票均价的50%; (2)自股票授予日起十二个月内不得转让,激励对象为控股股东、实际控制人的,自股票授予日起三十六个月内不得转让	大部分挂牌企业发行价格基于公司所处行业、经营管理团队建设、公司成长性、市盈率、每股净资产等多种因素,并与认购人沟通后最终确定	如:夏阳检测(831228)、百华悦邦(831008)等
限制性股票特别规定	上市公司以股票市价为基准确定限制性股票授予价格的,在下列期间内不得向激励对象授予股票: (1)定期报告公布前30日; (2)重大交易或重大事项决定过程中至该事项公告后2个交易日; (3)其他可能影响股价的重大事件发生之日起至公告后2个交易日	大部分挂牌企业设置了类似限制性条款	如:金巴赫(831773)、合全药业(832159)等

续表

实施要素	A股上市公司	挂牌企业	备注
股票期权特别规定	上市公司在授予激励对象股票期权时，应当确定行权价格或行权价格的确定方法。行权价格不应低于下列价格较高者： (1)股权激励计划草案摘要公布前一个交易日的公司标的股票收盘价； (2)股权激励计划草案摘要公布前30个交易日内的公司标的股票平均收盘价	大部分挂牌企业发行价格基于公司所处行业、经营管理团队建设、公司成长性、市盈率、每股净资产等多种因素，并与认购人沟通后最终确定	如：夏阳检测(831228)、百华悦邦(831008)等
	激励对象获授的股票期权不得转让、用于担保或偿还债务。 股票期权授权日与获授股票期权首次可以行权日之间的间隔不得少于1年。股票期权的有效期从授权日计算不得超过10年	大部分挂牌企业设置了类似限制性条款	如：壹加壹(831609)、凯立德(430618)、金易通(430170)等
其他限制性规定	上市公司具有下列情形之一的，不得实行股权激励计划： (1)最近一个会计年度财务会计报告被注册会计师出具否定意见或者无法表示意见的审计报告； (2)最近一年内因重大违法违规行为被中国证监会予以行政处罚； (3)中国证监会认定的其他情形	大部分挂牌企业设置了类似限制性条款	如：壹加壹(831609)、凯立德(430618)、金易通(430170)等
	上市公司不得为激励对象依股权激励计划获取有关权益提供贷款以及其他任何形式的财务资助，包括为其贷款提供担保	大部分挂牌企业设置了类似限制性条款	如：盛世大联(831566)、壹加壹(831609)等
会计处理方式	根据《企业会计准则第11号——股份支付》和《企业会计准则第22号——金融工具确认和计量》的规定进行会计处理	个别挂牌企业明确会计处理方式	如：金巴赫(831773)、壹加壹(831609)等

三、相关问题的思考

通过上述案例总结，可以发现新三板挂牌企业在实施股权激励方面具有较大的灵活性，既可以在申请挂牌前实施，也可以在挂牌成功后实施；既可以通过定向发行方式直接实施，也可以参照 A 股上市公司股权激励相关法规制订具体方案。

下面的分析和思考，侧重与 A 股上市公司进行比较得出：

（一）合伙企业作为股权激励计划实施载体的灵活性

根据全国股转系统《常见问题解答》之"24. 股权激励是否可以开展？"的规定，"挂牌公司可以通过定向发行向公司员工进行股权激励。挂牌公司的董事、监事、高级管理人员和核心员工可以参与认购本公司定向发行的股票，也可以转让所持有的本公司股票。挂牌公司向特定对象发行股票，股东人数累计可以超过 200 人，但每次定向发行除公司股东之外的其他投资者合计不得超过 35 人"。

据此，可能会有几个问题：(1) 如果挂牌企业直接通过定向发行方式实施股权激励且股权激励对象超过 35 人，该如何实施？(2) 如果第一次股权激励对象不超过 35 人，多次实施股权激励后公司股东人数超过 200 人，在以后的定向发行过程中将事先通过证监会核准，是否会降低融资效率？(3) 目前全国股转系统还没有具体的股权激励管理办法和配套规则，如采取限制性股票方式且向股权激励对象直接授予股票，当以后出现未达到解锁条件或已达到解锁条件但未申请解锁情形时，多次的回购注销行为是否会增加挂牌企业不必要的成本？(4) 目前符合条件的境内股份公司均可申请挂牌，如挂牌企业拟向外籍员工实施股权激励，则按照我国现有法律法规的规定，外籍员工直接持股应存在一定难度。

基于以上几点，如挂牌企业以合伙企业作为股权激励计划实施载体，可有效避免上述情形的出现：合伙企业可以单独作为一个认购主体；即使多次实施股权激励，出现股东超过 200 人的概率较小，并能保持挂牌企业股东的稳定性和清晰性；在合伙企业合伙人层面，股权激励对象可以通过成为有限合伙人实现股权激励、向普通合伙人转让出资份额实现（形式上）股票回购注销、向合伙企业申请卖出出资份额对应股份实现减持；此外，外籍员工成为合伙人也不存在法律障碍。

因此，挂牌企业在实施股权激励时，可以选择合伙企业作为实施载体。在目前实施股权激励的挂牌企业中，分豆教育（831850）、纳晶科技（830933）、云南文化（831239）、合全药业（832159）等均以合伙企业作为股权激励计划实施载体。

（二）发行价格设置的灵活性

目前，挂牌企业设置发行价格时具有较大的灵活性，多数挂牌企业会基于公司所处行业、经营管理团队建设、公司成长性、市盈率、每股净资产、前次定增价格等多种因素最终确定发行价格，如夏阳检测（831228）、百华悦邦（831008）等。

同时，也有个别挂牌企业采取类似 A 股股权激励定价方式。如凯立德（430618）设计方案时即明确为“本激励计划授予的股票期权行权价格为：不低于董事会通过本激励计划前 20 个交易日收盘价的平均价，即不低于 35.39 元/股”，国科海博（430629）设计方案时即明确为“本次发行价格为激励计划首次公告前 20 个交易日公司股票均价（前 20 个交易日的交易总额/前 20 个交易日的交易总量）6.57 元/股的 50%，即 3.29 元/股”。

受新三板交易制度影响，目前挂牌企业成交价格还不能实现最大程度公允，设置发行价格的灵活性也由其必然性。但如采取做市交易后，随着交投日益活跃、价格日益公允，相信采取类似 A 股股权激励定价方式的挂牌企业会日益增加。值得说明的是，凯立德和国科海博均采取做市交易方式。

（三）股票来源方式的多样性

不同于 A 股上市公司，挂牌企业既可以通过定向发行解决股票来源，也可以通过股东股权转让方式。例如：

1. 财安金融（430656）：上海时福投资合伙企业（有限合伙）通过全国股转系统将所持有财安金融 500,000 股转让给上海财浩投资合伙企业（有限合伙），用于股权激励；

2. 新宁股份（831220）：在满足激励计划规定的授予条件下，由激励对象受让实际控制人所持新宁投资（挂牌企业股东）股权，并通过新宁投资进而间接持有公司股份；

3. 易销科技（831114）：针对目前已经是公司股东的激励对象，公司允许其按照6元/股的激励价格通过对公司增资的方式增持公司股份；大股东薛俊承诺将在上述股权激励方案基础上，向合计不超过公司22位高管和核心人员以股权激励的价格（1元/股）转让不超过13.4万股。

挂牌企业在控股股东持股比例较高的情况下，可考虑采取股东股权转让方式解决股票来源。

（四）转板时股权激励的处理

中国证监会《首次公开发行股票并上市管理办法》及《首次公开发行股票并在创业板上市管理办法》均要求：发行人的注册资本已足额缴纳，发起人或者股东用作出资的资产的财产权转移手续已办理完毕，发行人的主要资产不存在重大权属纠纷；发行人的股权清晰，控股股东和受控股股东、实际控制人支配的股东持有的发行人股份不存在重大权属纠纷。

目前新三板挂牌企业转板无制度暂未出台，如挂牌企业申请在上交所或深交所上市，必须向中国证监会重新申报并排队。如正在实施股权激励的挂牌企业有意转板，该如何解决可能存在的股权不清晰或避免潜在股权纠纷呢？

在挂牌企业中，壹加壹（831609）、金巴赫（831773）在设计股权激励方案时均明确：公司董事会可根据实际需要（如转板上市等）或有关法律规规范性文件的要求，视激励对象实际绩效情况提出加速行权方案经股东大会审议通过后，激励对象不得对该方案提出异议。

在目前转板制度并未出台的情况下，上述处理方式不失为一种有效的解决方法，可供参考。

（五）股权激励会计处理问题和税收问题

根据《国家税务总局关于我国居民企业实行股权激励计划有关企业所得税处理问题的公告》（国家税务总局公告2012年第18号）（以下简称18号公告），“我国境外上市的居民企业和非上市公司,凡比照《上市公司股权激励管理办法(试行)》的规定建立职工股权激励计划,且在企业会计处理上,也按我国会计准则的有关规定处理的,其股权激励计划有关企业所得税处理问题,可以按照上述规定执行”。

根据18号公告,如挂牌企业参照《上市公司股权激励管理办法(试行)》实施股权激励,可以按照《企业会计准则第11号——股份支付》和《企业会计准则第22号——金融工具确认和计量》等会计准则的规定进行会计处理。如是,挂牌企业股权激励的支出可在企业所得税前扣除。

目前挂牌企业中金巴赫(831773)、壹加壹(831609)采取了上述会计处理方式。但在目前新三板交投还不充分活跃、做市交易方式仍不普遍的情况下,挂牌企业的公允价值可能并不能充分体现。如此,该如何更为合理、正确地进行会计处理可能还值得进一步商榷。

第三章　新三板挂牌企业实施员工持股计划解析

为贯彻《中共中央关于全面深化改革若干重大问题的决定》中关于"允许混合所有制经济实行企业员工持股,形成资本所有者和劳动者利益共同体"的精神,落实《国务院关于进一步促进资本市场健康发展的若干意见》(国发〔2014〕17 号)中关于"允许上市公司按规定通过多种形式开展员工持股计划"的要求,中国证监会于 2014 年 6 月 20 日发布《关于上市公司实施员工持股计划试点的指导意见》(以下简称《指导意见》)。

自《指导意见》发布后,A 股上市公司纷纷开展员工持股计划。目前部分新三板挂牌企业也参照《指导意见》,开展员工持股计划。本文主要就新三板挂牌企业实施员工持股计划情况及证券公司实施员工持股计划可行性进行分析。

一、《指导意见》中员工持股计划核心要素

根据《指导意见》,上市公司实施员工持股计划主要包括以下几点内容:

主要事项	主要内容
实施原则	依法合规、自愿参与、风险自担
资金来源	员工的合法薪酬、法律法规允许的其他方式
股票来源	上市公司回购本公司股票、二级市场购买、认购非公开发行股票、股东自愿赠与等方式。其中采取二级市场购买方式的,应当在股东大会审议通过后 6 个月内完成标的股票的购买

续表

主要事项	主要内容
持股期限	每期不得低于12个月，以非公开发行方式实施的持股期限不得低于36个月
持股规模	上市公司全部有效的员工持股计划所持有的股票总数累计不得超过公司股本总额的10%，单个员工所获股份权益对应的股票总数累计不得超过公司股本总额的1%；员工持股计划持有的股票总数不包括员工在公司首次公开发行股票上市前获得的股份、通过二级市场自行购买的股份及通过股权激励获得的股份
管理方式	上市公司可以自行管理本公司的员工持股计划，也可以将本公司员工持股计划委托给下列具有资产管理资质的机构管理：信托公司、保险资产管理公司、证券公司、基金管理公司、其他符合条件的资产管理机构
监管方式	除公开发行方式外，中国证监会对员工持股计划的实施不设行政许可，由上市公司根据自身实际情况决定实施

二、新三板挂牌企业实施员工持股计划情况

截至2015年4月末，共有联讯证券（830899）、凌志软件（830866）、东创科技（430488）和鑫安利（831209）四家挂牌企业实施员工持股计划。

按照《指导意见》中员工持股计划核心要素，挂牌企业实施基本情况如下表所示：

	联讯证券	凌志软件	东创科技	鑫安利
参与对象	全部员工	董监高及核心员工	董监高和其他部分员工	董监高及核心员工
资金来源	自筹资金	自筹资金、股东借款	自筹资金	—
股票来源	定向发行	定向发行	定向发行	合伙企业（为公司股东）合伙人转让部分份额
持股期限	锁定期12个月，存续期24个月	锁定期24个月，存续期36个月	锁定期12个月，存续期36个月	—

续表

	联讯证券	凌志软件	东创科技	鑫安利
持股规模	占公司现有股本总额的比例不超4.71%，单一个人不超过1%	占公司现有股本总额的比例不超过10%，单一个人不超过1%	占公司现有股本总额的比例不超过1.7%，单一个人不超过1%	占公司现有股本总额的5%
管理方式	委托资产管理公司管理，并全额认购该资管公司成立的专项基金次级份额	委托证券公司管理；证券公司资管计划	委托资产管理公司管理，并全额认购该资管公司成立的专项基金次级份额	—
监管方式	股东大会通过后即实施；定向发行完成后，报全国股转系统备案	股东大会通过后须报中国证监会核准；定向发行完成后，报全国股转系统备案	股东大会通过后即实施；定向发行完成后，报全国股转系统备案	—
其他	—	设定公司业绩考核指标和员工业绩考核指标；控股股东及部分其他股东保证员工自筹资金部分收益率	设定公司业绩考核指标；如未达成，可将对应收益用于专项激励和福利改善	—
实施进展	股东大会通过	股东大会通过	董事会通过	董事会通过

根据上表，新三板挂牌企业实施员工持股计划具有以下几个特点：

1.参与对象以董监高和核心员工为主，并设定一定的公司业绩考核指标及员工业绩考核指标。

2.股票来源以定向发行为主。因此，新三板挂牌企业需按照《全国中小企业股份转让系统业务规则（试行）》《全国中小企业股份转让系统股票发行业务细则（试行）》等监管规定履行必要的程序。对于股东人数超过200人的挂牌企业，股东大会通过相关决议后需报中国证监会核准；对于股东人数没有超过200人的挂牌企业，股东大会通过相关决议后即可实施，并报全国股转系统备案。

3. 持股期限方面，均不短于12个月；持股规模方面，员工持股计划占挂牌公司股票总数累计均不得超过公司股本总额的10%，单个员工所获股份权益对应的股票总数累计均不得超过公司股本总额的1%。

4. 管理方式均以委托管理为主，且可参与认购所委托机构成立的专项产品次级份额。

三、证券公司实施员工持股计划的法律限制及可行性分析

联讯证券作为证券行业第一家实施员工持股计划的证券公司，其能否顺利实施必然受到市场关注。然而根据联讯证券实施员工持股计划相关公告文件，可以发现联讯证券员工持股计划实施并不顺利，并于2015年4月重新修订了实施方案（截至2015年4月末，暂未实施）。

那么证券公司（包括联讯证券）实施员工持股计划是否有法律法规限制、是否具有可行性，下面予以简要分析。

（一）证券公司实施员工持股计划可能存在的法律限制

根据《证券法》（2014年修订）第43条的规定，“证券交易所、证券公司和证券登记结算机构的从业人员、证券监督管理机构的工作人员以及法律、行政法规禁止参与股票交易的其他人员，在任期或者法定限期内，不得直接或者以化名、借他人名义持有、买卖股票，也不得收受他人赠送的股票”。

根据中国证监会《关于上市公司实施员工持股计划试点的指导意见》（中国证监会〔2014〕33号）（以下简称《指导意见》）的规定，“法律禁止特定行业公司员工持有、买卖股票的，不得以员工持股计划的名义持有、买卖股票”。

根据上述要求，因证券公司从业人员不得持有买卖股票，则证券公司（为特定行业）不得以员工持股计划的名义持有、买卖股票。但值得说明的是，《指导意见》适用对象为A股上市公司。综合而言，即A股上市证券公司不得以员工持股计划的名义持有、买卖股票。

那么,如果证券公司非A股上市公司且从业人员未直接或者以化名、借他人名义持有及买卖股票是否可行呢?

根据联讯证券员工持股计划方案,联讯证券拟采用委托管理方式,即员工持股计划设立后委托资产管理公司进行管理。联讯证券作为新三板挂牌企业,法律属性为非上市公众公司,应不适用《指导意见》中关于A股上市公司特定行业实施员工持股计划的限制性规定。同时,联讯证券采取上述委托管理方式,应为非“直接或者以化名、借他人名义持有、买卖股票”,应符合《证券法》的上述规定。

综上,A股上市证券公司实施员工持股计划具有严格的法律限制,但新三板挂牌证券公司实施员工持股计划应具有一定的可行性。

(二)证券公司实施员工持股计划的可行性分析

根据《中共中央关于全面深化改革若干重大问题的决定》的规定,“允许混合所有制经济实行企业员工持股,形成资本所有者和劳动者利益共同体”。

根据证监会《关于证券经营机构参与全国股转系统相关业务有关问题的通知》的规定,“支持证券期货经营机构通过全国股转系统进行股权转让。证券期货经营机构可以通过全国股转系统探索股权激励,建立、健全员工激励与约束机制”。

同时,《非上市公众公司监督管理办法》《国中小企业股份转让系统业务规则(试行)》《全国中小企业股份转让系统股票发行业务细则(试行)》及《全国中小企业股份转让系统投资者适当性管理细则(试行)》等全国股转系统相关规定对挂牌公司定向发行的程序、认购对象、备案要求等进行了详细规定。

综上,证券公司开展员工持股计划应符合党中央、中国证监会的政策精神。同时,新三板挂牌证券公司按照全国股转系统上述相关规定制订具体发行方案、履行必要核准或备案程序,具有可操作性。

(三)新《证券法》中允许员工持股的规定应有利于证券公司实施员工持股计划

根据《证券法》(修订草案),证券公司从业人员可以买卖证券,但不得与其所任职务、工作职责等发生利益冲突；证券公司应当建立从业人员买卖证券申报、登记、审查和处置等管理制度，并向国务院证券监督管理机构备案。

如根据上述修订意见，则A股上市证券公司实施员工持股计划应不存在法律障碍。员工持股计划作为一种积极有效的激励机制，待新《证券法》正式实施及相关法规进一步修订完善，相信会有更多的证券公司实施员工持股计划。

第四章　新三板借壳问题解析

2014年以来，随着新三板融资功能不断健全、关注度渐高，众多企业不愿错失登陆新三板的机会。但仍有众多公司由于成立时间较短、自身经营资质不佳、等不及6个月挂牌审批排队周期、希望赶在政府补贴取消之前挂牌等原因，选择了通过挂牌公司收购或重大资产重组，即借壳的方式在新三板挂牌。

总的来说，企业借壳新三板一般通过以下两种操作方式：第一种是通过收购新三板企业股权的方式取得控制权，再用“资产＋增发股权”买入新资产，反向并购借壳，原有资产在此方案中被置出；第二种是买方通过参与挂牌公司的增发，注入现金，获得公司控股权，然后出售旧资产，购入新资产。

一、正向并购借壳上市

（一）华信股份

2015年3月26日，老三板公司华信3（400038）披露收购报告书，将与汇绿园林资产重组。后者曾历次冲击IPO未果后于1月12日主动撤销IPO申请，后转战老三板借壳华信3，欲实现曲线上市，市场将其解读为老三板壳资源启动的信号。

所谓老三板，是指原证券公司代办股份转让系统，开办于2001年7月，目标是为退市公司和两网公司（STAQ和NET两个法人股流通市场）的股份转让寻找出路。2012年年底，老三板并入全国股转系统，被允许定向融资和申请再次上市。

华信股份原为深圳证券交易所的上市公司，由于历史负债较重、主业经营不善,2001 年起连续三个会计年度亏损,2004 年,公司股票被深圳证券交易所暂停上市交易,并于 2005 年终止上市交易。目前华信股份在老三板挂牌。由于华信股份依靠自身发展已无法形成有效的持续经营能力和偿债能力,便通过资产重组的途径寻求摆脱经营困境。汇绿园林是浙江省著名园林建设企业,自 2010 年起连续 4 年进入"全国城市园林绿化企业 50 强",财务数据显示,公司 2013 年营收与净利润分别较 2012 年下滑 31% 和 44%。选择借壳老三板的原因很简单,希望能缩短排队时间,尽快实现上市。

根据收购报告书,华信 3 将以 1.16 亿股(约占总股本的 47%)置换汇绿园林价值 1.48 亿元的(约占总股本的 14.53%)股份。本次收购完成后,汇绿园林大股东李晓明成为华信 3 的实际控制人。购完成后,李晓明将持有华信股份 46,435,743 股普通股,占华信股份已发行股份的 18.6596%;李晓伟将持有华信股份 7,903,956 股普通股,占华信股份已发行股份的 3.1761%;宁波汇宁将持有华信股份 31,121,828 股普通股,占华信股份已发行股份的 12.5059%。

本次收购将导致华信股份的控制权发生了变化,汇绿园林的董事长李晓明成为了华信股份的控股股东和实际控制人。同时,华信股份的主营业务将发生变化,形成以园林绿化工程施工、园林景观设计、苗木种植及绿化养护为核心的业务。

(二)创智科技(400059)

根据相关规定,终止上市的公司股票在其终止上市情形消除后,如符合交易所上市规则规定的重新上市的申请条件,均可向交易所申请重新上市。获得交易所同意后,交易所可以针对主动退市公司与强制退市公司、不同情形的强制退市公司做出差异化安排,安排公司重新上市。

按照上述规定,老三板退市公司重新上市可直接向交易所申请,不用 IPO 排队,也不用执行借壳上市等同 IPO 的审核标准。除了审核渠道不同,老三板借壳费较低,也是业内普遍认可的潜规则。

而这条路并没有那么简单,首先是股东大会,这个环节小股东搅黄重组方案的事情常有发生;其次是报证监会审批,证监会以非上市公众公司并购重组的标准进行审批,这一标准基本与IPO趋同;最后是向沪深交易所提出重新上市申请,待交易同意后才能最终进入A股市场。

2015年3月,天珑移动技术股份有限公司(以下简称天珑移动)在IPO遭遇折戟两年之后卷土重来,以膨胀两倍有余的估值借壳创智科技(400059)实现新三板挂牌上市再闯资本市场。

由于2004年、2005年、2006年连续三个会计年度亏损,创智科技自2007年5月24日至退市前一直处于暂停上市状态。公司从2010年开始进入破产重整状态。2014年9月,主营业务几近停滞的创智科技发布公告称将通过收购天珑移动摇身一变成为一家手机生产商。但是遭遇众多小股东反对,认为此次资产注入跟以往一样,对小股东不公平,经过创智科技的多重努力才未能使小股东否决该决议,天珑移动的借壳之路一路走来可以说是阻碍重重。

天珑移动是以手机研发、设计为主的国家级高新技术企业,主营业务为手机产品(主要包括GSM手机、3G手机、智能手机等)的研发、设计、采购、生产(外协加工)、销售及提供相关服务。而历时四年多重整,创智科技已经成为产权清晰、资产干净、没有债务的净壳公司。如今永盛科技成为新的重组方被,并将天珑移动整体注入创智科技,交易完成后,永盛科技将成为公司的控股股东。

根据目前披露的收购预案,公司将以现金及发行股份的方式购买天珑移动100%股权,交易金额达到42.33亿元。其中,创智科技拟通过出售成飞电子17.8%的股权等重大资产,获得1410.16万元现金用于购买天珑移动3.3765%股权,剩余96.62%股权将通过向天珑移动控股股东永盛科技及其他7家股东公司发行股份的形式购买。交易完成后,天珑移动将成为公司的全资子公司。永盛科技承诺天珑移动2014年、2015年、2016年净利润分别不低于3亿元、4亿元、5.2亿元。

(三)鼎讯互动(430173)

吴晓翔收购曾飞所持公司股权时1元/股,总股本为1000万元,我们猜测鼎讯互动空壳作价1000万元。但收购方并未完全通过现金支付这笔代价，现金支付一部分，在公司收购广东欧美后，曾飞仍持有的少量股份作为代价支付一部分。

依据鼎讯互动2014年半年报，截至2014年6月30日，曾飞、徐建、茅萧、胡剑峰、刘淑艳、董强、王嘉力、刘凯持股比例为61%、12%、10%、8%、6%、1%、1%、1%，收购人吴晓翔并未持有鼎讯互动任何股权。

2014年10月，吴飞将所持鼎讯互动15%的股权协议转让给李良琼。此后徐建、胡剑峰于2014年11月分别通过股转系统协议转让鼎讯互动股权。

2014年11月21日，李良琼、王丽分别通过协议将鼎讯互动34.9%股权转让给吴晓翔。

2015年2月12日，收购人吴晓翔与股份转让方曾飞、茅萧、刘淑艳签订《关于鼎讯互动（北京）股份有限公司之股份转让协议》。

鼎讯互动股东吴晓翔从另外三名股东手中收购（受让）鼎讯互动可转让股数155万股，每股股份的转让价格为1元/股。其中，收购曾飞持有的115万股流通股，收购茅萧持有的25万股流通股，收购刘淑艳持有的15万股流通股。吴晓翔本次收购前持有鼎讯互动3,490,000股，持股比例34.90%；本次收购后，吴晓翔持有5,040,000股，持股比例50.40%，成为公司第一大股东，担任公司董事长职位，成为公司实际控制人；原实际控制人曾飞持有公司股份3,450,000股，持股比例下降34.50%，且其将辞任公司董事长职务，进一步淡出公司经营决策和管理。且收购报告书中披露：未来12个月内，收购人吴晓翔拟择机将其控制的部分企业置入鼎讯互动，改善鼎讯互动经营情况、提高鼎讯互动盈利能力。

2015年2月13日，鼎讯互动公告相关收购事项。

2015年4月28日，鼎讯互动发行股份合计200,000,000股购买振业集团、李蓬龙及肖娜霞分别持有的广东欧美的60%、30%、10%的股权，即广东欧美合计100%的股权。新增股本占发行后总股本的比例为95.24%，实际控制人仍是吴晓翔，原公司实际控制人曾飞持股比例稀释至不到2%。其中广东欧美2014年约亏损230万元，净资产为1.98亿元，主营业务为汽车整车销售、汽车行业配套服务、汽车商贸城服务等。

（四）尚远环保（430206）

《收购报告书》在“收购人财务状况”一项中披露“因收购人于2015年2月成立，成立时间较短，尚未实际开展业务，因此无财务数据”。本次收购价款总额为6822.05万元，北京盛恒达的注册资本为2000万元，而根据《收购报告书》，收购资金来源于其自有资金，不存在利用本次收购的股份向银行等金融机构质押取得融资的情形，也不存在直接或间接利用被收购公司资源获得其任何形式财务资助的情况。

武汉尚远环保股份有限公司创建于2006年，是一家专注于工业污废水污染治理、纯水净化技术研发、应用的高新技术企业。

收购人北京盛恒达投资合伙企业是一家专门从事投资管理的有限合伙企业。李显章持有北京盛恒达99%的出资份额，为北京盛恒达的实际控制人。截至收购报告书出具日，北京盛恒达的合伙人结构如下：

北京盛恒达对尚远环保所处行业的前景及长远发展充满信心，其基于对自身情况考虑及资产统筹的安排，并考虑了对尚远环保投资的目前及长远的整体回报，经双方友好协商确定了本次股权收购。

2015年3月25日，北京盛恒达分别与翁欲晓、李洪、王海峰、高星、吴贵凡、徐欣欣、韩显斌、周植宏、陈阳波、马燕妮、孙菊、李静、孙春生、尹健、汪文蓓、武汉安达胜投资合伙企业（有限合伙）、武汉东湖百兴创业投资中心（有限合伙）、宁波明谷投资合伙企业（有限合伙）、石河子安胜投资合伙企业（有限合伙）、大庆科维建筑安装工程有限公司和石河子慈隆股权投资有限合伙企业（有限合伙）签订了《股份转让协议》。将通过全国股份转让系统证券转让方式（具体为协议转让方式）取得本次收购的股份。

根据《股份转让协议》的规定，转让人将其持有尚远环保的股份（共计22,758,150股）通过全国股份转让系统转让给收购人，转让价格为每股3元；上述股份转让完成后，收购人持有公司22,740,150股，占公司总股本的54.14%；本次收购收购人支付的价款总额为68,220,450元。根据收购人提供的银行对账单、收购人的确认和本所律师核查,收购人的收购资金来源为其自有资金。

本次收购完成后,收购人北京盛恒达成为尚远环保的第一大股东及实际控制人。

二、反向并购借壳上市

(一)塞尔瑟斯(430127)

2015年6月16日,纳斯达克上市公司中国手游前总裁、COO应书岭在全国中小企业股份转让系统(新三板)发布公告,宣布成立北京英雄互娱科技股份有限公司(以下简称英雄互娱),英雄互娱此次登陆新三板,采用借壳北京塞尔瑟斯仪表科技股份有限公司(430127)的方式。

天津迪诺以现金认购塞尔瑟斯非公开发行股份48,095,831万股,成为塞尔瑟斯第一大股东、实际控制人,而天津迪诺唯一股东自然人应书岭持有天津迪诺100%的股份。此次发行价格改为每股1.33元/人民币,资金总额为63,967,456元(6396万元),支付方式为现金。剩余款项,天津迪诺向北京红杉信远股权投资中心(有限合伙)、上海华晟领势创业投资合伙企业(有限合伙)、宁波引爆点创业投资合伙企业(有限合伙)、宁波引爆点投资管理合伙企业(有限合伙)和天津真格天峰投资中心(有限合伙)借款共计63,967,456元用于完成此项收购。

公告显示,本次发行完成后,公司的股本变为104,869,733股,其中天津迪诺持有48,095,831股,直接可支配的公司股权比例合计为45.862%,成为公司的第一大股东,实际控制人。

(二)天翔昌运(430757)

天翔昌运的主营业务是涉农领域产品和地源热泵,受外部环境的影响较大并存在一定的市场竞争风险,导致其在2014年年报中披露的营业收入较上年同期减少了71.30%,净利润也由半年报中披露的“大幅增长”变成了年报中的负值,而这成为了天翔昌运寻求转型的主要原因之一。

天翔昌运于2014年5月30日在全国中小企业股份转让系统

挂牌并公开转让。截至2014年12月31日，万朝文先生持有天翔昌运3,834,163股，占挂牌公司总股本的49.16%。

2015年2月，万朝文先生以协议转让的方式减持所持有的天翔昌运流通股755,000股，占天翔昌运总股本的9.68%。转让后，万朝文先生持有天翔昌运3,079,163股，占公司总股本的39.48%。海文投资持有天翔昌运755,000股，占公司总股本的9.68%。

3月3日，天翔昌运公告《收购报告书》。根据报告书，天翔昌运定向发行1674万股，每股1.30元。其中，海文投资以现金认购本次发行的股份539万股，认购资金总额700.70万元。本次收购实施前，收购人海文投资持有天翔昌运755,000股股份，持股比例为9.68%。本次收购完成后，收购人海文投资将持有天翔昌运6,145,000股股份，持股比例为25.04%。本次收购将导致天翔昌运控制权发生变化，海文投资将成为天翔昌运的控股股东，陈海平将成为天翔昌运的实际控制人。

本次收购完成后，收购人将积极寻求具有市场发展潜力的投资项目并纳入公众公司。收购完成后，海文投资成为天翔昌运的控股股东，其执行事务合伙人陈海平成为天翔昌运的实际控制人。这也是天翔昌运三年内第二次更换控股股东。

(三)麒润文化(831680)

麒润有限成立于2004年12月10日，公司设立时的注册本为200万元。麒润有限整体变更为股份公司经上海市工商行政管理局核准，公司取得上海市工商行政管理局于2014年7月31日颁发的注册号为310114001195716的《营业执照》，公司的股份结构如下：

2015年1月15日，麒润文化在新三板挂牌。挂牌时公司的实际控制人为何天华、王璇夫妇。何天华持有公司300万股的股份、占公司股份总数的50%，王璇持有公司15万股的股份、占公司股份总数的2.5%，何天华夫妇共计持有公司52.5%的股份。4月10日，公司公告《2015年度第一次股票发行方案》。根据方案，公司拟通过本次股票发行引入战略投资者，而本次股票发行只针对1名新增的自然人投资者黄炬培，其拟以现金认购1000万股。本次发行价格为每股人民币3.24元，融资额共计3240万元。黄炬培与麒润文化及其主要股东之间不存在关联系。黄炬培对此出具了书面承诺。4月15日，公司控股股东及实际控制人何天华因个人资金周转需要与公司第二大股东上海大磐投资管理有限公司（以下简称大磐投资）签署股权转让协议书，根据协议安排，何天华将通过协议转让的方式向大磐投资转让其持有的麒润文化2,000,000股股份（占协议签署时公司股份总数的30%）。

股份转让款分二期支付：自协议签署之日起三个工作日内，大磐投资向何天华支付首期股份转让款428万元；2015年4月30日前，大磐投资向何天华支付剩余股份转让款428万元。自协议签署之日起7个工作日内，何天华辞去公司董事长、总经理、法定代表人职务，并向中证登办理本次转让所涉及的公司2,000,000股股份质押登记，作为何天华履行协议之担保。自何天华辞去公司董事、总经理职务届满6个月之日起5个工作日内，何天华将其所持公司1,000,000股股份（占协议签署时公司股份总数的15%）转让给大磐投资，并向中证登办理相关股份质押解除及股份转让变更登记。自公司在全国股份转让系统挂牌满一年（2016年1月14日）后5个工作日内，何天华将其所持公司1,000,000股（占协议签署时公司股份总数的15%）股份转让给大磐投资，并向中证登办理相关股份质押解除及股份转让变更登记。

（四）搜装科技（430193）

6月8日晚，搜装科技发布提示公告，自然人周驹悦未来将通过认购定增的股票成为公司的新的第一大股东。首先实现了第一步控股，从公司近期一系列资本运作轨迹来看，该案例很有可能就是一起变相借壳，如果后续新进股东给公司注入相应资产，那么新三板又多了一个借壳的案例。搜装科技2014全年收入不到80万元，业务有难以为继之嫌，卖壳的动机是客观存在的。

搜装科技刚刚更名即启动新的定增，背后绝对有通盘考虑。目前来看，这有可能仅仅是第一步。通过本次定增，公司控制层将发生变化，未来公司走势值得继续观察。

5月14日，紫新科技发布定增失败和终止资产收购公告，因为认购方西安购圈放弃认购，公司之前的定增告吹。

5月19日,紫新科技发布权益变动报告书称,西安购圈网络科技有限公司于2015年5月15日通过全国中小企业股份转让系统以协议转让方式转让其所持有的紫新科技1,269,875股股份,占当时紫新科技已发行股份比例的25.4%。该股权被周驹悦拿下。而行情软件显示,当天该笔交易成交价格为1元/股。

5月25日,当时证券简称还为紫新科技的搜装科技发布定增方案,公司以1元/股的价格发行3923万股,在册股东周驹悦认购本次股票发行新增的股份1198万股。其他在册股东放弃优先认购权。5月28日,公司再发公告,公司全称由“北京紫新报通科技股份有限公司”变更为“北京搜装网络科技股份有限公司”,公司证券简称由“紫新科技”变更为“搜装科技”。

搜装科技表示,周驹悦将以货币认购搜装科技定向发行的股票,成为搜装科技第一大股东,获取搜装科技发展的投资收益。本次定向发行的募集资金将用于补充公司流动资金,拓宽公司业务领域,寻找公司新的盈利增长点,提高公众公司盈利能力。

本次定增除周驹悦认购外,参与认购的还有自然人陈双庆、龙曦、刘昕和中联畅想(北京)科技有限公司,分别认购950万股、375万股、250万股和1150万股。本次认购后,周驹悦持有公司股份将达29.96%,为第一大股东。紧随其后的分别是:中联畅想(北京)科技有限公司持有公司26%、陈双庆持股21.48%、龙曦持股8.48%。公司原来的大股东郭求实对公司的持股将由原先的55.65%下降至6.29%。

周驹悦是北京交大的辅导员出生,2013年2月至2015年5月投资设立长春恒屹科技有限责任公司,并担任执行董事;陈双庆之前曾在深圳报业集团旗下晶报任教育线记者,随后又在经济观察报担任过财经记者;龙曦2010年5月至今任北京盈谷信晔投资有限公司董事长,同时兼任搜装科技副董事长;刘昕则曾在上市公司天润曲轴担任董事,2010年至今任货站网络技术有限公司董事长。

三、借壳上市注意事项

1. 收购借壳方案中,收购人要符合《全国中小企业股份转让系统投资者适当性管理细则（试行）》第3条、第6条的规定，具有参加挂牌公司股票定向发行的资格。

2. 收购借壳导致新三板企业的实际控制人变更的，根据《非上市公众公司收购管理办法》第18条的规定，“按照本办法进行公众公司收购后，收购人成为公司第一大股东或者实际控制人的，收购人持有的被收购公司股份，在收购完成后12个月内不得转让”。变更后的实际控制人要作出相应承诺。

3. 如果收购行为构成重大资产重组，亦需经过政府有关部门批准。

4. 收购公告书中披露的有关收购完成后的后续计划（对公司主要业务的调整计划、对公司管理层的调整计划、对公司组织结构的调整计划、对公司章程的修改计划、对公司资产进行重大处置的计划、对公司员工聘用做出调整的计划）可以帮助综合判断是否构成借壳。

5. 如果是通过为向特定对象发行股份购买资产借壳的，还要注意是否触及《非上市公众公司重大资产重组管理办法》第19条之规定：“公众公司向特定对象发行股份购买资产后股东累计超过200人的重大资产重组，经股东大会决议后，应当按照中国证监会的有关规定编制申请文件并申请核准。”如不适用该条，则应当向全国股份转让系统公司申请备案。

第五章　新三板并购重组问题解析

新三板挂牌企业中多数公司属于初创类企业，其商业模式和发展环境具有较大优势，又因为新三板企业的高成长性以及高性价比，新三板企业逐渐成为并购市场的热门目标。另外，新三板企业已经开始主动出击，凭借着新三板融资的优势，透过定向增发等方式进行并购重组。随着新三板的发展，新三板并购市场会受到越来越多的市场关注，新三板企业主动出击收购的案例也会越来越多，新三板并购重组风向转变：从“并购池”到“主动收购”。

2015 年以来，新三板已经有超过 100 家的挂牌公司被并购重组以及超过 70 家的挂牌公司通过定向增发等方式主动出击并购，其中有不少企业得到了 PE/VC 的支持。在最近发生的 70 起新三板企业主动并购事件中，其中有 41 家新三板企业收购的股份比例在 40% 以上。随着新三板公司交易的活跃，“定增 + 现金”的收购方式会逐渐成为新三板做市企业的主流收购方法。在众多的新三板收购案例中，九鼎投资无疑是近期最受瞩目的一个。九鼎投资通过并购方式控股 A 股公司，并借此重组上市的举动为新三板企业转战 A 股市场开辟了一条新的道路。

【新三板公司作为收购方】

一、九鼎投资收购上市公司实现曲线上市

在众多的新三板收购案例中，九鼎投资无疑是近期最受瞩目

的一个。2015 年 5 月 15 日，九鼎投资在江西省产权交易所通过电子竞价方式，以 41.50 亿元拍得中江集团 100% 的股权。由于中江集团的主要资产为其持有的上市公司中江地产 72.37% 的股份，在交易完成后，九鼎投资将借此间接获得中江地产的控制权。与华图教育收购 ST 新都不同，九鼎投资将借此次收购，成为首家控股 A 股上市公司的新三板企业。今年九鼎资本规模庞大。九鼎自 2014 年 4 月挂牌以来，先后完成两次定增募集资金约 60 亿元。在 2015 年 5 月 19 日，九鼎发布股票发行方案，向公司现有股东以及具备新三板投资者资格的投资者以每股 15 ~ 25 元定向发行 5 亿股，募集资金总额为 75 ~ 125 亿元。强大的募集资金能力为公司收购 A 股公司奠定坚实的资金基础。2015 年九鼎持之以恒地推进战略发展——成为综合性资产管理机构。在整个 2014 年内，九鼎发起设立首家民营公募基金管理公司九泰基金、投资设立龙泰九鼎进入基金的劣后投资领域、出资成立黑马投资挺进个人风险投资领域、控股九州证券介入券商资管业务。通过这一系列动作，九鼎向着综合性资产管理机构的目标不断地前进。2015 年以来，九鼎继续加快对外投资，分别进入第三方支付服务领域、互联网金融贷款服务领域以及海外证券期货服务领域，继续加速战略布局。如今，九鼎将公司持有的部分资产注入中江地产实现旗下资产在 A 股上市，更是大大推进其战略发展。

为新三板企业转战 A 股市场开辟了一条新的道路。众所周知，新三板企业要想在 A 股数上市，除了透过转板机制外，就是通过走正常的 IPO 渠道。但时至今日，转板机制依然没有进展，A 股 IPO 向来存在排队就是等两三年的传统，这些都给亟须上市的新三板企业带来了极大的不确定性。这一次九鼎投资通过并购方式控股 A 股公司，并借此重组上市的举动为新三板企业转战 A 股市场开辟了一条新的道路。九鼎投资这次曲线上市的方式，不仅能节约时间，还能成功地达到资产上市的目的，实为秒局。

二、和君商学收购汇冠股份

新三板挂牌企业北京和君商学在线科技股份有限公司（股票

代码831930)发布公告称,和君商学拟以协议转让的方式受让西藏丹贝投资有限公司(以下简称西藏丹贝)持有的27,869,400股汇冠股份股票(股票代码300282)。该宗交易完成后,和君商学将接替西藏丹贝成为汇冠股份的第一大股东。公告显示,该宗交易已获和君商学董事会表决通过,和君商学将于法定要求的时间内召开临时股东大会表决该宗交易。

和君商学是和君集团控股的一家在线教育公司,以O2O商学教育、管理培训、职业教育、互联网教育为主业,业务口碑甚佳,注册地在北京,2015年2月在新三板挂牌,4月进行了首次定向增发,华夏幸福王文学、新东方俞敏洪、千合资本王亚伟、上海证大戴志康、前海微众银行行长曹彤、海王集团张思民、康恩贝胡季强、华熙国际赵燕、福建新大陆胡钢、星河地产姚惠琼、海印集团邵建明等20多位实力派企业家认购了定增,成为和君商学的股东。此举令和君商学在新三板公司群体中,以超豪华的股东阵容而备受瞩目。

汇冠股份于2011年12月在创业板上市。截至当前,已形成三块业务:触摸屏业务、教育信息化业务(PROEDU交互式电子白板业务)和移动智能终端的精密结构件业务。其中,触摸屏业务是汇冠股份的起始业务,拥有核心技术和专利。PROEDU交互式电子白板是汇冠针对教育领域推出的整体解决方案,它将当前最先进的教学软件与触摸技术完美结合,可以构成一个完整的交互式教学系统,增强教学的互动性和趣味性,提高教学效率。移动智能终端的精密结构件业务,其产品应用于联想、三星、华为、中兴、比亚迪、金立、海尔、TCL、摩托罗拉等品牌机型,曾被联想和比亚迪授予多个奖项。

和君商学面向全球著名高校、企业界和科技界招生,持续培养数千名经营管理人才、科技创业和创新人才。2015年5月开学的和君商学院第八届,全球注册申请入学者超过3万人,其中博士生接近2000人,和君商学院大致按10:1的挑选比例录取3000人左右,其中大多数是来自北大、清华、中国科学院、中国科大、人大、浙大、上海交大、复旦、南开、南京大学、武大、哈佛大学、MIT、牛津大学、香港科大等名校的硕士生或博士生。多年来,和君商学一直以其独树一帜的"精英人才集群效应"而蜚声企业界和创业创新领域。

和君商学与汇冠股份结成战略联盟,对双方的发展有重大意义:一方面,和君商学的管理思想、人才和市场人脉嫁接到汇冠股份,将对汇冠股份的经营管理、精益生产、研发管理、员工创业创新,产生重大促进作用,既有利于汇冠股份现有三块业务的效率改进和效益提升,又有利于汇冠股份开拓创新未来的新格局。另一方面,和君商学可以通过汇冠股份为经营管理人才提供事业舞台、为科技创业创新人才提供孵化平台,最终使和君商学与汇冠股份形成类似于斯坦福大学与美国硅谷创新的那种生态共生效应,和君商学吸引和培养人才,汇冠股份作为一个创业板 IT 上市公司,成为孵化科技创业和创新的平台。最终,把和君商学与汇冠股份发展成为运作规范、质地优良、效益良好、创新动力强劲、产业可持续发展的两家优质公众公司。

和君商学成为汇冠股份第一大股东后,将按"三部曲"的节奏帮助汇冠股份实现创新和发展:首先,做大做强汇冠股份现有的三块业务,加强对骨干人员的激励,为汇冠现有员工发挥活力和创造力提供更大的空间,优化管理,改进效率,提升效益;其次,为汇冠股份持续导入经营管理人才、科技创新人才,努力开拓汇冠事业的新局面;最后,把汇冠股份打造成为基础业务稳固、创新动力强劲、事业欣欣向荣的科技创新平台、创业孵化平台。在经济转型和创业创新的国家需要和社会大潮下,汇冠总部坐落在中关村软件园,连通创业板,可以为科技创业和创新作出更大的贡献。

【新三板公司作为收购标的】

2013 年以来,A 股上市公司并购重组风起云涌,而新三板市场不少具有技术优势和模式创新的挂牌企业,为上市公司并购重组提供了优良标的。截至 2015 年 6 月底,共有 9 家挂牌企业成为 A 股上市公司的收购标的。

由于缺乏行业积累和相关核心人才,上市公司进入新的行业

的时间分别为挂牌之日、挂牌期满一年和两年。挂牌前12个月以内控股股东及实际控制人直接或间接持有的股票进行过转让的，该股份的管理按照前款规定执行，主办券商为开展做市业务取得的做市初始库存股票除外。因司法裁决、继承等原因导致有限售期的股票持有人发生变更的，后续持有人应继续执行股票限售规定。

根据上述规定：(1)挂牌企业股东（包括控股股东及实际控制人、董监高等）在挂牌时所持股份均具有限售安排；而根据目前上市公司收购挂牌企业情况，多数收购行为发生在挂牌后一年内，如铂亚信息（430708）、日新传导（830804）、激光装备（430710）等均存在股东股份限售情形；为避免股东股份限售对收购影响，挂牌企业均采取终止挂牌方式，终止后将不再适用《业务规则》限制；(2)挂牌企业需具有持续经营能力；东江环保（002672）在收购新冠亿碳（430275）时，采取收购新冠亿碳所持南昌新冠100%股权及合肥新冠100%股权，收购完成后，新冠亿碳（430275）将不再具备持续经营能力，因此申请终止挂牌。

而假设：(1)挂牌企业在挂牌后已多年，大部分股份可流通，上市公司购买大部分股权不存在法律障碍；(2)挂牌企业挂牌后向上市公司定向发行股份，上市公司进而取得控股权，上述情形下，挂牌企业应无须终止挂牌。

（二）挂牌企业被收购时是否需要变更组织形式

根据《公司法》及《业务规则》，挂牌企业必须为股份有限公司，而股份有限公司股东至少为两人。

根据目前上市公司收购挂牌企业情况，以收购100%股权比例为主，如此则挂牌企业需终止挂牌后申请变更组织形式，如铂亚信息（430708）、日新传导（830804）、激光装备（430710）等。而如若上市公司采取母子公司共同收购挂牌企业方式，可无须变更组织形式，如大智慧（601519）及其全资子公司收购湘财证券100%股权。

（三）上市公司以定增方式入股挂牌企业情形分析

目前，上市公司参与新三板主要有以下两种方式：(1)上市公司控股/参股子公司挂牌新三板，如云天化（600096）、大族激光（002008）、东软集团（600718）等；(2)上市公司与私募股权基金发起设立并购基金或成立合伙企业，以期参与挂牌企业定向增发、并购、优先股、可转债，如渝三峡 A(000565)、万年青(000789)、冠农股份(600251)等。

然而，目前上市公司以定增方式入股挂牌企业较少。从目前全国股转系统相关规则来看，上市公司以定增方式入股挂牌企业不存在任何法律障碍。

如若上市公司参与挂牌企业定增，挂牌企业应根据《全国中小企业股份转让系统股票发行业务细则(试行)》《全国中小企业股份转让系统股票发行业务指引第 1 号——备案文件的内容与格式(试行)》《全国中小企业股份转让系统股票发行业务指引第 2 号——股票发行方案及发行情况报告书的内容与格式(试行)》等规定履行必要的决议、向全国股转系统申请备案、股份登记即可。同时，如若定向发行后上市公司持股比例较高，还应按照《非上市公众公司收购管理办法》《非上市公众公司信息披露内容与格式准则第 5 号——权益变动报告书、收购报告书、要约收购报告书》等履行必要的程序及信息披露。

第六章　新三板投资企业的重点关注

2014 年年末，新三板大幅扩容，挂牌数量、成交额、融资额成倍增长，交易方式等制度也得到极大完善。2015 年以来，新三板市场步入快速增长期，无论是成交金额还是挂牌速度都明显提升。新三板市场的快速发展无论是对于机构投资者还是个人投资者来说，都赚足了眼球。

如果说 A 股市场侧重赚取市场差价，那么投资新三板则更关注挂牌公司的成长性，两者盈利模式及投资理念的差异决定了目标投资群体的区别。新三板对市场的贡献在于它提供了一个平台让种子公司未来能够“发芽”，但由于种种原因，很多种子公司很可能还没有“发芽”便已死掉。这就意味着，新三板是一个机遇与挑战并存的市场。那么，投资者该如何在这场资本盛宴里分得一杯羹？投资新三板市场上的挂牌公司，有什么需要重点关注的地方呢？

投资新三板市场的方式是多样化的，针对不同的投资方式、不同类型的投资者，投资新三板市场需要关注的重点差异巨大。就目前发展而言，投资方式一般有私募股权投资，设立或购买新三板一、二级市场基金等各类理财产品，通过担任财务顾问获得综合收益等方式。针对私募股权投资，本文将进行着重介绍其重点关注事项。

新三板扩容为创投企业，特别是种子投资与天使投资提供了新的退出通道，同时增加了企业兼并与收购的流动性，如并购、回购、转让、境内外 IPO 等。新三板的扩容和“转板”预期为其创造了良好的资本流转平台,打开了创投的退出通道,为投资机构带来一个新的投资机会。

未来中国中小企业融资,私募股权直接融资将是重中之重,而新三板正是典型的私募股权直接融资形式,如增资扩股、优先股、可转债等。例如,德同资本西部投资管理有限公司与成都高新区合作,募集资金人民币5亿元,这些资金"投资拟上新三板公司将占较大比例"。未来十年,将是中国创业投资和并购投资发展的黄金十年。

而私募股权投资以高风险高回报的非上市企业为投资对象,进行股权投资。风险投资是对公司核心能力和未来价值的判断,买的就是目标企业将来的成长和核心价值,关注风险企业三五年内的价值是不是值得投资?而不是仅看眼前。

一、精选新三板的新兴产业公司

新三板挂牌的新兴产业公司非常多,从证监会行业分布上来看,挂牌企业行业分布集中,绝大多数都为非传统行业。其中,从事软件与信息技术服务行业的企业占比最多,高达26%,紧随其后的分别是专业设备制造、技术硬件与设备。

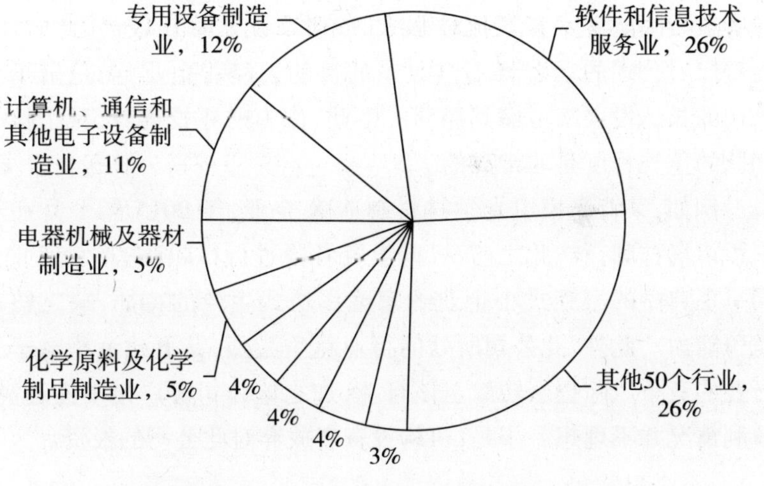

我国新三板市场2113家挂牌公司行业分布图

而在挑选的逻辑上,投资者一般会选择代表中国经济发展方向的创新型公司，以期未来能够存在A股上市、并购重组或者海外上市的直接退出的可能性，这类公司成长潜力巨大，日后趁着政策或者市场的“东风”实现快速发展，甚至成为行业“龙头”。

例如，某设备制造业SJ电气公司，于2009年挂牌至新三板市场，其主营产品典型的低碳环保产品，属国际发明、国内首创，被列为国家重点新产品，前景广阔。机构投资者经过专业判断和分析，认为此公司具有较大的发展潜力，意欲以股权投资的方式进入。随后此公司其主营业务与某上市公司属同行业内上下游供应关系，2014年上市公司意欲将其并购，实现双赢，最后由于这两种投资方式都由于市盈率等方面的分歧未能成功入股投资。但在2015年该公司成功登陆创业板市场，实现了公司价值的快速增长。

二、选择股权结构明晰的公司

新三板市场上的公司众多，其公司质量良莠不齐，其重要特点之一是家族式企业众多。选择股权结构明晰的公司，并不是对家族式企业的抛弃，而是小微型家族式企业经常呈现出家庭作坊式的企业特征，此时，企业的掌门人是非常重要的。很多企业成立历史超过20年，这样的企业质地比较好，技术水平比较高，其掌门人或者核心团队学术背景比较强大，或者文化水平比较高，此时，其管理层对公司的运营将不以股东的目的去经营企业，而是出于对公司的长远发展来考虑其经营。由此，作为财务投资者，对于核心团队的重视程度是非常高的。

例如，某背光模组光学材料制造X企业，于2015年1月在新三板市场挂牌。在此之前，机构投资者曾进行尽职调查，发现此公司呈现典型的家族式小企业的家庭作坊式生产的特征，缺乏核心竞争能力。此外，此公司所处的行业竞争激烈，其下游消费电子类行业的竞争风险也会转嫁至该行业，加之该公司客户集中度过高，盈利情况并不理想。于是，机构投资者放弃对此公司的投资。

三、对挂牌公司进行合理估值

随着新三板市场的爆发，公募基金、私募基金以及个人陆陆续续进入这个市场，做市商越来越多，当市场盲目追逐企业时，理性地对新三板市场上的挂牌公司进行合理估值就是一个非常重要的问题了。目前，根据乐观经验，新三板市场挂牌公司的交易量在10%左右，其余的企业很可能会和香港的H股一样，基本上有先股的存在。在存在这种可能性的前提下，其实我们更应该参考H股的估值，而不是参考A股的估值，给企业一个正常的价值。新三板市场上有更多的企业，其成长空间可以参考同行业上市公司计算出来，二级市场一般上市是15～20倍的估值，即使这个企业没有任何的财务风险，什么风险都没有，其估值的提高也并不是特别高。大部分机构投资者希望能在未来1～3年内在投资了企业后能获得利润回报，此时投资者就要理性分析该公司是否能成为未来市场上交易上活跃的10%。

四、妥善的投后管理

新三板市场上很多质地优良的公司在发展的过程中吸引了众多投资者的目光，有稳定的现金流，持续的盈利能力和发展能力。此时，挂牌公司在面对投资者时，也会提出投后管理的要求。如果仅仅是一个渴望利润回报的财务投资者，质地优良的公司又何必分你一杯羹呢？于是，投资者也需要考虑在投资后的资源整合能力，如打造产业链上下游，以帮助公司长远发展等。

例如，某IT综合应用服务商S公司，其主营产品是ERP、MRP和CRM软件产品，是国内唯一拥有自主知识产权的电子文件完整解决方案提供商，也是国内唯一参与党政和军队电子文件项目建设的企业，主攻第三世界国家的电子政务系统。该公司掌握了该领域核心技术，拥有核心竞争能力，经营稳定。但希望投资者能结合其软件数据优势，帮助该公司进行融资租赁、P2P等产业链上下游的突破。此时，投资者需要思考如何进行投后管理。

新三板市场是个非常年轻和有活力的市场，在这个市场内发掘合适的投资标的是十分值得一试的，对这个市场好好研究，是能找到值得研究的公司的。以上关注重点希望能给读者一些思路。

第七章　新三板投资者标准分析

自2014年以来，新三板市场规模实现了迅猛增长，新三板从初创期一跃进入市场制度不断完善和创新的攻坚期。截至2014年年底，新三板投资者总计为48,675户，其中机构投资者为4695户，个人投资者为43,980户，而挂牌企业数量已经接近2400家，已经远远超过中小板、创业板企业数量，直逼整个A股企业数量。新三板投资市场的火热也在不断吸引各类投资者的目光，其中不仅包括机构投资者，也包括个人投资者。然而，这个市场对于个人投资者有着严格的准入限制。

全国股份转让系统2013年年底发布的修订后的投资者适当性管理细则明确，将自然人投资者的准入标准从"名下前一交易日日终证券类资产市值300万元人民币以上"调整为"名下前一交易日日终证券类资产市值500万元人民币以上"。此外，符合注册资本500万元人民币以上的法人机构，或者实缴出资总额500万元人民币以上的合伙企业等机构投资者可参与新三板投资。

一、相关规定

根据《国务院关于全国中小企业股份转让系统有关问题的决定》《关于证券经营机构参与全国中小企业股份转让系统相关业务有关问题的通知》《非上市公众公司监督管理办法》《全国中小企业股份转让系统投资者适当性管理细则(试行)》和《主办券商投资者适当性管理问题解答》等规定，目前关于新三板投资者标准主要要求如下表所示：

投资者	要求	备注
机构投资者	(1)注册资本500万元人民币以上的法人机构;实缴出资总额500万元人民币以上的合伙企业; (2)集合信托计划、证券投资基金、银行理财产品、证券公司资产管理计划,以及由金融机构或者相关监管部门认可的其他机构管理的金融产品或资产,可以申请参与挂牌公司股票公开转让	(1)法人机构要求注册资本500万元,对实缴资本无要求,但缴纳情况应符合《公司法》《公司登记管理条例》等要求; (2)合伙企业实缴出资总额,依据会计事务所为其出具的最近一期审计报告或实缴出资证明文件认定; (3)证券公司自营部门、公募基金产品、QFIIR、QFII和企业年金也允许投资新三板挂牌股票,但目前较少
自然人投资者	(1)投资者本人名下前一交易日日终证券类资产市值500万元人民币以上;且 (2)具有两年以上证券投资经验,或具有会计、金融、投资、财经等相关专业背景或培训经历	(1)证券类资产包括客户交易结算资金、在沪深交易所和全国股份转让系统挂牌的股票、基金、债券、券商集合理财产品等,信用证券账户资产除外; (2)投资者需提供有关会计、金融、投资、财经等相关专业的学历证书、考试合格证明文件、培训证书等材料,证明自身具备相关专业背景或培训经历,并接受主办券商的风险测评
其他投资者	(1)挂牌公司原股东; (2)参与挂牌公司定向发行的董事、监事、高级管理人员和核心技术人员; (3)因继承或司法裁决等原因持有挂牌公司股份的股东	如不符合参与挂牌公司股票公开转让条件,只能买卖其持有或曾持有的挂牌公司股票

二、投资者适当性规定的主要原因

相比A股中小板、创业板对资金无限制的准入门槛和港股50万元相对宽松的个人投资者准入门槛,市场上不断呼吁新三板市场降低投资者门槛,以达到更多投资者参与市场投资、提高市场的参与性和流动性的目的。此时,我们不得不去理性地看待个人投资者进入新三板市场进行投资的问题,对于广大的中小投资者来说,随着未来“新三板”市场的交易制度的健全与发展,新三板必将引发个人投资者的投资热情。但目前看来,新三板并不是他们的“创富板”,而是“风险板”。

1.“新三板”扩容后的风险。个人投资者投资“新三板”是“新三板”扩容的结果,然而,扩容后的“新三板”就不再是扩容前的“新三板”了。扩容前的“新三板”基本上是一个“示范板”,挂牌上市的公司都是比较优秀的公司。其中近半数公司基本符合创业板上市条件,投资者投资扩容前的“新三板”风险相对较小。但经过扩容后,“新三板”公司鱼龙混杂,绝大多数公司难以上市,不少公司甚至随时面临倒闭的风险。因此,投资扩容后的“新三板”,投资者的风险要大得多。

2.公司无法上市的风险。“新三板”对于投资者最大的诱惑莫过于股票转板上市,但对于扩容后的“新三板”来说,投资者要捕捉到可以成功转板的公司困难将会大得多。根据推算,未来每年将有上千家企业在“新三板”挂牌。届时“新三板”市场中各个公司的优劣更将难以鉴别,这显然不是一般的投资者能够做到的。而且即便投资者淘到了“东土科技”这种上会公司,但由于最终上市被否决,投资者还是要承担股价大幅下跌带来的风险。

3.信息不对称的风险。“新三板”公司原本就是非上市公司,其管理的规范程度是可以想象的。信息不对称,各种损害投资者利益事情的发生都将不可避免。有利好消息,知情人提前买进;有利空消息,知情者提前卖出。作为中小散户来说,始终都是受害者。其实即便是像世纪瑞尔这种成功转板的公司,在成功登陆创业板前夕,也是让一些利益中人以低廉的价格突击入股。因此,“新三板”公司如果真的有什么利益,也很难让中小投资者来分享。

4.企业破产的风险。在“新三板”挂牌的公司并非是上市公司,它们的命运与大海中的小船一样,破产或倒闭将是一些“新三板”公司可能面临的事情,加上这些公司本身又缺少透明度,信息不对称的原因,中小投资者无疑将会是“新三板”公司破产或倒闭的买单人。

5.股票交易风险。目前主板,中小板、创业板挂牌交易的公司都是正式的上市公司，其股票交易采取的是在每周五个交易日规定的交易时间段里连续交易，因此，除了出现涨停跌停这种特殊情况外，不会出现买不到股票或卖不出股票的情况。但“新三板”挂牌的公司是非上市公司，其股票交易并不是连续交易，而是集合竞价方式进行集中配对成交，行情并不连续，投资者无法看到真实的报盘。因此，三板市场中更容易催生内幕交易、散布假信息和操纵股价等行为，具有较高的风险。而这些不利后果都将由市场中的投资者承担，尤其是中小投资者。

在新三板与A股、中小板和创业板这几个资本市场中，投资者所承担的风险是不同的，基于保护投资者利益的原则，出于风险承受能力的考虑，中小投资者应理性对待新三板市场投资。

三、投资者结构及相关情况

截至2015年3月末，开通挂牌股票交易权限的投资者总数为79,751户，较2014年年底(49,004户)增长了63%。其中，机构及自然人投资者分别为7385户、72,366户，分别占投资者总数的9.3%、90.7%。从投资者来源来看，初始股东、定向新增、二级市场新进投资者分别为39,809户、6319户、33,623户，分别占投资者总数的49.9%、7.9%、42.2%。

总体上看，全国股转系统投资人队伍数量在快速增长，结构在不断优化。具体来看：

1. 合格投资者入市步伐加快。截至2015年3月底，合格投资者为37,732户，较2014年年底(14,990户)增长了252%；而同期受限投资者则由34,014户增至42,019户，增速为123.5%。

2. 专业投资机构类型渐趋丰富。在全部(7385户)机构投资者中，一般法人机构为2574户，占比为34.9%；专业机构达4811户，占比为65%。专业机构类型更加丰富，除了PE/VC、证券公司、基金公司、信托公司以外，保险资管、期货资管、银行等专业机构均已参与投资。

3. 机构投资者、合格投资者成为投资交易主体。截至2015年3月末，占投资者总数9.3%的机构投资者已持有40.6%的挂牌股票，从持股比例看已成为挂牌股票的投资主体；同时，在全部(32,460户)持仓投资者中，持仓合格投资者为4945户，占比为15.23%，而持股占比已达25%。(注：以上数据统计均来自于全国股转系统)

四、个人投资者标准是否需降低

新三板交易活跃程度是新三板是否健康发展的一个重要标志，投资者适当性制度则是新三板能够保持快速稳定发展的关键。全国股转系统已对个人投资者设定了严格的标准，目前个人投资者开户数量也呈快速发展趋势。

就现阶段个人投资者参与投资新三板挂牌股票方式问题，我们建议个人投资者谨慎采取直接投资方式，可通过投资以新三板股票为标的物的资产管理产品和基金产品方式。

下面结合挂牌公司情况、机构投资者优势、新三板制度设计三个方面具体分析：(1)挂牌公司具有较高风险。目前新三板挂牌公司仍以中小微企业居多，资产规模较小、盈利状况较差、业绩波动较大，整体而言具有较高风险。(2)机构投资者具有天然优势。和个人投资者相比，机构投资者在研究能力、定价能力、风险识别能力等方面具有天然优势。(3)新三板应为以机构投资者为主的市场。通过发挥机构投资者的专业投资优势，有助于在全国股转系统引导并建立价值投资、长期投资、理性投资的正确投资理念，实现保护中小投资者和推动市场稳定、健康发展的双重目标。

关于未来个人投资者标准是否可以降低的问题，应结合新三板分层制度设计、竞价交易方式推出情况进行系统性的思考。即使未来实现挂牌公司分层和竞价交易方式，个人投资者标准普遍下调的可能性不大。从交易方式来看，个人投资者标准应从协议转让、做市转让、竞价转让从高到低排序。然而，综合挂牌公司情况、机构投资者优势、新三板制度设计等因素，我们仍建议个人投资者谨慎采取直接投资方式。

第八章　新三板的投资价值

很多人都说新三板是一个金矿，是一个发家致富改变现有格局甚至改变证券历史的一个大大的金矿。但是，新三板是不是金矿，只有挖矿人才有真正的发言权，换句话说，新三板能不能从零起步真正发展成为一个金矿，也只有挖矿人才有发言权。那么，谁是金矿的挖矿人，自然是新三板的投资者，尤其是资金相对雄厚、思维相对理性、眼光相对长远的机构投资者。

只要是对新三板市场略有接触和了解的人，最近都感受到了一股热浪扑来，前所未有、不可阻挡。当挂牌企业热情高涨以及挂牌数量持续走高已经成为常态之后，现在我们说的热浪是投资者对于新三板市场的投资热情以及挂牌企业股价的火箭窜升。

一、投资者如何考量新三板投资市场

资本市场说到底是一个定价和交易的市场，不论是定价还是交易，那么都需要广泛且成熟的投资者的参与，那么这时候机构投资者对于新三板参与的热情和程度就显得至关重要。以小兵的观点来看，机构投资者在新三板问题上的思考可从以下几个方面入手：

1. 机构投资者在选择投资对象上，应该改变原来满世界扫大街的模式，而可以考虑充分利用新三板市场的平台，将更多的精力和投资方向转移到新三板上来。

2. 新三板的推荐挂牌尽管程序简便，但是同样需要专业中介机构的核查和推荐，这可以在很大程度上降低投资者投资企业的风险,至少可以省却很多尽职调查的工作量。

3. 随着新三板市场相关制度的逐步完善,定价功能以及流通性制度的逐步改善,那么投资者在投资新三板企业的时候应该对新三板这一挂牌行为提供相应的“挂牌溢价”,简单来说,就是同样的企业投资者对于新三板挂牌企业的估值要高于没有挂牌的企业。尽管单纯从挂牌新三板这一行为的即时效果来看并不明显,但是从长远眼光来看,我们应该给予新三板一定的溢价。至于高多少,那是另外一个问题。

4. 当然,最后还是那句话,新三板监管机构以及相关参与者需要用心呵护新三板的成长,同时要保证新三板挂牌企业顺畅的优胜劣汰制度,只有这样才能保证新三板挂牌企业是优质的值得依赖的。只有最后能达成新三板挂牌企业是值得信赖的共识,投资者的关注和溢价才是有可能的。

小兵以前就说过,新三板挂牌企业的溢价必须要通过投资者尤其是机构投资者的参与才能够体现出来,那么从这个角度来讲,目前新三板投资基金的火爆至少有着积极的现实意义,至少体现在以下几个方面:

1. 说明新三板市场化的改革是正确的,是走了一条方向正确、值得一直努力下去的道路。新三板市场允许市场参与者充分博弈,充分对企业的市场价值进行估值和交易对价,不仅不对市盈率进行限制,而且也没有涨跌幅限制,所以我们才看到了很多股票几百倍甚至高达上千倍的增值。或许这是新三板泡沫或者虚火的表现,但是从积极意义上讲,这也是新三板市场改革的重要成果。

2. 企业价值的发展制度至少有了雏形,企业挂牌之后在市场的分化趋势有了显现。新三板市场一直将自己定位于一个平台或者擂台,入门的门槛会设得很低,但是“一轮游”还是能进入复赛甚至总决赛,那就只能看企业的硬实力了。从目前做市交易的情况来看,其实股价高歌猛进的企业更多还是集中在互联网、医疗、环保、大消费等当下炙手可热的行业中,同时这些行业中一些拥有核心技术、没有历史包袱、行业发展前景广阔的企业更加受到青睐。反之,很多传统行业甚至夕阳的产业,尽管也挂牌新三板,但是股价很低甚至就是净资产价格都不一定能够吸引到投资者。

3. 新三板市场挂牌制度溢价已经有了效果。在实践中，有些企业在挂牌之前无人问津，结果到了新三板市场，立马成为了诸多做市商和投资者争抢的对象，股价步步高升也是水到渠成的事情。如果没有新三板这个市场，或许就没有这样的变化。

二、新三板投资价值背后的风险

新三板基金的异军突起从另外一个角度给了普通投资者投资新三板的机会，尽管基金“让专业的人做专业的事”的理念可以让基金做这样的事情，但是也会存在很多潜在的风险，比如：

1. 新三板基金的发起者参差不齐，对于企业的判断是否具备专业能力和机构，是否有着完善的评估体制值得关注。或许某些资质不高的企业在风口上也可以浑水摸鱼，不过总有一天“泡沫”会破，那么投资者就会受到很大损失。

2. 新三板基金中，不排除有的基金打着投资新三板的幌子而实际上干着非法集资、庞氏骗局等资金一去无回的勾当。

3. 新三板基金解决了个人投资者投资新三板的门槛问题，同时这样的处理在某种程度上是规避了投资者的适当性规定，与当初的风险控制初衷是不匹配的，显然这样的风险需要严格控制。

随着新三板的日益成长和发展，会吸引更多的资金参与进来，尽管市场上传言的“击鼓传花”的说法目前来看有些危言耸听，不过要是考虑的长远一些也不无道理。要是真正控制新三板的投资风险，除了对投资的各个环节加强监管之外，那么更核心的还是要加强对新三板挂牌企业的监管、分级和自律。只要是挂牌企业能够稳定成长创造价值，新三板的价值就会一直体现越来越高；反之，就成为无源之水、无本之木，迟早会使投资者遭受巨大损失。

新三板挂牌

第四篇

规则 | 深度解读

小贴士：1. 以罗列法规的方式来增加书的容量从来不是小兵的风格，由于新三板业务还处于探索期，很多朋友对这个业务还比较陌生，梳理一些核心的规则框架有助于诸位在实践中对某些问题进行更加准确的把握。

2. 本次列举的规则，小兵以自己实践的经验和考量的思路进行了尽量大胆的删减，保证在不影响理解的情况，以最小的篇幅吸收最核心的内容。

3. 其实列举规则的很多内容在市场中已经达成共识，还有很多内容将已本书的第二篇进行了专题论述，因此对这些内容将不再专门解读。

4. 对规则的理解如果有不同的意见，欢迎大家随时与我们联系并进行深入交流和沟通。

第一章　监管政策

一、全国中小企业股份转让系统有限责任公司管理暂行办法

第二条　全国中小企业股份转让系统(以下简称“股转系统”)是经国务院批准设立的全国性证券交易场所。

注解:股转系统也就是我们常说的“新三板”的定位:全国性的证券交易市场,与深交所和上交所地位是平等的。

第三条　股票在挂转系统挂牌的公司(以下简称“挂牌公司”)为非上市公众公司,股东人数可以超过200人,接受中国证券监督管理委员会(以下简称“证监会”)的统一监督管理。

注解:新三板挂牌公司的定位:公众公司、没有上市的。因为是公众公司,所以股东可以超过200人;明确非上市的,是与深交所和上交所上市的公众公司相区分。这样的定位精准而明确。

第十四条　股转系统的登记结算业务由中国证券登记结算有限责任公司负责。全国股份转让系统公司应当与其签订业务协议,并报中国证监会备案。

注解:这一制度与交易所是一致的,挂牌新三板的企业的股份也是要在中登公司登记和备案的。

第十七条　股转系统董事会、监事会的组成及议事规则应当符合有关法律、行政法规和中国证监会的规定,并报中国证监会备案。

注解:股转系统的运行采取公司制的运行模式,这种模式与联交所、纽交所等模式是一致的,股转系统会设董事长、总经理、监事

长等职务。

第二十一条 全国股份转让系统公司依法对股份公司股票挂牌、定向发行等申请及主办券商推荐文件进行审查，出具审查意见。全国股份转让系统公司应当与符合条件的股份公司签署挂牌协议，确定双方的权利义务关系。

注解：这是目前公众对股转系统功能最有认知性的一个规定，那就是对申请挂牌新三板企业的资料进行审核，符合这块业务的部门为挂牌业务部，如同是证监会的发行审核部。

第二十四条 挂牌股票转让可以采取做市方式、协议方式、竞价方式或证监会批准的其他转让方式。

注解：这是对股票转让方式的规定，目前已经有协议转让和做市转让。

第二十五条 全国股份转让系统实行投资者适当性管理制度。参与股票转让的投资者应当具备一定的证券投资经验和相应的风险识别和承担能力，了解熟悉相关业务规则。

注解：投资者适当性管理的原则性规定，目前自然人和法人投资新三板的门槛均是500万元资产。

第三十四条 在证券公司代办股份转让系统的原STAQ、NET系统挂牌公司和退市公司及其股份转让相关活动，由全国股份转让系统公司负责监督管理。

注解："老三板"的业务由新三板部门来承接管理。

二、非上市公众公司监督管理办法

第二条 本办法所称非上市公众公司（以下简称公众公司）是指有下列情形之一且其股票未在证券交易所上市交易的股份有限公司：（一）股票向特定对象发行或者转让导致股东累计超过200人；（二）股票公开转让。

注解：对非上市公众公司有了一个明确的界定，并且规定了有两种情形是构成非上市公众公司的基本要素，这两个情形是"或"的意思而不是"和"的意思。

第四条 公众公司公开转让股票应当在全国中小企业股份转

让系统进行，公开转让的公众公司股票应当在中国证券登记结算公司集中登记存管。

注解：这一条的规定就如同交易所上市的股票转让要在交易所进行是一个意思。

第五条　公众公司可以依法进行股权融资、债权融资、资产重组等。公众公司发行优先股等证券品种，应当遵守法律、行政法规和中国证券监督管理委员会（以下简称中国证监会）的相关规定。

注解：目前新三板挂牌企业的融资品种主要就是定向增发和私募债，其他的品种尚在开发过程中。具体内容也可以参阅本书第三部分的内容。

第十五条　公众公司实施并购重组行为，应当按照法律、行政法规、中国证监会的规定和公司章程，履行相应的决策程序并聘请证券公司和相关证券服务机构出具专业意见。任何单位和个人不得利用并购重组损害公众公司及其股东的合法权益。

第十六条　进行公众公司收购，收购人或者其实际控制人应当具有健全的公司治理机制和良好的诚信记录。收购人不得以任何形式从被收购公司获得财务资助，不得利用收购活动损害被收购公司及其股东的合法权益。在公众公司收购中，收购人持有的被收购公司的股份，在收购完成后 12 个月内不得转让。

第十七条　公众公司实施重大资产重组，重组的相关资产应当权属清晰、定价公允，重组后的公众公司治理机制健全，不得损害公众公司和股东的合法权益。

第二十二条　股票公开转让与定向发行的公众公司应当披露半年度报告、年度报告。年度报告中的财务会计报告应当经具有证券期货相关业务资格的会计师事务所审计。股票向特定对象转让导致股东累计超过 200 人的公众公司，应当披露年度报告。年度报告中的财务会计报告应当经会计师事务所审计。

第二十五条　发生可能对股票价格产生较大影响的重大事件，投资者尚未得知时，公众公司应当立即将有关该重大事件的情况报送临时报告，并予以公告，说明事件的起因、目前的状态和可能产生的后果。

第三十二条 股票向特定对象转让导致股东累计超过 200 人的股份有限公司,应当自上述行为发生之日起 3 个月内,按照中国证监会有关规定制作申请文件,申请文件应当包括但不限于:定向转让说明书、律师事务所出具的法律意见书、会计师事务所出具的审计报告。股份有限公司持申请文件向中国证监会申请核准。在提交申请文件前,股份有限公司应当将相关情况通知所有股东。

在 3 个月内股东人数降至 200 人以内的,可以不提出申请。

股票向特定对象转让应当以非公开方式协议转让。申请股票公开转让的,按照本办法第三十三条、第三十四条的规定办理。

第三十三条 公司申请其股票公开转让的,董事会应当依法就股票公开转让的具体方案作出决议,并提请股东大会批准,股东大会决议必须经出席会议的股东所持表决权的 2/3 以上通过。

第三十四条 股东人数超过 200 人的公司申请其股票公开转让,应当按照中国证监会有关规定制作公开转让的申请文件,申请文件应当包括但不限于:公开转让说明书、律师事务所出具的法律意见书、具有证券期货相关业务资格的会计师事务所出具的审计报告、证券公司出具的推荐文件。公司持申请文件向中国证监会申请核准。公开转让说明书应当在公开转让前披露。

第三十六条 股东人数未超过 200 人的公司申请其股票公开转让,中国证监会豁免核准,由全国中小企业股份转让系统进行审查。

第三十八条 本办法施行前股东人数超过 200 人的股份有限公司,符合条件的,可以申请在全国中小企业股份转让系统挂牌公开转让股票、首次公开发行并在证券交易所上市。

第三十九条 本办法所称定向发行包括向特定对象发行股票导致股东累计超过 200 人,以及股东人数超过 200 人的公众公司向特定对象发行股票两种情形。前款所称特定对象的范围包括下列机构或者自然人:(一)公司股东;(二)公司的董事、监事、高级管理人员、核心员工;(三)符合投资者适当性管理规定的自然人投资者、法人投资者及其他经济组织。公司确定发行对象时,符合本条第二款第(二)项、第(三)项规定的投资者合计不得超过 35 名。

第四十三条 中国证监会受理申请文件后，依法对公司治理和信息披露以及发行对象情况进行审核，在20个工作日内作出核准、中止审核、终止审核、不予核准的决定。

第四十四条 公司申请定向发行股票，可申请一次核准，分期发行。自中国证监会予以核准之日起，公司应当在3个月内首期发行，剩余数量应当在12个月内发行完毕。超过核准文件限定的有效期未发行的，须重新经中国证监会核准后方可发行。首期发行数量应当不少于总发行数量的50%，剩余各期发行的数量由公司自行确定，每期发行后5个工作日内将发行情况报中国证监会备案。

第四十五条 在全国中小企业股份转让系统挂牌公开转让股票的公众公司向特定对象发行股票后股东累计不超过200人的，中国证监会豁免核准，由全国中小企业股份转让系统自律管理，但发行对象应当符合本办法第三十九条的规定。

第六十五条 本办法施行前股东人数超过200人的股份有限公司，不在全国中小企业股份转让系统挂牌公开转让股票或证券交易所上市的，应当按相关要求规范后申请纳入非上市公众公司监管。

第六十六条 本办法所称股份有限公司是指首次申请股票转让或定向发行的股份有限公司；所称公司包括非上市公众公司和首次申请股票转让或定向发行的股份有限公司。

三、非上市公众公司收购管理办法

第一条 为了规范非上市公众公司（以下简称公众公司）的收购及相关股份权益变动活动，保护公众公司和投资者的合法权益，维护证券市场秩序和社会公共利益，促进证券市场资源的优化配置，根据《证券法》、《公司法》、《国务院关于全国中小企业股份转让系统有关问题的决定》、《国务院关于进一步优化企业兼并重组市场环境的意见》及其他相关法律、行政法规，制定本办法。

第二条 股票在全国中小企业股份转让系统（以下简称全国股份转让系统）公开转让的公众公司，其收购及相关股份权益变动活动应当遵守本办法的规定。

第三条 公众公司的收购及相关股份权益变动活动，必须遵守法律、行政法规及中国证券监督管理委员会（以下简称中国证监会）的规定，遵循公开、公平、公正的原则。当事人应当诚实守信，遵守社会公德、商业道德，自觉维护证券市场秩序，接受政府、社会公众的监督。

第四条 公众公司的收购及相关股份权益变动活动涉及国家产业政策、行业准入、国有股份转让、外商投资等事项，需要取得国家相关部门批准的，应当在取得批准后进行。

第五条 收购人可以通过取得股份的方式成为公众公司的控股股东，可以通过投资关系、协议、其他安排的途径成为公众公司的实际控制人，也可以同时采取上述方式和途径取得公众公司控制权。收购人包括投资者及其一致行动人。

第六条 进行公众公司收购，收购人及其实际控制人应当具有良好的诚信记录，收购人及其实际控制人为法人的，应当具有健全的公司治理机制。任何人不得利用公众公司收购损害被收购公司及其股东的合法权益。

注解：这个法规的制定思路很明显就是参考了上市公司收购管理办法。

四、非上市公众公司重大资产重组管理办法

第一条 为了规范非上市公众公司（以下简称公众公司）重大资产重组行为，保护公众公司和投资者的合法权益，促进公众公司质量不断提高，维护证券市场秩序和社会公共利益，根据《公司法》、《证券法》、《国务院关于全国中小企业股份转让系统有关问题的决定》、《国务院关于进一步优化企业兼并重组市场环境的意见》及其他相关法律、行政法规，制定本办法。

第二条 本办法适用于股票在全国中小企业股份转让系统（以下简称全国股份转让系统）公开转让的公众公司重大资产重组行为。本办法所称的重大资产重组是指公众公司及其控股或者控制的公司在日常经营活动之外购买、出售资产或者通过其他方式

进行资产交易，导致公众公司的业务、资产发生重大变化的资产交易行为。

公众公司及其控股或者控制的公司购买、出售资产，达到下列标准之一的，构成重大资产重组：

（一）购买、出售的资产总额占公众公司最近一个会计年度经审计的合并财务会计报表期末资产总额的比例达到50%以上；

（二）购买、出售的资产净额占公众公司最近一个会计年度经审计的合并财务会计报表期末净资产额的比例达到50%以上，且购买、出售的资产总额占公众公司最近一个会计年度经审计的合并财务会计报表期末资产总额的比例达到30%以上。

公众公司发行股份购买资产触及本条所列指标的，应当按照本办法的相关要求办理。

第三条 公众公司实施重大资产重组，应当符合下列要求：

（一）重大资产重组所涉及的资产定价公允，不存在损害公众公司和股东合法权益的情形；

（二）重大资产重组所涉及的资产权属清晰，资产过户或者转移不存在法律障碍，相关债权债务处理合法；所购买的资产，应当为权属清晰的经营性资产；

（三）实施重大资产重组后有利于提高公众公司资产质量和增强持续经营能力，不存在可能导致公众公司重组后主要资产为现金或者无具体经营业务的情形；

（四）实施重大资产重组后有利于公众公司形成或者保持健全有效的法人治理结构。

第六条 公众公司实施重大资产重组，应当聘请独立财务顾问、律师事务所以及具有证券、期货相关业务资格的会计师事务所等证券服务机构出具相关意见。公众公司应当聘请为其提供督导服务的主办券商为独立财务顾问，但存在影响独立性、财务顾问业务受到限制等不宜担任独立财务顾问情形的除外。公众公司也可以同时聘请其他机构为其重大资产重组提供顾问服务。

第十五条 股东大会就重大资产重组事项作出的决议，必须经出席会议的股东所持表决权的2/3以上通过。公众公司股东人数超过200人的，应当对出席会议的持股比例在10%以下的股东表决情况实施单独计票。公众公司应当在决议后及时披露表决情况。

前款所称持股比例在10%以下的股东，不包括公众公司董事、监事、高级管理人员及其关联人以及持股比例在10%以上股东的关联人。

公众公司重大资产重组事项与本公司股东或者其关联人存在关联关系的，股东大会就重大资产重组事项进行表决时，关联股东应当回避表决。

第十七条 公众公司重大资产重组可以使用现金、股份、可转换债券、优先股等支付手段购买资产。

使用股份、可转换债券、优先股等支付手段购买资产的，其支付手段的价格由交易双方自行协商确定，定价可以参考董事会召开前一定期间内公众公司股票的市场价格、同行业可比公司的市盈率或市净率等。董事会应当对定价方法和依据进行充分披露。

第十九条 公众公司向特定对象发行股份购买资产后股东累计超过200人的重大资产重组，经股东大会决议后，应当按照中国证监会的有关规定编制申请文件并申请核准。

中国证监会受理申请文件后，依法进行审核，在20个工作日内作出核准、中止审核、终止审核、不予核准的决定。

第二十六条 本次重大资产重组涉及发行股份的，特定对象以资产认购而取得的公众公司股份，自股份发行结束之日起6个月内不得转让；属于下列情形之一的，12个月内不得转让：

（一）特定对象为公众公司控股股东、实际控制人或者其控制的关联人；

（二）特定对象通过认购本次发行的股份取得公众公司的实际控制权；

（三）特定对象取得本次发行的股份时，对其用于认购股份的资产持续拥有权益的时间不足12个月。

注解：本文与公众公司收购办法类似，基本上都参考了上市公司重大资产重组管理办法的审核思路，当然也会根据公众公司的特点约定了一些特殊的情形。

五、全国中小企业股份转让系统投资者适当性管理细则(试行)

第三条 下列机构投资者可以申请参与挂牌公司股票公开转让:

(一)注册资本500万元人民币以上的法人机构;

(二)实缴出资总额500万元人民币以上的合伙企业。

第四条 集合信托计划、证券投资基金、银行理财产品、证券公司资产管理计划,以及由金融机构或者相关监管部门认可的其他机构管理的金融产品或资产,可以申请参与挂牌公司股票公开转让。

第五条 同时符合下列条件的自然人投资者可以申请参与挂牌公司股票公开转让:

(一)投资者本人名下前一交易日日终证券类资产市值500万元人民币以上。证券类资产包括客户交易结算资金、在沪深交易所和全国股份转让系统挂牌的股票、基金、债券、券商集合理财产品等,信用证券账户资产除外。

(二)具有两年以上证券投资经验,或具有会计、金融、投资、财经等相关专业背景或培训经历。

投资经验的起算时间点为投资者本人名下账户在全国股份转让系统、上海证券交易所或深圳证券交易所发生首笔股票交易之日。

第六条 下列投资者可以参与挂牌公司股票定向发行:

(一)《非上市公众公司监督管理办法》第三十九条规定的投资者;

(二)符合参与挂牌公司股票公开转让条件的投资者。

第七条 公司挂牌前的股东、通过定向发行持有公司股份的股东等,如不符合参与挂牌公司股票公开转让条件,只能买卖其持有或曾持有的挂牌公司股票。已经参与挂牌公司股票买卖的投资者保持原有交易权限不变。

六、关于证券经营机构参与全国股转系统相关业务有关问题的通知

为贯彻落实《国务院关于全国中小企业股份转让系统有关问题的决定》(国发〔2013〕49号)精神,支持证券经营机构依托全国中小企业股份转让系统(以下简称全国股转系统),更好地服务中小微企业,并实现自身创新发展,现将有关事项通知如下:

一、指导证券公司做好推荐挂牌与持续督导服务工作,全面提升服务中小微企业能力与水平

一是提升服务能力。证券公司应高度重视挂牌公司推荐业务,注重从投资人视角完善企业选择标准,提高人员素质和执业水平,着力打造满足中小微企业在全国股转系统挂牌、融资、并购等需求的全产业链服务体系;高度重视挂牌公司持续督导和服务工作,切实帮助企业提升规范运作水平。

二是拓宽服务广度。已取得全国股转系统推荐业务备案的证券公司可由其分公司直接开展推荐业务。分公司直接开展推荐业务的,应具备相应的专业人员和管理制度,公司总部应对内核、申报等环节进行集中管理,并在业务承揽、尽职调查、申报文件制作、持续督导等环节统一执业标准,保证执业质量。

三是创新收费方式。允许主办券商探索股权支付、期权支付等新型收费模式,建立与挂牌公司互利共赢的长效激励约束机制。

四是扩大推荐队伍。支持基金管理公司子公司、期货公司子公司、证券投资咨询机构等其他机构经我会备案后,在全国股转系统开展推荐业务。

二、指导证券公司积极开展做市业务,充分发挥市场组织者与流动性提供者功能,提升销售交易专业能力

一是确保资金投入。证券公司应多渠道筹集资金,保障做市资金投入,满足挂牌公司的做市需求。挂牌公司有意愿采取做市转让方式的,推荐主办券商可优先为其提供做市服务。

二是提升做市水平。证券公司应当配备足够数量的专业人员,确保做市业务有序开展;强化对做市业务的研究支持,构建做

市股票估值定价体系；加大技术研发投入，提高技术系统稳定性，为做市业务提供可靠保障。

三是控制做市风险。证券公司应当建立完备的做市业务风险限额体系，强化对做市业务的风险监控和应急处理机制。经我会同意，证券公司可以试点开展全国股转系统挂牌股票借贷业务，对冲做市业务持仓风险。

四是扩大做市队伍。支持基金管理公司子公司、期货公司子公司、证券投资咨询机构、私募基金管理机构等机构经我会备案后，在全国股转系统开展做市业务。开展做市业务的机构实缴注册资本应不低于1亿元，财务状况稳健，且具有与开展做市业务相适应的人员、制度和信息系统。

三、指导证券公司、基金管理公司依法投资全国股转系统挂牌股票，壮大全国股转系统机构投资者队伍

一是证券公司自营业务投资于全国股转系统挂牌股票的，应建立有效的投资决策管理体系，并与推荐、经纪、做市等业务进行必要隔离，防范利益冲突。

二是证券公司客户资产管理业务投资于全国股转系统挂牌股票的，应在资产管理合同中约定相关股票投资比例和策略，并充分揭示风险。现有证券公司资产管理计划投资全国股转系统挂牌股票的，应当按照合同约定的方式取得客户和资产托管机构同意，并依法变更合同相关条款，履行相关备案程序。

三是经我会同意，证券公司可以试点开展全国股转系统挂牌股票的质押式回购等创新业务，为中小微企业提供融资支持。

四是支持基金管理公司在有效保护投资者利益、防范相关风险的前提下，试点推出投资于全国股转系统挂牌股票的公募基金产品。支持合格境外机构投资者（QFII）、人民币合格境外机构投资者（RQFII）投资于全国股转系统挂牌股票。

四、支持证券期货经营机构利用全国股转系统补充资本，提升抗风险能力

一是支持证券公司、基金管理公司、期货公司、证券投资咨询机构等证券期货经营机构在全国股转系统挂牌。申请挂牌的证券

期货经营机构无须向我会申请出具监管意见书，只需在挂牌后5个工作日内报我会和住所地证监局备案。

二是支持证券期货经营机构通过全国股转系统募集资金。证券期货经营机构可以通过全国股转系统发行普通股、优先股、私募债、可转债等产品，增强资本实力和抗风险能力，提升服务中小微企业的水平。

三是支持证券期货经营机构通过全国股转系统进行股权转让。挂牌证券公司通过全国股转系统变更持股5%以下股权的股东，参照适用上市证券公司变更持股5%以下股权股东的有关要求。证券期货经营机构可以通过全国股转系统探索股权激励，建立、健全员工激励与约束机制。

五、督促证券公司强化合规及风控管理，提高执业水平，确保业务开展规范有序

一是强化合规及风控管理。证券公司应建立与全国股转系统业务模式相适应的管理架构，强化推荐、经纪、做市、自营等业务的风险控制机制，将合规、风控管理措施嵌入各项业务制度和流程，在有效控制风险的前提下开展各项业务。

二是加强投资者保护和风险揭示。证券公司应严格遵守并执行全国股转系统投资者适当性管理制度，采取专人讲解、填写问卷、发送知识手册等多种形式，帮助投资者理解全国股转系统业务规则，向投资者充分揭示风险，引导潜在合格投资者有序参与全国股转系统。

三是落实风险控制指标监管要求。证券公司自营业务投资全国股转系统挂牌股票的，按20%比例扣减净资本，并纳入权益类证券投资计算相关风险控制指标。证券公司开展全国股转系统做市业务的，持有做市股票市值与其总市值比例不超过5%时，按15%比例扣减净资本；持有做市股票市值与其总市值比例超过5%时，按40%比例扣减净资本；同时按权益类证券投资的标准计算风险资本准备。

四是将执业情况纳入证券公司分类评价。证券公司参与全国股转系统业务过程中，因违法违规行为受到行政处罚、行政监管措施以及自律监管措施的，在分类评价时将予以相应扣分。

第二章 挂牌实务

一、国务院关于全国中小企业股份转让系统有关问题的决定

一、充分发挥全国股份转让系统服务中小微企业发展的功能

全国股份转让系统是经国务院批准,依据证券法设立的全国性证券交易场所,主要为创新型、创业型、成长型中小微企业发展服务。境内符合条件的股份公司均可通过主办券商申请在全国股份转让系统挂牌,公开转让股份,进行股权融资、债权融资、资产重组等。申请挂牌的公司应当业务明确、产权清晰、依法规范经营、公司治理健全,可以尚未盈利,但须履行信息披露义务,所披露的信息应当真实、准确、完整。

注解:这个文件应该是新三板发展历史上最重要的一个文件,这个文件不仅做出了新三板扩容这一历史性的决定,同时对新三板的挂牌条件做出了明确的规定,我们现在看到的新三板挂牌审核要求都是来源于此。这一条主要规定了以下事项:新三板服务对象、挂牌新三板的企业性质、挂牌新三板的基本条件等。

二、建立不同层次市场间的有机联系

在全国股份转让系统挂牌的公司,达到股票上市条件的,可以直接向证券交易所申请上市交易。在符合《国务院关于清理整顿各类交易场所切实防范金融风险的决定》(国发〔2011〕38 号)要求的区域性股权转让市场进行股权非公开转让的公司,符合挂牌条件的,可以申请在全国股份转让系统挂牌公开转让股份。

注解:这一条对资本市场多层次结构的规划以及实现的可能

性做出了原则性的解释，这里包括新三板挂牌企业符合条件可以直接上市交易，以及地方区域股权交易市场挂牌企业符合条件可以直接挂牌新三板。从目前情况来看，四板转三板的情况已经常见，不过机制并没有明显的规则优势；至于三板转板交易所上市，目前还在论这个过程中。

三、简化行政许可程序

挂牌公司依法纳入非上市公众公司监管，股东人数可以超过200人。股东人数未超过200人的股份公司申请在全国股份转让系统挂牌，证监会豁免核准。挂牌公司向特定对象发行证券，且发行后证券持有人累计不超过200人的，证监会豁免核准。依法需要核准的行政许可事项，证监会应当建立简便、快捷、高效的行政许可方式，简化审核流程，提高审核效率，无需再提交证监会发行审核委员会审核。

注解：股东不超过200人的新三板挂牌申请证监会不再审核，而是由股转系统审查；股东超过200人的企业挂牌申请，需要证监会非公部进行审核。从目前的情况来看，在简化流程，提高效率方面，股权系统的进步还是很大的。

四、建立和完善投资者适当性管理制度

建立与投资者风险识别和承受能力相适应的投资者适当性管理制度。中小微企业具有业绩波动大、风险较高的特点，应当严格自然人投资者的准入条件。积极培育和发展机构投资者队伍，鼓励证券公司、保险公司、证券投资基金、私募股权投资基金、风险投资基金、合格境外机构投资者、企业年金等机构投资者参与市场，逐步将全国股份转让系统建成以机构投资者为主体的证券交易场所。

注解：投资者适当性规定的原则性规定。

五、加强事中、事后监管，保障投资者合法权益

证监会应当比照证券法关于市场主体法律责任的相关规定，严格执法，对虚假披露、内幕交易、操纵市场等违法违规行为采取监管措施，实施行政处罚。全国股份转让系统要制定并完善业务规则体系，建立市场监控系统，完善风险管理制度和设施，保障技

术系统和信息安全，切实履行自律监管职责。

六、加强协调配合，为挂牌公司健康发展创造良好环境

国务院有关部门应当加强统筹协调，为中小微企业利用全国股份转让系统发展创造良好的制度环境。市场建设中涉及税收政策的，原则上比照上市公司投资者的税收政策处理；涉及外资政策的，原则上比照交易所市场及上市公司相关规定办理；涉及国有股权监管事项的，应当同时遵守国有资产管理的相关规定。各省（区、市）人民政府要加强组织领导和协调，建立健全挂牌公司风险处置机制，切实维护社会稳定。

二、《全国中小企业股份转让系统挂牌条件适用基本标准指引（试行）》

为了细化全国中小企业股份转让系统挂牌条件，进一步明确市场预期，减少自由裁量空间，提高审查工作效率，全国中小企业股份转让系统有限责任公司（以下简称“全国股份转让系统公司”）在征求业内意见的基础上，依据《全国中小企业股份转让系统业务规则（试行）》第 2.1 条规定的六项挂牌条件，制定了《全国中小企业股份转让系统股票挂牌条件适用基本标准指引（试行）》（以下简称《基本标准指引》），现予公布施行。并就有关事项公告如下：

一、全国股份转让系统公司进行挂牌审查时，对申请挂牌公司符合《基本标准指引》的，原则上同意其股票挂牌申请。在此基础上，审查工作以信息披露为核心，重点围绕申请挂牌公司的信息披露是否满足要求和主办券商是否按要求完成尽职调查，提出审查意见，引导申请挂牌公司、主办券商及其他中介机构提高信息披露和尽职调查工作质量。

二、《基本标准指引》自公布之日起施行。全国股份转让系统公司将结合实践中的新情况、新问题对基本标准进行完善和优化。

全国中小企业股份转让系统有限责任公司按照“可把控、可举证、可识别”的原则，对《全国中小企业股份转让系统业务规则（试行）》规定的六项挂牌条件进行细化，形成基本标准如下：

一、依法设立且存续满两年

（一）依法设立，是指公司依据《公司法》等法律、法规及规章的规定向公司登记机关申请登记，并已取得《企业法人营业执照》。

1. 公司设立的主体、程序合法、合规。

（1）国有企业需提供相应的国有资产监督管理机构或国务院、地方政府授权的其他部门、机构关于国有股权设置的批复文件。

（2）外商投资企业须提供商务主管部门出具的设立批复文件。

（3）《公司法》修改（2006 年 1 月 1 日）前设立的股份公司，须取得国务院授权部门或者省级人民政府的批准文件。

2. 公司股东的出资合法、合规，出资方式及比例应符合《公司法》相关规定。

（1）以实物、知识产权、土地使用权等非货币财产出资的，应当评估作价，核实财产，明确权属，财产权转移手续办理完毕。

（2）以国有资产出资的，应遵守有关国有资产评估的规定。

（3）公司注册资本缴足，不存在出资不实情形。

（二）存续两年是指存续两个完整的会计年度。

（三）有限责任公司按原账面净资产值折股整体变更为股份有限公司的，存续时间可以从有限责任公司成立之日起计算。整体变更不应改变历史成本计价原则，不应根据资产评估结果进行账务调整，应以改制基准日经审计的净资产额为依据折合为股份有限公司股本。申报财务报表最近一期截止日不得早于改制基准日。

二、业务明确，具有持续经营能力

（一）业务明确，是指公司能够明确、具体地阐述其经营的业务、产品或服务、用途及其商业模式等信息。

（二）公司可同时经营一种或多种业务，每种业务应具有相应的关键资源要素，该要素组成应具有投入、处理和产出能力，能够与商业合同、收入或成本费用等相匹配。

1. 公司业务如需主管部门审批，应取得相应的资质、许可或特许经营权等。

2. 公司业务须遵守法律、行政法规和规章的规定，符合国家产业政策以及环保、质量、安全等要求。

（三）持续经营能力，是指公司基于报告期内的生产经营状况，在可预见的将来，有能力按照既定目标持续经营下去。

1. 公司业务在报告期内应有持续的营运记录，不应仅存在偶发性交易或事项。营运记录包括现金流量、营业收入、交易客户、研发费用支出等。

2. 公司应按照《企业会计准则》的规定编制并披露报告期内的财务报表，公司不存在《中国注册会计师审计准则第 1324 号——持续经营》中列举的影响其持续经营能力的相关事项，并由具有证券期货相关业务资格的会计师事务所出具标准无保留意见的审计报告。

财务报表被出具带强调事项段的无保留审计意见的，应全文披露审计报告正文以及董事会、监事会和注册会计师对强调事项的详细说明，并披露董事会和监事会对审计报告涉及事项的处理情况，说明该事项对公司的影响是否重大、影响是否已经消除、违反公允性的事项是否已予纠正。

3. 公司不存在依据《公司法》第一百八十一条规定解散的情形，或法院依法受理重整、和解或者破产申请。

三、公司治理机制健全，合法规范经营

（一）公司治理机制健全，是指公司按规定建立股东大会、董事会、监事会和高级管理层（以下简称“三会一层”）组成的公司治理架构，制定相应的公司治理制度，并能证明有效运行，保护股东权益。

1. 公司依法建立“三会一层”，并按照《公司法》、《非上市公众公司监督管理办法》及《非上市公众公司监管指引第 3 号——章程必备条款》等规定建立公司治理制度。

2. 公司“三会一层”应按照公司治理制度进行规范运作。在报告期内的有限公司阶段应遵守《公司法》的相关规定。

3. 公司董事会应对报告期内公司治理机制执行情况进行讨论、评估。

（二）合法合规经营，是指公司及其控股股东、实际控制人、董事、监事、高级管理人员须依法开展经营活动，经营行为合法、合规，不存在重大违法违规行为。

1. 公司的重大违法违规行为是指公司最近 24 个月内因违犯国家法律、行政法规、规章的行为，受到刑事处罚或适用重大违法违规情形的行政处罚。

（1）行政处罚是指经济管理部门对涉及公司经营活动的违法违规行为给予的行政处罚。

（2）重大违法违规情形是指，凡被行政处罚的实施机关给予没收违法所得、没收非法财物以上行政处罚的行为，属于重大违法违规情形，但处罚机关依法认定不属于的除外；被行政处罚的实施机关给予罚款的行为，除主办券商和律师能依法合理说明或处罚机关认定该行为不属于重大违法违规行为的外，都视为重大违法违规情形。

（3）公司最近 24 个月内不存在涉嫌犯罪被司法机关立案侦查，尚未有明确结论意见的情形。

2. 控股股东、实际控制人合法合规，最近 24 个月内不存在涉及以下情形的重大违法违规行为：

（1）控股股东、实际控制人受刑事处罚；

（2）受到与公司规范经营相关的行政处罚，且情节严重；情节严重的界定参照前述规定；

（3）涉嫌犯罪被司法机关立案侦查，尚未有明确结论意见。

3. 现任董事、监事和高级管理人员应具备和遵守《公司法》规定的任职资格和义务，不应存在最近 24 个月内受到中国证监会行政处罚或者被采取证券市场禁入措施的情形。

（三）公司报告期内不应存在股东包括控股股东、实际控制人及其关联方占用公司资金、资产或其他资源的情形。如有，应在申请挂牌前予以归还或规范。

（四）公司应设有独立财务部门进行独立的财务会计核算，相关会计政策能如实反映企业财务状况、经营成果和现金流量。

四、股权明晰，股票发行和转让行为合法合规

（一）股权明晰，是指公司的股权结构清晰，权属分明，真实确

定，合法合规，股东特别是控股股东、实际控制人及其关联股东或实际支配的股东持有公司的股份不存在权属争议或潜在纠纷。

1. 公司的股东不存在国家法律、法规、规章及规范性文件规定不适宜担任股东的情形。

2. 申请挂牌前存在国有股权转让的情形，应遵守国资管理规定。

3. 申请挂牌前外商投资企业的股权转让应遵守商务部门的规定。

（二）股票发行和转让合法合规，是指公司的股票发行和转让依法履行必要内部决议、外部审批（如有）程序，股票转让须符合限售的规定。

1. 公司股票发行和转让行为合法合规，不存在下列情形：

（1）最近36个月内未经法定机关核准，擅自公开或者变相公开发行过证券；

（2）违法行为虽然发生在36个月前，目前仍处于持续状态，但《非上市公众公司监督管理办法》实施前形成的股东超200人的股份有限公司经中国证监会确认的除外。

2. 公司股票限售安排应符合《公司法》和《全国中小企业股份转让系统业务规则（试行）》的有关规定。

（三）在区域股权市场及其他交易市场进行权益转让的公司，申请股票在全国股份转让系统挂牌前的发行和转让等行为应合法合规。

（四）公司的控股子公司或纳入合并报表的其他企业的发行和转让行为需符合本指引的规定。

五、主办券商推荐并持续督导

（一）公司须经主办券商推荐，双方签署了《推荐挂牌并持续督导协议》。

（二）主办券商应完成尽职调查和内核程序，对公司是否符合挂牌条件发表独立意见，并出具推荐报告。

六、全国股份转让系统公司要求的其他条件（略）

三、全国中小企业股份转让系统业务规则

2.1 股份有限公司申请股票在全国股份转让系统挂牌，不受股东所有制性质的限制，不限于高新技术企业，应当符合下列条件：依法设立且存续满两年。有限责任公司按原账面净资产值折股整体变更为股份有限公司的，存续时间可以从有限责任公司成立之日起计算；业务明确，具有持续经营能力；公司治理机制健全，合法规范经营；股权明晰，股票发行和转让行为合法合规；主办券商推荐并持续督导；全国股份转让系统公司要求的其他条件。

2.3 全国股份转让系统公司对挂牌申请文件审查后，出具是否同意挂牌的审查意见。

2.6 申请挂牌公司在其股票挂牌前实施限制性股票或股票期权等股权激励计划且尚未行权完毕的，应当在公开转让说明书中披露股权激励计划等情况。

注解：这一条明确了新三板挂牌之前可以允许有股权激励计划，但是要说清楚情况并且保证股权不存在纠纷或不稳定的情形。此外，现在还要关注股权激励计划导致的股份支付问题。

2.8 挂牌公司控股股东及实际控制人在挂牌前直接或间接持有的股票分三批解除转让限制，每批解除转让限制的数量均为其挂牌前所持股票的三分之一，解除转让限制的时间分别为挂牌之日、挂牌期满一年和两年。挂牌前十二个月以内控股股东及实际控制人直接或间接持有的股票进行过转让的，该股票的管理按照前款规定执行，主办券商为开展做市业务取得的做市初始库存股票除外。因司法裁决、继承等原因导致有限售期的股票持有人发生变更的，后续持有人应继续执行股票限售规定。

注解：这就是我们常见的关于股东股份锁定的政策规定。

3.1.2 股票转让可以采取协议方式、做市方式、竞价方式或其他中国证监会批准的转让方式。经全国股份转让系统公司同意，挂牌股票可以转换转让方式。

注解：经过批准可以转换股票转让方式。

3.1.3 挂牌股票采取协议转让方式的，全国股份转让系统公

司同时提供集合竞价转让安排。

3.1.4　挂牌股票采取做市转让方式的,须有2家以上从事做市业务的主办券商为其提供做市报价服务。做市商应当在全国股份转让系统持续发布买卖双向报价,并在报价价位和数量范围内履行与投资者的成交义务。做市转让方式下,投资者之间不能成交。

3.1.7　股票转让时间为每周一至周五上午9:15至11:30,下午13:00至15:00。转让时间内因故停市,转让时间不作顺延。遇法定节假日和全国股份转让系统公司公告的休市日,全国股份转让系统休市。

3.1.8　全国股份转让系统对股票转让不设涨跌幅限制。全国股份转让系统公司另有规定的除外。

3.1.11　买卖挂牌公司股票,申报数量应当为1000股或其整数倍。卖出挂牌公司股票时,余额不足1000股部分,应当一次性申报卖出。

4.1.3　挂牌公司与控股股东、实际控制人及其控制的其他企业应实行人员、资产、财务分开,各自独立核算、独立承担责任和风险。

4.1.4　控股股东、实际控制人及其控制的其他企业应切实保证挂牌公司的独立性,不得利用其股东权利或者实际控制能力,通过关联交易、垫付费用、提供担保及其他方式直接或者间接侵占挂牌公司资金、资产,损害挂牌公司及其他股东的利益。

注解:关于挂牌公司独立性的要求,尽管在基本的挂牌条件中没有专门的规定,但是在这里有了详细的规定。

4.1.6　挂牌公司可以实施股权激励,具体办法另行规定。

注解:实践中已经有很多企业进行了股权激励。

4.2.2　若挂牌公司有充分依据证明其拟披露的信息属于国家机密、商业秘密,可能导致其违反国家有关保密法律、行政法规规定或者严重损害挂牌公司利益的,可以向全国股份转让系统公司申请豁免披露或履行相关义务。

注解:信息披露的豁免在实践中还是非常重要的,只是目前还没有针对这个问题比较具体的规定，只能是一事一议专门沟通。

4.2.3 挂牌公司应当制定并执行信息披露事务管理制度。挂牌公司设有董事会秘书的，由董事会秘书负责信息披露管理事务，未设董事会秘书的，挂牌公司应指定一名具有相关专业知识的人员负责信息披露管理事务，并向全国股份转让系统公司报备。

注解：董事会秘书和独立董事都不是挂牌公司必须要设立的岗位。

4.2.8 挂牌公司出现下列情形之一的，全国股份转让系统公司对股票转让实行风险警示，在公司股票简称前加注标识并公告：最近一个会计年度的财务会计报告被出具否定意见或者无法表示意见的审计报告；最近一个会计年度经审计的期末净资产为负值；全国股份转让系统公司规定的其他情形。

注解：挂牌公司的退市风险警示。

4.3.5 申请挂牌公司申请股票在全国股份转让系统挂牌的同时股票发行的，应在公开转让说明书中披露。

注解：新三板挂牌同时进行定向增发。

4.4.1 挂牌公司发生下列事项，应当向全国股份转让系统公司申请暂停转让，直至按规定披露或相关情形消除后恢复转让：预计应披露的重大信息在披露前已难以保密或已经泄露，或公共媒体出现与公司有关传闻，可能或已经对股票转让价格产生较大影响的；涉及需要向有关部门进行政策咨询、方案论证的无先例或存在重大不确定性的重大事项，或挂牌公司有合理理由需要申请暂停股票转让的其他事项；向中国证监会申请公开发行股票并在证券交易所上市，或向证券交易所申请股票上市；向全国股份转让系统公司主动申请终止挂牌；未在规定期限内披露年度报告或者半年度报告；主办券商与挂牌公司解除持续督导协议；出现依《公司法》第一百八十一条规定解散的情形，或法院依法受理公司重整、和解或者破产清算申请。挂牌公司未按规定向全国股份转让系统公司申请暂停股票转让的，主办券商应当及时向全国股份转让系统公司报告并提出处理建议。

注解：暂停转让相当于交易所的暂停上市。

4.5.1　挂牌公司出现下列情形之一的,全国股份转让系统公司终止其股票挂牌:中国证监会核准其公开发行股票并在证券交易所上市,或证券交易所同意其股票上市;终止挂牌申请获得全国股份转让系统公司同意;未在规定期限内披露年度报告或者半年度报告的,自期满之日起两个月内仍未披露年度报告或半年度报告;主办券商与挂牌公司解除持续督导协议,挂牌公司未能在股票暂停转让之日起三个月内与其他主办券商签署持续督导协议的;挂牌公司经清算组或管理人清算并注销公司登记的;全国股份转让系统公司规定的其他情形。

注解:终止挂牌相当于交易所的终止上市。

4.5.3　对因本业务规则4.5.1条情形终止挂牌的公司,全国股份转让系统公司可以为其提供股票非公开转让服务。

4.5.4　导致公司终止挂牌的情形消除后,经公司申请、主办券商推荐及全国股份转让系统公司同意,公司股票可以重新挂牌。

四、非上市公众公司监管指引第4号——股东人数超过200人的未上市股份有限公司申请行政许可有关问题的审核指引

《证券法》第十条明确规定"向特定对象发行证券累计超过二百人的"属于公开发行,需依法报经中国证监会核准。对于股东人数已经超过200人的未上市股份有限公司(以下简称200人公司),符合本指引规定的,可申请公开发行并在证券交易所上市、在全国中小企业股份转让系统(以下简称全国股份转让系统)挂牌公开转让等行政许可。对200人公司合规性的审核纳入行政许可过程中一并审核,不再单独审核。现将200人公司的审核标准、申请文件、股份代持及间接持股处理等事项的监管要求明确如下:

注解:关于本文的详细解读,我们在本书第二部分有专题进行了论述,可以参阅相关内容。

一、审核标准

200人公司申请行政许可的合规性应当符合本指引规定的下列要求:

（一）公司依法设立且合法存续

200人公司的设立、增资等行为不违反当时法律明确的禁止性规定，目前处于合法存续状态。城市商业银行、农村商业银行等银行业股份公司应当符合《关于规范金融企业内部职工持股的通知》（财金〔2010〕97号）。

200人公司的设立、历次增资依法需要批准的，应当经过有权部门的批准。存在不规范情形的，应当经过规范整改，并经当地省级人民政府确认。

200人公司在股份形成及转让过程中不存在虚假陈述、出资不实、股权管理混乱等情形，不存在重大诉讼、纠纷以及重大风险隐患。

（二）股权清晰

200人公司的股权清晰，是指股权形成真实、有效，权属清晰及股权结构清晰。具体要求包括：

1.股权权属明确。200人公司应当设置股东名册并进行有序管理，股东、公司及相关方对股份归属、股份数量及持股比例无异议。股权结构中存在工会或职工持股会代持、委托持股、信托持股以及通过"持股平台"间接持股等情形的，应当按照本指引的相关规定进行规范。

本指引所称"持股平台"是指单纯以持股为目的的合伙企业、公司等持股主体。

2.股东与公司之间、股东之间、股东与第三方之间不存在重大股份权属争议、纠纷或潜在纠纷。

3.股东出资行为真实，不存在重大法律瑕疵，或者相关行为已经得到有效规范，不存在风险隐患。

申请行政许可的200人公司应当对股份进行确权，通过公证、律师见证等方式明确股份的权属。申请公开发行并在证券交易所上市的，经过确权的股份数量应当达到股份总数的90%以上（含90%）；申请在全国股份转让系统挂牌公开转让的，经过确权的股份数量应当达到股份总数的80%以上（含80%）。未确权的部分应当设立股份托管账户，专户管理，并明确披露有关责任的承担主体。

（三）经营规范

200人公司持续规范经营，不存在资不抵债或者明显缺乏清偿能力等破产风险的情形。

（四）公司治理与信息披露制度健全

200人公司按照中国证监会的相关规定，已经建立健全了公司治理机制和履行信息披露义务的各项制度。

二、申请文件

（一）200人公司申请行政许可，应当提交下列文件：

1. 企业法人营业执照；

2. 公司关于股权形成过程的专项说明；

3. 设立、历次增资的批准文件；

4. 证券公司出具的专项核查报告；

5. 律师事务所出具的专项法律意见书，或者在提交行政许可的法律意见书中出具专项法律意见。

以上各项文件如已在申请公开发行并在证券交易所上市或者在全国股份转让系统挂牌公开转让的申请文件中提交，可不重复提交。

（二）存在下列情形之一的，应当报送省级人民政府出具的确认函：

1. 1994年7月1日《公司法》实施前，经过体改部门批准设立，但存在内部职工股超范围或超比例发行、法人股向社会个人发行等不规范情形的定向募集公司。

2. 1994年7月1日《公司法》实施前，依法批准向社会公开发行股票的公司。

3. 按照《国务院办公厅转发证监会关于清理整顿场外非法股票交易方案的通知》（国办发〔1998〕10号），清理整顿证券交易场所后"下柜"形成的股东超过200人的公司。

4. 中国证监会认为需要省级人民政府出具确认函的其他情形。

省级人民政府出具的确认函应当说明公司股份形成、规范的过程以及存在的问题，并明确承担相应责任。

注解：本条规定了需要省级人民政府出具确认文件的情形。由于出具该文件对于挂牌新三板的企业来说，很可能是一件非常困难甚至是不可能完成的任务，因此在判断这个问题时一定要了解清楚情况，进行一个明确专业的判断，不然很可能影响企业挂牌的成本和进程。

（三）股份已经委托股份托管机构进行集中托管的，应当由股份托管机构出具股份托管情况的证明。股份未进行集中托管的，应当按照前款规定提供省级人民政府的确认函。

（四）属于200人公司的城市商业银行、农村商业银行等银行业股份公司应当提供中国银行业监督管理机构出具的监管意见。

三、关于股份代持及间接持股的处理

（一）一般规定

股份公司股权结构中存在工会代持、职工持股会代持、委托持股或信托持股等股份代持关系，或者存在通过"持股平台"间接持股的安排以致实际股东超过200人的，在依据本指引申请行政许可时，应当已经将代持股份还原至实际股东、将间接持股转为直接持股，并依法履行了相应的法律程序。

注解：如果不存在违规发行、工会持股等情形，单纯因为股份代持而规避200人股东的情形，那么只需要将代持股份还原至真实股东就可以了。

（二）特别规定

以私募股权基金、资产管理计划以及其他金融计划进行持股的，如果该金融计划是依据相关法律法规设立并规范运作，且已经接受证券监督管理机构监管的，可不进行股份还原或转为直接持股。

……

五、附则

（一）申请行政许可的200人公司的控股股东、实际控制人或者重要控股子公司也属于200人公司的，应当依照本指引的要求进行规范。

（二）2006年1月1日《证券法》修订实施后，未上市股份有限公司股东人数超过200人的，应当符合《证券法》和《非上市公众公司监督管理办法》的有关规定。国家另有规定的,从其规定。

(三)本指引自公布之日起施行。

五、关于在全国中小企业股份转让系统转让股票有关证券(股票)交易印花税政策的通知

在全国中小企业股份转让系统买卖、继承、赠与股票所书立的股权转让书据,依书立时实际成交金额,由出让方按1‰的税率计算缴纳证券(股票)交易印花税。

本通知自2014年6月1日起执行。

六、关于实施全国中小企业股份转让系统挂牌公司股息红利差别化个人所得税政策有关问题的通知

一、个人持有全国中小企业股份转让系统(简称全国股份转让系统)挂牌公司的股票,持股期限在1个月以内(含1个月)的,其股息红利所得全额计入应纳税所得额;持股期限在1个月以上至1年(含1年)的,暂减按50%计入应纳税所得额;持股期限超过1年的,暂减按25%计入应纳税所得额。上述所得统一适用20%的税率计征个人所得税。

注解:这应该是新三板挂牌企业关于个人所得税优惠的最明确的一个规定,所得税税率有三个档次:20%、10%和5%。

二、挂牌公司派发股息红利时,对截至股权登记日个人已持股超过1年的,其股息红利所得,按25%计入应纳税所得额,直接由挂牌公司计算并代扣代缴税款。对截至股权登记日个人持股1年以内(含1年)且尚未转让的,税款分两步代扣代缴:第一步,挂牌公司派发股息红利时,统一暂按25%计入应纳税所得额,计算并代扣税款。第二步,个人转让股票时,证券登记结算公司根据其持股期限计算实际应纳税额,超过已扣缴税款的部分,由证券公司等股票托管机构从个人资金账户中扣收并划付证券登记结算公司,证券登记结算公司应于次月5个工作日内划付挂牌公司,挂牌公司在收到税款当月的法定申报期内向主管税务机关申报缴纳。

三、个人转让股票时，按照先进先出的原则计算持股期限，即证券账户中先取得的股票视为先转让。

应纳税所得额以个人投资者证券账户为单位计算，持股数量以每日日终结算后个人投资者证券账户的持有记录为准，证券账户取得或转让的股票数为每日日终结算后的净增(减)股票数。

注解：股权转让收益和股息红利收益是一样的待遇，都是要缴纳个人所得税的。

四、证券投资基金从挂牌公司取得的股息红利所得，按照本通知规定计征个人所得税。

五、本通知所称个人持有全国股份转让系统挂牌公司的股票包括：(一)在全国股份转让系统挂牌前取得的股票；(二)通过全国股份转让系统转让取得的股票；(三)因司法扣划取得的股票；(四)因依法继承或家庭财产分割取得的股票；(五)通过收购取得的股票；(六)权证行权取得的股票；(七)使用附认股权、可转换成股份条款的公司债券认购或者转换的股票；(八)取得发行的股票、配股、股票股利及公积金转增股本；(九)挂牌公司合并，个人持有的被合并公司股票转换的合并后公司股票；(十)挂牌公司分立，个人持有的被分立公司股票转换的分立后公司股票；(十一)其他从全国股份转让系统取得的股票。

六、本通知所称转让股票包括下列情形：(一)通过全国股份转让系统转让股票；(二)持有的股票被司法扣划；(三)因依法继承、捐赠或家庭财产分割让渡股票所有权；(四)用股票接受要约收购；(五)行使现金选择权将股票转让给提供现金选择权的第三方；(六)用股票认购或申购交易型开放式指数基金(ETF)份额；(七)其他具有转让实质的情形。

七、个人和证券投资基金从全国股份转让系统挂牌的原STAQ、NET系统挂牌公司(简称两网公司)取得的股息红利所得，按照本通知规定计征个人所得税；从全国股份转让系统挂牌的退市公司取得的股息红利所得，按照财税〔2012〕85号文件的有关规定计征个人所得税。

注解：财税〔2012〕85号文：关于实施上市公司股息红利差别化

个人所得税政策有关问题的通知，主要是对上市公司股息红利的差别性个人所得税进行了规定，内容和思路基本与本文保持一致。

……

十、本通知自2014年7月1日起至2019年6月30日止执行。挂牌公司、两网公司、退市公司派发股息红利，股权登记日在2014年7月1日至2019年6月30日的，股息红利所得按照本通知的规定执行。

七、关于全国中小企业股份转让系统有限责任公司有关收费事宜的通知

全国中小企业股份转让系统挂牌公司股票转让服务收费明细表

收费对象	收费项目	收费标准
投资者	转让经手费	按股票转让成交金额的0.5‰，双边收取
挂牌公司	挂牌初费	总股本2000万股（含）以下，3万元；总股本2000万～5000万股（含），5万元；总股本500万～1亿股（含），8万元；总股本1亿股以上，10万元
挂牌公司	挂牌年费	总股本2000万股（含）以下，2万元/年；总股本2000万～5000万股（含），3万元/年；总股本500万～1亿股（含），4万元/年；总股本1亿股以上5万元/年

全国中小企业股份转让系统两网公司及退市公司股票转让服务收费（及代收税项）明细表

收费对象	收费项目	收费标准	备注
投资者	转让经收费	A股转让按成交金额的0.6‰，双边收取；B股转让按成交金额的08‰，双边收取	
投资者	证券交易印花税	A股、B股出让方均按成交金额的1‰征收，对受让方不征税	
挂牌公司	挂牌初费	总股本2000万股（含）以下，3万元；总股本2000万～5000万股（含），5万元；总股本500万～1亿股（含），8万元；总股本1亿股以上，10万元	暂免征收
挂牌公司	挂牌年费	总股本2000万股（含）以下，2万元/年；总股本2000万～5000万股（含），3万元/年；总股本500万～1亿股（含），4万元/年；总股本1亿股以上5万元/年	暂免征收

第三章 信息披露

一、非上市公众公司信息披露内容与格式准则第 1 号——公开转让说明书

第二条 股东人数超过 200 人的股份有限公司（以下简称申请人）申请股票在全国中小企业股份转让系统（以下简称全国股份转让系统）公开转让，应按本准则编制公开转让说明书，作为向中国证券监督管理委员会（以下简称中国证监会）申请公开转让股票的必备法律文件，并按本准则的规定进行披露。

二、非上市公众公司信息披露内容与格式准则第 2 号——公开转让股票申请文件

第二条 股东人数超过 200 人的股份有限公司（以下简称申请人）申请股票在全国中小企业股份转让系统公开转让，应按本准则的要求制作和报送申请文件。

第四条 申请文件一经受理，未经中国证监会同意，不得增加、撤回或更换。

第五条 申请人报送申请文件，初次报送应提交原件一份、复印件二份。申请人不能提供有关文件的原件的，应由申请人律师提供鉴证意见，或由出文单位盖章，以保证与原件一致。如原出文单位不再存续，由承继其职权的单位或作出撤销决定的单位出文证明文件的真实性。

第六条 申请文件所有需要签名处，均应由签名人亲笔签名，不得以名章、签名章等代替。

申请文件中需要由申请人律师鉴证的文件，申请人律师应在该文件首页注明“以下第××页至第××页与原件一致”，并签名和签署鉴证日期，律师事务所应在该文件首页加盖公章，并在第××页至第××页侧面以公章加盖骑缝章。

第七条 申请人应根据中国证监会对申请文件的反馈意见提供补充材料。相关证券服务机构应对反馈意见相关问题进行核查或补充出具专业意见。

三、非上市公众公司信息披露内容与格式准则第3号——定向发行说明书和发行情况报告书

第二条 非上市公众公司进行定向发行导致股东人数累计超过200人以及股东人数超过200人的非上市公众公司（以下简称申请人）进行定向发行，应按照本准则编制定向发行说明书，作为向中国证券监督管理委员会（以下简称中国证监会）申请定向发行的必备法律文件，并按本准则的规定进行披露。

第三条 申请人定向发行结束后，应按照本准则的要求编制并披露发行情况报告书。

第十条 以资产认购本次定向发行股份、其资产为非股权资产的，申请人应披露相关资产的下列基本情况：（略）

第十一条 以资产认购本次定向发行股份、其资产为股权的，申请人应披露相关股权的下列基本情况：（略）

四、非上市公众公司信息披露内容与格式准则第4号——定向发行申请文件

第二条 非上市公众公司进行定向发行导致股东人数累计超过200人以及股东人数超过200人的非上市公众公司（以下简称申请人）进行定向发行，应按本准则要求制作和报送申请文件。

五、非上市公众公司信息披露内容与格式准则第5号——权益变动报告书、收购报告书和要约收购报告书

六、非上市公众公司信息披露内容与格式准则第6号——重大资产重组报告书

七、全国中小企业股份转让系统公开转让说明书内容与格式指引（试行）

第二条 股东人数未超过200人的股份公司（以下简称申请

挂牌公司）申请股票在全国中小企业股份转让系统（以下简称全国股份转让系统）挂牌，应按本指引编制公开转让说明书并披露。

第六条 申请挂牌公司编制公开转让说明书应准确引用有关中介机构的专业意见、报告和财务会计资料，并有充分的依据。所引用的财务报表应由具有证券期货相关业务资格的会计师事务所审计，财务报表在其最近一期截止日后6个月内有效。特殊情况下申请挂牌公司可申请延长，但延长期至多不超过1个月。

八、全国中小企业股份转让系统挂牌申请文件内容与格式指引（试行）

第二条 股份公司（以下简称“申请挂牌公司”）申请股票在全国中小企业股份转让系统（以下简称“全国股份转让系统”）挂牌，应按照本指引的要求制作和报送申请文件。

第三条 本指引规定的申请文件目录是对挂牌申请文件的最低要求。根据审查需要，全国中小企业股份转让系统有限责任公司（以下简称“全国股份转让系统公司”）可以要求申请挂牌公司和相关中介机构补充文件。如部分文件对申请挂牌公司不适用，可不提供，但应书面说明。

申请挂牌同时股票发行的，应按照全国股份转让系统公司规定在挂牌申请文件中增加有关内容。

第四条 申请文件一经接收，非经全国股份转让系统公司同意，不得增加、撤回或更换。

附录1　全国中小企业股份转让系统挂牌申请文件目录（适用于申请时股东人数未超过200人）

第一部分　要求披露的文件

第一章　公开转让说明书及推荐报告

1－1　公开转让说明书（申报稿）

1－2　财务报表及审计报告

1－3　法律意见书

1－4　公司章程

1－5　主办券商推荐报告

1－6 股票发行情况报告书（如有）

第二部分 不要求披露的文件

第二章 申请挂牌公司相关文件

2－1 向全国股份转让系统公司提交的申请股票在全国股份转让系统挂牌及股票发行（如有）的报告

2－2 有关股票在全国股份转让系统挂牌及股票发行（如有）的董事会决议

2－3 有关股票在全国股份转让系统挂牌及股票发行（如有）的股东大会决议

2－4 企业法人营业执照

2－5 股东名册及股东身份证明文件

2－6 董事、监事、高级管理人员名单及持股情况

2－7 申请挂牌公司设立时和最近两年及一期的资产评估报告

2－8 申请挂牌公司最近两年原始财务报表与申报财务报表存在差异时，需要提供差异比较表

2－9 申请挂牌公司全体董事、监事和高级管理人员签署的《董事（监事、高级管理人员）声明及承诺书》

第三章 主办券商相关文件

3－1 主办券商与申请挂牌公司签订的推荐挂牌并持续督导协议

3－2 尽职调查报告

3－3 尽职调查工作文件

3－3－1 尽职调查工作底稿目录、相关工作记录和经归纳整理后的尽职调查工作表

3－3－2 有关税收优惠、财政补贴的依据性文件

3－3－3 历次验资报告

3－3－4 对持续经营有重大影响的业务合同

3－4 内核意见

3－4－1 内核机构成员审核工作底稿

3－4－2 内核会议记录

图书在版编目(CIP)数据

新三板挂牌解决之道／投行小兵著. —北京：法律出版社，2015.8

ISBN 978-7-5118-8300-1

Ⅰ.①新… Ⅱ.①投… Ⅲ.①中小企业—上市公司—企业管理—研究—中国 Ⅳ.①F279.246

中国版本图书馆CIP数据核字(2015)第186689号

编辑统筹 法律应用出版分社
策划编辑 [illegible]
责任编辑 [illegible]
装帧设计 [illegible]

新三板挂牌解决之道
投行小兵 著

出版 法律出版社
总发行 中国法律图书有限公司
经销 新华书店
印刷 北京京华虎彩印刷有限公司
责任印制 [illegible]

开本 720毫米×1000毫米 1/16
印张 24.5
字数 380千
版本 2015年8月第1版
印次 2015年8月第1次印刷

法律出版社/北京市丰台区莲花池西里7号(100073)
电子邮件/info@lawpress.com.cn
网址/www.lawpress.com.cn
销售热线/010-63939792
咨询电话/010-63939796

中国法律图书有限公司/北京市丰台区莲花池西里7号(100073)
全国各地中法图分、子公司电话:
第一法律书店/010-63939781/9782
重庆公司/023-65382816/2908
北京分公司/010-62534456
西安分公司/029-85388843
上海公司/021-62071010/1636
深圳公司/0755-83072995

书号:ISBN 978-7-5118-8300-1 定价:99.00元